Anita Kon

ECONOMIA INDUSTRIAL

teoria e estratégias

Rio de Janeiro, 20

Economia Industrial — Teoria e estratégias
Copyright © 2017 da Starlin Alta Editora e Consultoria Eireli. ISBN: 978-85-508-0162-9

Todos os direitos estão reservados e protegidos por Lei. Nenhuma parte deste livro, sem autorização prévia por escrito da editora, poderá ser reproduzida ou transmitida. A violação dos Direitos Autorais é crime estabelecido na Lei nº 9.610/98 e com punição de acordo com o artigo 184 do Código Penal.

A editora não se responsabiliza pelo conteúdo da obra, formulada exclusivamente pelo(s) autor(es).

Marcas Registradas: Todos os termos mencionados e reconhecidos como Marca Registrada e/ou Comercial são de responsabilidade de seus proprietários. A editora informa não estar associada a nenhum produto e/ou fornecedor apresentado no livro.

Impresso no Brasil — 2017 - Edição revisada conforme o Acordo Ortográfico da Língua Portuguesa de 2009.

Publique seu livro com a Alta Books. Para mais informações envie um e-mail para autoria@altabooks.com.br

Obra disponível para venda corporativa e/ou personalizada. Para mais informações, fale com projetos@altabooks.com.br

Produção Editorial Editora Alta Books	**Gerência Editorial** Anderson Vieira	**Produtor Editorial (Design)** Aurélio Corrêa	**Marketing Editorial** Silas Amaro marketing@altabooks.com.br	**Vendas Atacado e Varejo** Daniele Fonseca
Produtor Editorial Thiê Alves Claudia Braga	**Supervisão de Qualidade Editorial** Sergio de Souza	**Editor de Aquisição** José Rugeri j.rugeri@altabooks.com.br	**Vendas Corporativas** Sandro Souza sandro@altabooks.com.br	**Viviane Paiva** comercial@altabooks.com.br **Ouvidoria** ouvidoria@altabooks.com.br
Assistente Editorial Illysabelle Trajano				
Equipe Editorial	Bianca Teodoro Christian Danniel	Ian Verçosa Juliana de Oliveira	Renan Castro	
Revisão Gramatical Franciane de Freitas Samantha Batista	**Layout e Diagramação** Luana da Silva	**Capa** Aurélio Corrêa		

Erratas e arquivos de apoio: No site da editora relatamos, com a devida correção, qualquer erro encontrado em nossos livros, bem como disponibilizamos arquivos de apoio se aplicáveis à obra em questão.

Acesse o site www.altabooks.com.br e procure pelo título do livro desejado para ter acesso às erratas, aos arquivos de apoio e/ou a outros conteúdos aplicáveis à obra.

Suporte Técnico: A obra é comercializada na forma em que está, sem direito a suporte técnico ou orientação pessoal/exclusiva ao leitor.

Dados Internacionais de Catalogação na Publicação (CIP)
Odilio Hilario Moreira Junior CRB-8/9949

K82e   Kon, Anita

        Economia industrial: teoria e estratégias / Anita Kon. - Rio de Janeiro : Alta Books, 2017.
        256 p. : il.; 17cm x 24cm.

        Inclui índice.
        ISBN: 978-85-508-0162-9

        1. Economia. 2. Organização industrial (Teoria econômica). 3. Política industrial. I. Título.

        CDD 338.761
        CDU 338.45

Rua Viúva Cláudio, 291 — Bairro Industrial do Jacaré
CEP: 20970-031 — Rio de Janeiro - RJ
Tels.: (21) 3278-8069 / 3278-8419
www.altabooks.com.br — altabooks@altabooks.com.br
www.facebook.com/altabooks

ALTA BOOKS
EDITORA

Ao meu parceiro Zeca

"A abertura de novos mercados — estrangeiros ou domésticos — e o desenvolvimento organizacional, da oficina artesanal aos conglomerados (...), ilustram o mesmo processo de mutação industrial — se me permitem o uso do termo biológico — que incessantemente revoluciona a estrutura econômica a partir de dentro, incessantemente destruindo a velha, incessantemente criando uma nova. Esse processo de Destruição Criativa é o fato essencial acerca do capitalismo."

Joseph Alois Schumpeter,
Capitalismo, Socialismo e Democracia

"O dinamismo inato da economia moderna e da cultura que nasce dessa economia aniquila tudo aquilo que cria — ambientes físicos, instituições sociais, ideias metafísicas, visões artísticas, valores morais — a fim de criar mais, de continuar infindavelmente criando o mundo de outra forma."

Marshall Berman,
Tudo que é sólido desmancha no ar

SUMÁRIO

• • •

1. A EVOLUÇÃO DA TEORIA DA ECONOMIA INDUSTRIAL 1

1.1 Introdução 1

1.2 Os antecedentes da Teoria da Economia Industrial 2

1.3 O advento da teoria contemporânea 6

1.4 A crítica à abordagem do equilíbrio 8

1.5 Desenvolvimentos recentes 10

2. O OLIGOPÓLIO NA TEORIA DA ECONOMIA INDUSTRIAL 13

2.1 Introdução 13

2.2 O desenvolvimento da Teoria do Oligopólio 14

2.3 A formação de preços no oligopólio 19

2.4 A discriminação de preços 23

2.5 Barreiras à entrada de novas firmas no grupo 24

2.6 As premissas da Teoria dos Jogos 28

3. CONCENTRAÇÃO E CENTRALIZAÇÃO DO CAPITAL 31

3.1 Introdução 31

3.2 Acumulação, concentração e centralização do capital 32

3.3 O sistema de crédito na centralização 33

3.4 As empresas de capital aberto 35

3.5 Cartéis, trustes e fusões 38

3.6 Concentração e competição 40

3.7 A mensuração da concentração 43

4. OBJETIVOS E ORGANIZAÇÃO DO CRESCIMENTO DAS FIRMAS 49

4.1 Introdução 49

4.2 O crescimento da firma em diferentes abordagens 50

4.3 O crescimento e a tecnoestrutura 56

4.4 As teorias comportamentais 58

4.5 A organização multidivisional 60

vi • Economia Industrial | Teoria e Estratégias

5. ESTRATÉGIAS DE CRESCIMENTO 63

5.1 Introdução 63
5.2 O processo da destruição criadora 64
5.3 A diferenciação do produto e o esforço de venda 67
5.4 A diversificação da produção 71
5.5 Integração vertical e a terceirização como estratégias 75

6. A INTERNACIONALIZAÇÃO DO CAPITAL 79

6.1 Introdução 79
6.2 A análise neoclássica 80
6.3 As ideias marxistas 82
6.4 As empresas multinacionais 86
6.5 Transnacionalização: das multinacionais às cadeias globais de valor 92

7. AS MUDANÇAS DE PARADIGMA: AS CONTRIBUIÇÕES DE SCHUMPETER E COASE 101

7.1 Introdução 101
7.2 Schumpeter, inovação e desenvolvimento econômico 103
7.3 O papel da inovação na interpretação de Schumpeter 105
7.4 Ronald Coase: a firma e os custos de transação 109
7.5 O papel dos custos de transação em empresas a partir das premissas de Coase 112

8. TEORIAS EVOLUCIONÁRIAS OU NEOSCHUMPETERIANAS: MUDANÇAS DA DINÂMICA ECONÔMICA ...117

8.1 Introdução 117
8.2 Mudanças metodológicas: desvendando a "caixa preta" 119
8.3 Capacidades diferenciadas e competências das firmas 125
8.4 Concorrência dinâmica e progresso técnico 132
8.5 Considerações finais 138

9. O DESENVOLVIMENTO TECNOLÓGICO NO CONTEXTO DA INDÚSTRIA 139

9.1 Introdução 139
9.2 Conceitos e critérios básicos 140
9.3 A escolha da nova tecnologia 141
9.4 Novos processos e a realocação de recursos 144
9.5 Os impactos da automação 148
9.6 As implicações regionais da inovação tecnológica 150

SUMÁRIO • vii

10. OS RECURSOS HUMANOS NA INDÚSTRIA...153

10.1 Introdução...153

10.2 O problema ocupacional...153

10.3 A migração e a absorção da mão de obra pela indústria.....................155

10.4 A distribuição e qualificação dos recursos humanos da indústria no Brasil 162

    10.4.1 Considerações iniciais   162

    10.4.2 Mudanças setoriais no produto gerado e na distribuição do trabalho   164

    10.4.3 Segmentação ocupacional setorial da população ocupada   166

10.5 Considerações finais: subsídios para a evolução da distribuição setorial dos recursos humanos...172

11. LOCALIZAÇÃO INDUSTRIAL, POLARIZAÇÃO E REGIONALIZAÇÃO..175

11.1 Introdução...175

11.2 A macrolocalização da indústria..176

11.3 Microlocalização industrial..183

11.4 A escolha locacional..185

11.5 O processo de polarização industrial...187

11.6 Industrialização e regionalização...189

12. POLÍTICAS PÚBLICAS INDUSTRIAIS...193

12.1 Introdução...193

12.2 Instrumentos de política industrial...194

12.3 Regulação e desregulação...195

12.4 A empresa pública e a privatização...197

12.5 A política pública industrial no Brasil...199

    12.5.1 Introdução   199

    12.5.2 Os primórdios da industrialização   200

    12.5.3 A difusão e cristalização do desenvolvimento industrial   203

    12.5.4 Os anos de crise da década de 1980   208

    12.5.5 O financiamento público ao processo de industrialização até os anos de 1980   214

    12.5.6 Novos caminhos para a política industrial brasileira   217

12.6 Considerações finais...224

REFERÊNCIAS..227

ÍNDICE...237

APRESENTAÇÃO

• • •

Os estudos mais recentes sobre desenvolvimento econômico enfatizam a dinâmica desse crescimento como relacionada ao processo de industrialização, que acarreta mudanças estruturais em uma economia, por meio de sua expansão por diversos canais, com efeitos finais sobre todo o sistema econômico. O conhecimento dos mecanismos que conduzem uma economia à industrialização, bem como as formas de comportamento das empresas em face desse processo, constitui questões de particular interesse de economistas e analistas de outras atividades afins na atualidade. A área de estudos sobre a indústria envolve, em grande parte, a Teoria Microeconômica tradicional e a Teoria Moderna da Economia Industrial, que examina as características e os comportamentos típicos das firmas capitalistas, tendo por referência o estudo em estruturas de mercados oligopolistas, objetivo da abordagem desta publicação.

Este livro configura uma nova versão da obra de minha autoria *Economia Industrial*, publicada pela primeira vez em 1994 e que vem sendo utilizada como referência bibliográfica para a disciplina de *Economia Industrial*, de cursos superiores de Economia do Brasil. Esta versão inclui complementações sobre o tema, de modo a atualizar o texto, compreendendo questões teóricas e analíticas selecionadas, que vêm sendo introduzidas e discutidas desde esse período até a segunda década deste milênio. Entre as questões teóricas destacam-se as teorias neoschumpeterianas e o processo de mundialização econômica; foram atualizadas também questões analíticas sobre o desenvolvimento industrial brasileiro mais recente e as análises empíricas sobre a qualificação da força de trabalho alocada na indústria do país.

A elaboração deste livro foi determinada a partir de minha experiência didática com a disciplina de Economia Industrial, quando revelou-se a necessidade de possibilitar aos alunos e demais interessados no conhecimento da área enfocada o acesso a um texto nacional que abarcasse os aspectos básicos da moderna teoria neste campo de conhecimento. Como um dos objetivos fundamentais, o trabalho visa atender à reforma curricular instituída nos anos de 1990, sugerida pela Associação Nacional de Graduação em Economia (Ange), que indicou como disciplina obrigatória dos cursos de graduação em Ciências Econômicas a inclusão do curso de Economia Industrial em substituição à anterior disciplina denominada Organização Industrial. O programa sugerido pela associação visa ampliar e atualizar o estudo relacionado às características e ao comportamento típico das firmas capitalistas em mercados oligopolistas, em uma visão pós-marginalista, introduzindo as mais recentes teorias e discussões sobre os aspectos que dizem respeito às decisões dos agentes econômicos envolvidos com a produção industrial. Nesse sentido, por sua abrangência, as complementações do livro fornecem também subsídios para as análises e discussões levadas a efeito em cursos de pós-graduação.

Este texto foi desenvolvido de modo a introduzir, no capítulo inicial, uma visão histórica da evolução das teorias que antecedem a atual abordagem do comportamento das firmas capitalistas, bem como explicitar as características metodológicas básicas que diferenciam essa área de análise da área da Microeconomia neoclássica tradicional. Do segundo ao sexto capítulos são desenvolvidos os temas sugeridos para o programa oficial a ser ministrado em cursos de Economia, abrangendo uma visão sobre a Teoria do Oligopólio, as implicações da concentração e centralização do capital na moderna economia industrial, o crescimento das firmas e os efeitos da internacionalização do capital sobre a produção industrial.

Os capítulos 7 e 8 introduzem as complementações ao texto elaborado no livro anterior, que compreendem as mudanças do paradigma analítico, introduzidas pelas contribuições de Schumpeter e Coase, e as resultantes teorias neoschumpeterianas ou evolucionistas.

Os capítulos seguintes enfocam temas constantemente examinados na atualidade, relacionados ao desenvolvimento tecnológico nas empresas, ao papel dos recursos humanos na indústria, à localização industrial associada ao fenômeno da polarização e a aspectos de regionalização das atividades. O capítulo final examina as políticas públicas voltadas para o desenvolvimento industrial, agregando uma atualização do que é discutido sobre a política industrial brasileira, em um apanhado histórico, desde os primórdios da industrialização no país neste século, passando pelo exame da conturbada década de 1980 até meados da década de 2010.

Deixo aqui externado meu reconhecimento à professora Cecília Cukierman, que primeiro me desvendou o mundo da Economia e como Diretora do Departamento de Estatísticas da Fundação Sistema Estadual de Análise de Dados (SEADE) me levou à percepção do interessante caminho de continuamente pesquisar.

Meus especiais agradecimentos aos colegas participantes do Grupo de Pesquisas em Economia Industrial, Trabalho e Tecnologia (EITT) do Programa de Estudos Pós-Graduados em Economia Política da Pontifícia Universidade Católica de São Paulo, que, por meio das discussões dos Ciclos de Debates realizados desde 2003, forneceram relevantes subsídios para a complementação deste texto.

Anita Kon
Janeiro/2017

PREFÁCIO

• • •

Prof. Antonio Corrêa de Lacerda

Economia Industrial: teorias e estratégias, de Anita Kon

O livro Economia Industrial: teorias e estratégias, de Anita Kon, professora doutora do Programa de Estudos Pós-graduados em Economia Política da Pontifícia Universidade Católica de S. Paulo (PUC-SP), tornou-se, com méritos, uma referência dos cursos de Economia Industrial, tanto na graduação como nos cursos de pós-graduação no Brasil e no exterior.

Nessa nova edição, revista e atualizada, a autora inclui um interessante agregado com a introdução da visão neoschumpeteriana, além de uma relevante reflexão sobre o tema no Brasil atual, o que torna a obra ainda mais relevante e alvissareira.

Compreender e analisar o papel da economia industrial para o desenvolvimento dos países é algo imprescindível para aqueles preocupados com a melhora das condições econômicas e sociais da nação. A relevância das grandes cadeias globais de fornecimento foi ampliada com a globalização. As grandes empresas transnacionais passaram a deslocar sua produção para países de menor custo. Impulsionadas pela crescente massa de recursos financeiros, as empresas puderam expandir seus investimentos para além do seu território, incrementar os fluxos de comércio e acelerar a inovação dos seus produtos e serviços com dispêndios crescentes em pesquisa e desenvolvimento. Os fluxos de investimento direto estrangeiro global cresceram da média anual de US$ 50 bilhões, nos anos de 1970, para US$ 600 bilhões a partir dos anos de 1990, superando US$ 1 trilhão nos anos 2000.

Houve uma expressiva integração entre as três dimensões citadas: investimentos externos, comércio internacional e inovação. Cerca de dois terços do volume de comércio mundial são conduzidos por grandes empresas transnacionais, as mesmas que são responsáveis por grande parte das inovações, conforme destaca a UNCTAD (Conferência das Nações Unidas para o Comércio e Desenvolvimento) no seu World

Investment Report. Numa segunda fase, os países em desenvolvimento (PED) tornaram-se atores do processo com a também crescente internacionalização das suas empresas, com destaque para a Coreia do Sul e a China.

Isso representou para os PED uma oportunidade para inserirem-se como filiais das grandes cadeias transnacionais, especialmente aqueles de maior potencial de mercado interno. Por outro lado, também vivenciaram um rápido processo de desnacionalização das suas empresas.

O quadro atual denota uma gradual reversão do processo tradicional de internacionalização das cadeias produtivas. A crise nos países desenvolvidos, por um lado, e o crescimento dos custos de produção nos países em desenvolvimento, por outro, têm provocado uma relocalização da produção.

Os EUA, por exemplo, tiveram como estratégia internacionalizar sua manufatura, concentrando no seu território as atividades nobres, como pesquisa e desenvolvimento, estratégia, **design**, marcas e patentes, etc. A crise pós-2008 elevou o desemprego e, para revertê-lo, o governo Barack Obama teve entre seus principais objetivos a reindustrialização do país. Além disso, percebeu-se que a produção é muitas vezes base para atividades de inovação, por exemplo. Mais recentemente a eleição de Donald Trump, com uma plataforma xenófoba e protecionista, tem representado um grande questionamento dos grandes temas das relações internacionais.

A globalização do final do século XX e início do século XXI, que muitos consideravam irreversível, parece estar mudando de ventos, também a partir de mudanças políticas, não só nos EUA, mas em países europeus e outros. Ainda é cedo, no entanto, para conclusões definitivas, mas a mudança do jogo traz desafios adicionais ao Brasil.

Por outro lado, maiores custos de produção na China, agravados com os problemas de desequilíbrio do meio ambiente, que, muitas vezes, tem implicado na necessidade de paralisação da produção por dias seguidos em grandes cidades, denotam o elevado risco para a localização excessivamente concentrada em um único país. As grandes empresas têm considerado cada vez mais esses aspectos nas suas estratégias.

As "guerras" cambial e comercial são sempre ameaças presentes no mercado internacional, que só tornam mais explícitas algumas transformações estruturais e os riscos presentes.

Para o Brasil, além de permanecer como um polo relevante nas cadeias produtivas, faz-se necessário avançar na integração e inserção internacional. Hoje, grande parte das grandes empresas transnacionais já opera no Brasil, com estrutura de vendas, produção e, às vezes, exportação e centros de desenvolvimento locais. Também houve avanços na internacionalização das empresas brasileiras, em diferentes

PREFÁCIO • xiii

segmentos e regiões do globo. Mas ainda carecemos de uma estratégia integrada e de uma inserção internacional mais ativa, incluindo as negociações multilaterais, regionais e bilaterais.

No entanto, isso ainda está longe de significar que estamos fora do jogo, como sugerem algumas análises. Diante das transformações em curso, o papel que vamos desempenhar dependerá da nossa capacidade de definir e implementar estratégias para viabilizar uma inserção global de maior qualidade.

Em muitos casos as grandes empresas exercem poder de oligopólio nas estruturas de comercialização e, às vezes, concomitantemente, de oligopsônio junto ao mercado fornecedor. Trata-se de um enorme desafio, tanto do ponto de vista da regulação do comércio internacional quanto para os mercados domésticos. As políticas de competitividade (políticas industrial, comercial e de inovação) precisam cada vez mais levar em conta esse aspecto, sob o risco de, ao não fazê-lo, tornar inócuas suas iniciativas. Os centros de decisão dos grupos empresariais definem estratégias globais de localização da produção, centros de pesquisa e desenvolvimento e plataformas de exportação. Da mesma forma os fornecedores tendem a ser definidos globalmente, diminuindo o espaço para as estratégias das empresas locais.

O Brasil nesse contexto, apesar de bem-sucedido na tarefa de atrair e manter investidores estrangeiros em grande parte das atividades, ainda carece de uma estratégia mais articulada para uma inserção mais qualitativa no mercado global. Dentre outros fatores, é muito importante, apesar da complexidade em fazê-lo, influenciar as decisões estratégicas das empresas transnacionais com operações no Brasil. É necessário conhecer e interpretar suas estratégias e agir visando garantir uma maior localização das suas atividades, assim como a incorporação dos fornecedores locais e a ampliação das exportações a partir daqui. As políticas de compras governamentais, de conteúdo local e de fomento à inovação, são cruciais. Mas, mais do que isso, há um potencial pouco explorado de maior interação e articulação com os corpos dirigentes das filiais e matrizes dos grandes grupos empresariais com interesse no mercado brasileiro.

Assim, vale ressaltar, as dificuldades impostas pela realidade internacional também representam oportunidades para o Brasil. Ao contrário de outras com excesso de investimentos, como a China, temos uma demanda expressiva de projetos em infraestrutura e logística, por exemplo, que nos coloca como um dos principais polos de atração de investimentos estrangeiros, como, aliás, já ocorre.

Essas oportunidades, no entanto, não são automáticas. Elas prescindem de estratégia, de conhecimento e implementação de políticas. O estudo das questões envolvendo as estruturas de mercado, a interação entre a micro e a macroeconomia e seus

xiv • Economia Industrial | Teoria e Estratégias

desdobramentos é fundamental para os setores público e privado, para as empresas, as organizações e os poderes constituídos. É nesse contexto que o livro de Anita Kon vem, em boa hora, iluminar o conhecimento e a reflexão sobre a temática da Economia Industrial e suas implicações. Imperdível!

Antonio Corrêa de Lacerda
— Economista, doutor pelo Instituto de Economia da Universidade Estadual de Campinas (Unicamp), é professor doutor e coordenador do Programa de Estudos Pós-graduados em Economia Política da Pontifícia Universidade Católica de São Paulo (PUC-SP). É coautor, entre outros livros, de *Economia Brasileira* (Saraiva).

SOBRE A AUTORA

• • •

Anita Kon — Doutorado em Economia pela USP. Especialização em *Administration Publique — Spécialisation en Elaboration et Utilisation de Comptes Nationaux* pelo *Institut International D'Administration Publique-IIAP* de Paris. *Visiting Scholar* e Pós-Doutorado na *University of Illinois at Urbana-Champain*. Professora titular da PUC-SP e coordenadora do Grupo de Pesquisas em Economia Industrial, Trabalho e Tecnologia do Programa de Estudos Pós-Graduados em Economia Política da PUC-SP. Foi professora da FGV/EAESP e coordenadora de pesquisas econômicas da Fundação SEADE. Autora dos livros: *O Problema Ocupacional: Implicações Regionais e Urbanas; Economia Industrial; A Estruturação Ocupacional Brasileira; Economia de Serviços; Sustentabilidade e Empregos Verdes no Brasil; A Nova Economia Política de Serviços; Economia do Trabalho: segmentação e qualificação*.

CAPÍTULO 1

A Evolução da Teoria da Economia Industrial

• • •

1.1 Introdução

A teoria que analisa a Economia Industrial insere-se parcialmente no âmbito da Microeconomia, uma vez que trata da atividade de unidades econômicas individuais de decisão. Assim como a Teoria Econômica geral, a Teoria da Economia Industrial evoluiu com a época, o estado-da-arte (tecnologia) e as ideologias vigentes em cada período, limitadas pelas circunstâncias históricas de cada momento. Este capítulo apresenta resumidamente a evolução das principais ideias que embasaram o estudo das empresas e que antecederam o corpo teórico da moderna Economia Industrial.

No âmbito do estudo do setor industrial é essencial considerar-se inicialmente a distinção entre Empresa ou Firma e Indústria. A Empresa ou Firma consiste em uma unidade primária de ação, dentro da qual organizam-se os recursos com o fim de produção, em busca da maximização dos seus resultados[1]. Nesse sentido, a unidade procura os fatores de produção na forma de capital, trabalho, tecnologia e terra (atuando como unidade de consumo intermediário), empregando-os para a produção dos bens e serviços (unidade de produção), que são vendidos no mercado (unidade de distribuição). Essa conceituação engloba os empreendimentos de atividades manufatureiras secundárias, que operam de modo independente, e apresentam-se em formas diferenciadas de organização, como propriedades individuais, sociedades limitadas, sociedades anônimas, *holdings* ou cooperativas, podendo apresentar-se — seja do ponto de vista de aporte de capital, do tamanho físico de

---

[1] Em uma visão neoclássica, a maximização dos resultados corresponde à maximização dos lucros, enquanto na abordagem mais recente da Economia Industrial esses resultados nem sempre se traduzem em forma de maiores lucros, mas de mercado, prestígio, etc., como será visto posteriormente

suas instalações ou do número de funcionários — como grandes, médias, pequenas ou microempresas ou ainda como empresas familiares.

Por sua vez, a Indústria, como considerada por Marshall (1982), constitui um conjunto de firmas que elaboram produtos idênticos ou semelhantes quanto à constituição física ou ainda baseados na mesma matéria-prima, de modo que podem ser tratadas analiticamente em conjunto. A Indústria de Papel, por exemplo, tem a característica uniforme de empregar uma matéria-prima comum, embora suas empresas produzam diferentes produtos. Os conjuntos de firmas são considerados agregadamente como setores e gêneros que incluem não apenas atividades privadas, mas também as estatais que tenham o objetivo de produção e venda no mercado de bens e serviços, a preços normalmente designados por seus custos de produção. Esse autor incluía também na categoria de Indústrias, além das atividades Secundárias, as dos setores Primários e Terciários.

Essas distinções entre Empresas e Indústrias, desenvolvidas pela teoria neoclássica, continuam válidas para as análises pós-marginalistas, com algumas alterações necessárias à adequação da nova visão, como veremos. Assim, cabe distinguir-se nas diferentes abordagens teóricas os enfoques voltados especificamente às empresas dos que observam o comportamento de uma Indústria determinada como um todo.

1.2 Os antecedentes da Teoria da Economia Industrial

O comportamento das indústrias manufatureiras não foi alvo de atenção das análises iniciais da ciência econômica. Os primeiros cientistas econômicos, que deixaram uma incipiente literatura tentando explicar o funcionamento das leis econômicas e do cenário institucional em que deveriam funcionar, foram os autodenominados "fisiocratas", cujo representante principal foi François Quesnay. Suas ideias, desenvolvidas a partir do século XVII, ainda não consideravam relevantes no contexto econômico as unidades de produção acima conceituadas como empresas industriais, mas sim valorizavam as atividades econômicas ao reduzirem as categorias de cidadãos de uma nação a três classes: a produtiva, a dos proprietários e a estéril. A classe produtiva era composta pelos que cultivavam a terra, única fonte de riquezas, enquanto a dos proprietários compreendia o soberano, os possuidores de terras e os dizimeiros, que subsistiam com a renda da classe produtiva. Por sua vez, a classe estéril era formada por cidadãos ocupados em trabalhos e serviços que não os agrícolas, incluindo as manufaturas. Essa visão, que representava um protesto contra o mercantilismo de Colbert — que considerava de máxima importância o Comércio e a Indústria —, correspondia a um estado-da-arte incipiente nessas atividades manufatureiras e também nas terciárias.

Posteriormente, no final do século XVIII e princípio do século XIX, com a ocorrência da Revolução Industrial, na Grã-Bretanha, desenvolveu-se paralelamente a ideologia do liberalismo clássico e do capitalismo. Essas ideias liberais eram baseadas nos fundamentos da doutrina do *laissez-faire*, segundo a qual caberia aos governos assumirem exclusivamente as funções que apoiassem e estimulassem as atividades lucrativas, e a interferência governamental era proibida nos demais assuntos econômicos. Esse liberalismo propiciou as bases filosóficas do sistema capitalista industrial e criou na Inglaterra uma atmosfera favorável ao desenvolvimento do sistema fabril[2].

A nova visão liberal clássica foi rapidamente aceita no pensamento social e econômico e neste último campo foram desenvolvidos estudos por defensores desta linha de pensamento, representada primordialmente por Adam Smith, Ricardo, Malthus e Say. As transformações profundas ocorridas no âmbito econômico trouxeram consigo uma inusitada divisão do trabalho social, entre o campo e as atividades manufatureiras e terciárias, bem como uma dinamização dos relacionamentos setoriais. As consequências logo se fizeram sentir nas concepções teóricas dos analistas econômicos que se sucederam e nas revisões dos conceitos válidos até então.

Adam Smith mostrou uma preocupação com a análise das empresas, no contexto de sua situação perante o mercado, desenvolvendo as ideias do *laissez-faire* e da mão-livre equilibradora, procurando explicar a formação de preços pelas firmas, com base em duas teorias de organização de mercado, a saber, a Concorrência Perfeita e o Monopólio. A primeira foi adotada na Teoria Econômica tradicional por mais de 150 anos sem contestação. Nesse sistema, a empresa tem seus preços determinados pelo mercado, por meio da inter-relação entre oferta e procura, e o preço flutuante determina a produção, os custos e o lucro. Para Smith, o sistema de preços era infalível, pois levaria sempre ao equilíbrio da firma e da economia.

Assim, resumidamente, o mercado de Concorrência Perfeita ou Pura é concebido como organizado por um grande número de empresas, que individualmente são pequenas em relação a todo o mercado e não podem exercer influência perceptível no preço. O produto é homogêneo, ou seja, qualquer empresa vende um produto idêntico ao de qualquer outro e, portanto, os compradores são indiferentes ao comprarem de qualquer vendedor. Observa-se a existência de livre mobilidade dos recursos, no sentido de que cada recurso pode imediatamente entrar e sair do mercado como resposta a impulsos monetários. Por exemplo, o trabalho é móvel tanto geograficamente quanto entre funções e cargos, pois os requisitos para o trabalho qualificado são poucos, simples e fáceis de aprender; por outro lado, novas empresas podem entrar e sair de uma atividade sem dificuldade. Finalmente, esse tipo de organização de mercado pressupõe que tanto os consumidores quanto os produtores, ou os

---

[2] Para mais detalhes, consulte Hunt e Sherman (1986).

proprietários, tenham perfeito conhecimento do mercado, no que se refere a preços, custos, salários, etc.

O outro sistema de organização de mercado é examinado pelos clássicos, ou seja, o Monopólio é definido como uma situação em que há apenas um produtor, num mercado bem definido, sem a existência de rivais ou concorrentes diretos e, portanto, esta condição se opõe à da Concorrência Perfeita. As bases para a formação de um Monopólio podem residir no controle da oferta de matérias-primas, por exemplo, ou na detenção de patentes ou ainda no custo do estabelecimento de uma fábrica eficiente em relação ao tamanho do mercado. Dessa forma, a empresa monopolista tem certo poder de determinação de preços, que em geral se situam acima do que seriam determinados em um mercado de livre concorrência. Porém, as políticas de preços do monopolista podem ser contidas seja pela possibilidade de concorrência indireta de outros bens substitutos, seja pela limitação de renda dos consumidores ou ainda por ameaça de concorrência potencial, isto é, se forem observadas condições que possibilitem a entrada de outro produtor no mercado.

Outro teórico clássico, Jean Baptiste Say, analisando a produção de riquezas, desenvolve o conceito de Indústria, salientando os diferentes tipos de Indústria e como eles concorrem para a produção. Define três tipos de Indústria: a) Indústria Agrícola, quando esta se limita a colher os produtos da natureza; b) Indústria Manufatureira, quando ela separa, mistura e modela os produtos da natureza para adaptá-los às nossas necessidades; c) Indústria Comercial ou Comércio, quando coloca à nossa disposição os objetos de que necessitamos e que, não fosse ela, estariam fora de alcance. Observando os procedimentos da Indústria, Say prossegue analisando o capital produtivo e de que maneira os capitais contribuem para a produção, observando ainda como os capitais e os agentes naturais se associam à Indústria para produzir. Analisa ainda as transformações que sofrem os capitais no curso da produção e a maneira pela qual eles se formam e se multiplicam. Ainda nesse volume de seu Tratado, discute entre outros aspectos, que interferem na produção das empresas, os efeitos dos regulamentos administrativos que têm por objetivo influir sobre a produção (SAY, 1984).

Essas ideias sobre o comportamento das firmas em relação a mercado continuaram a prevalecer com as ideias neoclássicas ou dos marginalistas, em cujo âmbito a Teoria Econômica tradicional desenvolveu a Teoria da Determinação de Preços como tópico básico para a compreensão da alocação de recursos. Essas teorias que se desenvolveram a partir de 1870, com os escritos de Menger, Jevons, Walras, Pareto e Marshall, entre outros, acrescentaram aos ensinamentos dos clássicos outros elementos quanto ao comportamento da firma em relação às suas decisões de produção.

A contribuição de Marshall (1982) para esse campo específico da análise industrial foi considerável para o pensamento da época ao resumir em seus Princípios de Economia os conceitos sobre os agentes de produção e discorrer sobre a organização industrial, particularmente enfocando a divisão do trabalho e a influência da maquinaria na empresa, a concentração de indústrias especializadas em certas localidades, a produção em larga escala e a direção das empresas.

Posteriormente, com os neoclássicos, a Teoria dos Preços formulada em termos de uma nova teoria do valor baseada nos conceitos de "utilidade", já desenvolvidos pelos clássicos, passou a compor a essência do pensamento microeconômico, ou seja, da tomada de decisões das empresas. A Teoria da Firma, desenvolvida sob este enfoque, descreve o equilíbrio da empresa como sendo baseado em ajustes marginais, ou seja, em termos das variações em unidades adicionais de produção (Teoria da Produção) e de custos (Teoria dos Custos). Sob condições de Concorrência Perfeita, as firmas determinarão sua produção no ponto em que seus custos marginais se igualarem ao preço, sendo este preço determinado pelo mercado. No longo prazo o preço é igual ao custo médio de produção, na escala de produção em que os custos médios são mínimos. As firmas, na realidade, desejariam lucros máximos, porém a competição assegura apenas lucros normais. No caso de uma firma monopolista, o lucro é maximizado ou a perda é minimizada quando o custo marginal se iguala à receita marginal.

Outra corrente de pensamento mais heterodoxa, desenvolvida na época por Marx e continuada por seus descendentes, os denominados "socialistas científicos", constitui, junto à neoclássica — embora oposta a ela —, os primórdios da Teoria Econômica voltada para a análise da sociedade industrial. Marx sintetizou em suas teorias uma visão dessa sociedade cujas transformações já se manifestavam mais intensamente desde fins do século XVIII. De fato, a Revolução Industrial elevou a produtividade do trabalho a níveis inusitados na época, com a multiplicação das fábricas e a ampliação da utilização da máquina, que se fez às custas do bem-estar social. Os primeiros socialistas a se insurgirem contra as condições extremamente precárias, próximas ao nível de subsistência da classe operária, voltavam suas observações sobre a economia industrial criticando o capitalismo e seus custos sociais. Entre eles destacam-se os nomes de Karl Rodbertus, William Thompson, John Gray, Henri de Saint-Simon, Robert Owen e Auguste Fourrier (HEIMANN, 1971).

Introduzindo uma nova abordagem com respeito às forças produtivas e às relações de produção, Marx — o mais influente de todos os socialistas — desenvolve suas teorias sobre produção, distribuição, circulação e consumo como fases de um processo único, tendo como objeto de estudo a produção de mercadorias (MARX, 1982a). Examina a formação de preços, dentro de sua relação com produção, salários e lucros (1982b). Mas, sem dúvida, sua contribuição mais relevante para a Teoria da

6 • Economia Industrial | Teoria e Estratégias

Produção está contida em *O Capital*, quando descreve o processo global da produção capitalista, salientando o desenvolvimento da maquinaria e a grande indústria, a divisão do lucro em juros e o ganho empresarial, a formação da mais-valia e a acumulação e reprodução do capital, entre outros aspectos (MARX, 1984).

As linhas teóricas acima descritas de maneira resumida constituem as abordagens iniciais que visavam explicar as formas pelas quais as forças econômicas operavam no setor industrial. As diferentes versões históricas são influenciadas e alteradas a partir da evolução cultural e tecnológica de cada época, que moldou o pensamento ideológico em cada momento.

1.3 O advento da teoria contemporânea

Embora, como vimos, o exame do comportamento da indústria na Teoria Econômica tenha-se desenvolvido desde o século XVII, concomitantemente aos demais estudos econômicos, a contemporânea Teoria da Economia Industrial como um campo específico de análise foi reconhecida na literatura apenas no início dos anos de 1950, nos escritos de Andrews (1951). Anteriormente, a análise da Indústria não era enfocada como um ramo distinto da economia, apresentando-se como um tópico da Microeconomia, sob diferentes nomes, como Economia da Indústria, Indústria e Comércio, Economia de Negócios, Organização Industrial, entre outros, que revelavam uma falta de consenso sobre os objetivos e a metodologia específica sobre o assunto (LEE, 1974).

O estudo moderno da competição e do monopólio começou em torno de 1880, quando alguns de seus conceitos foram mais detalhadamente estabelecidos por meio dos trabalhos de Clark, Adams, Ely e Bullock, entre outros[3]. Concomitantemente em estudos posteriores ao seu *Princípios de Economia*, na década de vinte, Marshall (1920) discutiu as ideias centrais do campo de estudos da atual Economia Industrial, enfocando os graus de monopólio, economias e deseconomias de escala, Oligopólio, discriminação de preços, a importância da inovação, processos dinâmicos, custos fixos, risco e incerteza.

Como um dos ramos descritivos da economia, a contemporânea Economia Industrial insere-se na estrutura geral da Microeconomia, porém apresentando uma tênue relação com a teoria microeconômica neoclássica. Embora a Microeconomia tradicional e a Economia Industrial tenham um campo comum de referência, salientam-se inúmeras diferenças entre os objetivos e a metodologia empregada para o desenvolvimento dessas duas linhas de abordagem.

---

[3] Veja Clark (1887); Adams, (1903); Ely, (1900); e Bullock(1901).

A Microeconomia tradicional preocupa-se particularmente com a determinação de uma posição de equilíbrio na firma e nos mercados econômicos. As firmas surgem operando como agentes das forças do mercado, e a análise do equilíbrio do mercado era explicada satisfatoriamente em condições de concorrência perfeita. Nesse sentido, não há lugar para o comportamento arbitrário por parte das firmas individuais. Por sua vez, as análises da Economia Industrial enfatizam particularmente este comportamento individual das firmas e dos mercados no decorrer de processos de crescimento, concentração, diversificação e fusões, em que não se aplicam as condições de equilíbrio da perfeita competição.

Outra distinção considerável entre a Microeconomia e a Economia Industrial está no fato de que a primeira enfoca as análises por meio de modelos mais abstratos, rigorosos e simplificados do comportamento da firma, enquanto a última se inclina sobre o conhecimento empírico mais detalhado e sobre as condições institucionais específicas da firma individual. Essas diferenças metodológicas entre as duas abordagens têm explicações históricas. A Microeconomia origina-se da chamada escola inglesa de análise econômica, que se estabeleceu no século XIX e prevaleceu até o início deste século, enfatizando a ciência econômica a partir de sua característica dedutiva, conforme ressalta Lee (1974, p.14):

> Tem sido caracterizado pela aceitação de certas suposições comportamentais de consumidores e firmas individuais, que eram vistas como de ampla aplicabilidade, a análise econômica tomando a forma da procura das implicações lógicas destes padrões de comportamento quando confrontados com a escassez de recursos. Esta forma de análise prontamente se encaminhou para a teorização generalizada e o uso de instrumentos matemáticos em longas e complexas correntes de raciocínio. Envolveu também necessariamente um alto grau de abstração a partir dos acontecimentos do mundo real para possibilitar a obtenção deste grau de generalização.

Em contraste, a Economia Industrial, derivada no início deste século das escolas institucionais e históricas que se originaram na Alemanha e nos Estados Unidos, herdou uma tradição que colocava a ênfase do entendimento sobre o comportamento econômico da indústria na observação empírica da estrutura institucional dentro de seu contexto histórico e sob a influência de forças econômicas que ocasionam mudanças na organização institucional existente. Nesse sentido, a Economia Industrial caracteriza-se como uma disciplina indutiva, colocando-se mais como observação empírica do comportamento das firmas para construir uma teoria geral.

8 • Economia Industrial | Teoria e Estratégias

Florence resume este enfoque quando ressalta que uma abordagem realística na análise do comportamento das firmas implica "uma abordagem baseada na observação e no registro de fatos reais, porém prosseguindo além da mera descrição e empiricismo, no sentido de uma mensuração abrangente e de uma interpretação causal e a busca de alguma lógica subjacente possível" (FLORENCE, 1964). Essas análises visam combinar eventos econômicos com a teoria, com o propósito de testar as relações teóricas entre as variáveis econômicas, estimando tanto a forma quanto os parâmetros de tais relacionamentos, a fim de possibilitar a previsão do comportamento futuro das variáveis econômicas dependentes. A partir desse tipo de procedimento é aberta a possibilidade da especificação de novas teorias econômicas.

Com esse novo enfoque metodológico, as modernas teorias da Firma partiram do exame teórico do comportamento das empresas, confrontando-o com a observação da realidade, definindo como críticas relevantes à qualidade "irreal" das teorias anteriores, particularmente no que se refere às premissas da Concorrência Perfeita e às condições de equilíbrio, baseadas em uma análise marginal, como objetivos preponderantes da Firma. A suposição de maximização do lucro, como meta única do comportamento empresarial, não se mostrava mais suficiente para explicar a formação de conglomerados ou o comportamento de firmas multinacionais ou ainda o comportamento gerencial voltado para outros objetivos que não o lucro.

1.4 A crítica à abordagem do equilíbrio

Sob o novo enfoque da observação empírica acrescentada às deduções teóricas, os trabalhos de Piero Sraffa (1926), Joan Robinson (1933) e Edward Chamberlin (1933), a partir de meados da década de vinte deste século, trouxeram uma nova visão sobre a determinação de preços de uma empresa ao criticarem as premissas básicas da Concorrência Perfeita, colocando em dúvida a existência de apenas duas formas de organização de mercado preconizadas desde os clássicos. Esses escritos marcaram o advento da Teoria da Economia Industrial, como evolução em relação à Microeconomia tradicional.

Sraffa, em 1926, divulgou suas dúvidas quanto à representação da realidade pelas duas estruturas de mercado descritas pelos clássicos (Concorrência Perfeita e Monopólio). Segundo este autor, a força do hábito, o conhecimento pessoal, a qualidade do produto, a proximidade do vendedor, a existência de necessidades particulares, a possibilidade de obter crédito, o prestígio de uma marca de fábrica e a particularidade do modelo ou desenho do produto são alguns dos fatores que movem o consumidor em sua aquisição, levando-o à preferência de um vendedor em relação a outro. Portanto, se na Concorrência Perfeita existiria um mercado único e um preço único, na concorrência descrita por Sraffa cada firma pode vender ao seu próprio preço, mesmo que esses preços não sejam independentes uns dos outros. Nesse caso, existem muitos mercados particulares, e não apenas um mercado global para o produto.

Posteriormente, Joan Robinson procurou definir melhor o mercado, criticando também a Concorrência Perfeita e salientando que o consumidor tem razões para preferir um vendedor a outro. Define a Concorrência Imperfeita, quando o mercado não é mais homogêneo, havendo imperfeições neste mercado quando cada firma está ligada a um grupo de compradores por algo mais do que apenas preço. Algumas condições para o estímulo dessas ligações estão, segundo Robinson, na localização do vendedor, nos custos de transportes, na garantia de qualidade de um nome conhecido (marca), na qualidade dos serviços de venda e na publicidade.

Chamberlin, por outro lado, definiu a "competição monopolística", que estava em situação intermediária entre a Competição Pura e o Monopólio, caracterizada principalmente pela diferenciação do produto. O tratamento de Chamberlin ao assunto foi mais global, embora menos intensivo do que o de Robinson, e salientava também o fato de que os consumidores não são indiferentes aos produtores, reagindo diversamente a marcas de fábricas, peculiaridades na qualidade, às formas de confecção do produto, à localização do vendedor, à eficiência, à reputação ou delicadeza do vendedor, entre outros aspectos. Dessa forma, cada Firma tem seu mercado especial não apenas devido à diferenciação no preço, mas também no produto. Nesses modelos de concorrência imperfeita ou monopolística, as firmas produzem uma quantidade inferior ao custo médio mínimo e, portanto, há inutilização da capacidade produtiva. Chamberlin salienta que não se pode falar em Indústria, como no conceito de Marshall, como um conjunto de firmas, pois o produto não é homogêneo; porém há grupos de firmas com produtos de sensível substitutibilidade recíproca.

As ideias de Robinson e Chamberlin foram criticadas, no que se relaciona à possibilidade de determinação do equilíbrio da empresa, sob o argumento de que a variável qualidade do produto — que pesa na determinação da demanda — não é uma grandeza mensurável e, portanto, não é possível a determinação matemática da reação dos compradores à qualidade. Além disso, o equilíbrio do grupo não pode ser determinado porque as firmas não têm curvas de custo idênticas, podendo ocorrer a entrada de novas firmas no grupo em condições diferentes, sendo que algumas alcançam o equilíbrio antes das outras. Dessa forma, verifica-se uma situação de instabilidade permanente no mercado de concorrência monopolística, com entradas e saídas frequentes de firmas.

Paralelamente às críticas à análise marginalista, as décadas iniciais deste século, com maior intensidade a partir de 1930, observaram a renovação das análises sobre o tipo de organização de mercado constituído pelo Oligopólio, trazendo para co-

10 • Economia Industrial | Teoria e Estratégias

nhecimento e discussão modelos desenvolvidos no século anterior que explicavam o funcionamento desses mercados. Essa renovação do interesse por esta espécie de estruturação do mercado deu-se tendo em vista a intensificação do processo de centralização e concentração de capitais vista no início do século XX, que redundou no crescimento das empresas e na formação de mercados com um pequeno número de vendedores rivais entre si, como será analisado na sequência.

1.5 Desenvolvimentos recentes

Nas décadas de 1940 e 1950[4] desenvolveram-se rapidamente pesquisas no campo, mostrando particularmente a questão da dimensão das empresas, de forças anti-competitivas, dos prejuízos das forças monopolísticas[5]. Stocking e Watkins analisaram detalhadamente os cartéis e as condições de monopólio tanto em mercados domésticos quanto externos. Em 1955, Stigler reuniu uma série de estudos nessa área, enquanto Bain publicou seu trabalho relevante sobre barreiras à entrada de novas firmas, em 1956, trabalhos que se destacaram entre uma série de outras influentes análises de Simon Whirney, Kaysen e Turner, Fritz Machlup[6].

Na década de 1960 difundiram-se muitos estudos econométricos sobre estrutura e desempenho das indústrias, por Weiss, Scherer, Comanor, Wilson e Shepherd, além do destacado estudo de Williamson sobre as complexidades internas do comportamento das firmas. Nesse período, acumulou-se um grande conjunto de conhecimentos e instrumentos técnicos de avaliação, que combinavam teoria, econometria, estudos de casos e problemas de política de ação das empresas industriais. Ocorreram debates vigorosos entre escolas de pensamento e metodologias de pesquisa, prevalecendo ideias não tradicionais. Após 1970, as análises continuaram a se desenvolver nesta direção, salientando-se três linhas de pensamento que ganharam influência na Economia Industrial moderna: as análises de Chicago-UCLA[7], os estudos puramente teóricos de modelagem estratégica[8] e a teoria da contestabilidade, desenvolvida de 1975-1982 pela "escola da contestabilidade", de Baumol-Bailey-Willig[9].

---

[4] Veja Fellner (1949); Stocking (1951); Adelman (1951)..

[5] Stigler (1955); Bain (1956 e 1968).

[6] Shepherd (1990).

[7] Veja os estudos de Stigler, Brozen, McGee, Demsetz, entre outros, em Shepherd (1990).

[8] Nos estudos de Scherer, Weiss, Masson e Qualls, e outros, em Shepherd (1990).

[9] Veja Baumol, Panzar, Willig (1982); Baumol e Willig(1986).

A escola de Chicago-UCLA, que nas décadas de 1920 e 1930 opunha-se fortemente ao monopólio de qualquer espécie, nos anos de 1950 reverteu sua linha de pensamento para uma visão voltada para a competição, considerando o monopólio como limitado e fraco, porém na década seguinte declarava a provável superioridade do monopólio quanto à eficiência e, nos anos de 1970, confirmava uma visão antiestruturalista, defendendo a ideia de minimização dos custos do monopólio. Consideravam que a relativa eficiência de cada firma seria a determinante de sua posição na estrutura de mercado. Alguns analistas desta escola consideravam o desempenho superior e as economias de escala como causas do maior grau de monopolização. A estrutura de mercado, portanto, era função da conduta e do desempenho das empresas e de condições externas a elas, e a parcela de mercado de cada firma seria, além disso, função da taxa de lucros.

A escola da contestabilidade discute a ideia de que a estrutura interna é secundária em importância com relação à livre entrada de firmas no Oligopólio, desenvolvendo uma nova teoria sobre a entrada, considerada mais fundamental que a tradicional teoria da competição. Salientam que a entrada potencial de novos competidores, limitada por barreiras, é a força principal para a estruturação de mercado. Se as barreiras são fracas, não importa que as firmas existentes tenham grandes parcelas de mercado ou tentem comportar-se de forma colusiva, porque a entrada efetiva, ou sua ameaça, as forçam a operar em níveis ótimos, competitivos. Essa abordagem permanece em discussão na atualidade.

O montante de pesquisas continua a expandir. No entanto, as transformações mundiais nas condições de competição, as mudanças nas políticas de ação e nos sistemas organizacionais, nos finais da década de oitenta, estabelecem novas condições para o desenvolvimento da teoria e de estudos empíricos, cujos efeitos se tornarão visíveis na década de 1990 e na posterior literatura.

CAPÍTULO **2**

O Oligopólio na Teoria da Economia Industrial

• • •

2.1 Introdução

A característica básica do oligopólio é a presença de poucas firmas que compõem uma indústria específica e que apresentam uma interdependência de ações no sentido de que a sobrevivência de uma firma está condicionada às suas reações aos movimentos das demais e à sua capacidade de prever tais procedimentos das rivais[10]. A definição da indústria no oligopólio abrange um conjunto de firmas que fabricam produtos substitutos perfeitos entre si (oligopólio puro) ou substitutos próximos (oligopólio diferenciado). A conceituação do setor como um todo torna-se difícil, já que as empresas estabelecem preços diferenciados para seus produtos, e a substituição de produtos depende de fatores como hábitos, preferências e capacidade de gastos dos consumidores.

A tomada de decisões dentro de um mercado oligopolista está sujeita a fatores diversos das outras formas de organização de mercado, adotando hipóteses de trabalho diferenciadas e de difícil generalização. Os modelos formulados conduzem, em geral, a resultados diversos e, dessa forma, a Teoria do Oligopólio é composta por uma série de modelos, e não por um único modelo generalizador.

Este capítulo apresenta inicialmente alguns aspectos sobre o desenvolvimento da Teoria do Oligopólio, a partir dos primeiros modelos formulados ainda no século XIX, prosseguindo com uma verificação da formação de preços e das barreiras à

---

[10] Estudos recentes sobre a Teoria do Oligopólio podem ser consultados em Tirole (1988); Waterson (1984); Telser (1988); Stiglitz (1986); Jacquemin (1987); Shepherd (1997).

14 • Economia Industrial | Teoria e Estratégias

entrada de novas firmas nestes mercados, finalizando com uma visão mais recente de comportamento das firmas oligopolistas, dada pela Teoria dos Jogos.

2.2 O desenvolvimento da Teoria do Oligopólio

A industrialização capitalista, que resultou em uma crescente acumulação e centralização do capital nos finais do século XIX e início do século XX (e que será examinada com maior detalhe em capítulo posterior), trouxe consigo a difusão dos mercados supridos por um pequeno número de grandes empresas. Concomitantemente às críticas à convencional Teoria da Firma, desenvolveu-se então a Teoria do Oligopólio. O pressuposto básico sobre o tipo de organização de mercado concorrencial era de que, quando a competição se dá entre um número razoavelmente pequeno de produtores, inevitavelmente surgem problemas de interdependência, ou seja, nenhuma firma pode agir com a suposição de que sua ação não provocará a reação de seus competidores. Essa reação existe e, embora não possa ser prevista com absoluta certeza, as reações de seus rivais podem ser parcialmente antecipadas por meio do conhecimento dos custos relativos de produção, da história passada do mercado e da possibilidade de dividir este mercado em quotas[11].

As primeiras teorias do oligopólio baseavam-se em modelos clássicos de abordagem, tendo como principais autores Cournot, Bertrand, Edgeworth e Stackelberg[12]. A primeira aproximação ao oligopólio foi pela Teoria do Duopólio, em que duas empresas dividiam o mercado e eram assumidas reações padrões entre os competidores. No modelo desenvolvido por Cournot (1897), publicado inicialmente em 1838, porém apenas discutido com maior intensidade a partir de 1930, já era assumida a interdependência entre as firmas produtoras ou vendedoras, estabelecendo a noção de curvas de reação ou funções de reação, que representam a maneira pela qual cada firma reage às ações de outras oligopolistas. Essas reações referem-se ao processo em que cada firma estabeleceria as quantidades de sua própria produção, na suposição de que a produção da outra permaneceria inalterada.

As hipóteses consideradas no modelo de Cournot são as seguintes: i) produtos homogêneos, sendo neste modelo exemplificados pela água mineral captada em fontes distintas de propriedade dos duopolistas; ii) a obtenção da água se efetuaria com condições idênticas de custo nulo (para simplificação); iii) a curva de demanda de mercado é linear e visualizada por ambos; iv) os duopolistas desejam maximizar os lucros, independentemente das circunstâncias prevalecentes, não existindo acordo

---

[11] Silberston (1970)

[12] Para mais esclarecimentos matemáticos e gráficos sobre esses modelos, consulte Garófalo e Carvalho (1986).

entre eles. Cada duopolista ajusta seu equilíbrio (nas quantidades produzidas, e não nos preços correspondentes) observando o comportamento de seu rival, que se supõe constante, isto é, vendendo uma quantidade fixa de produto.

Figura 2.1 — Modelo de Cournot

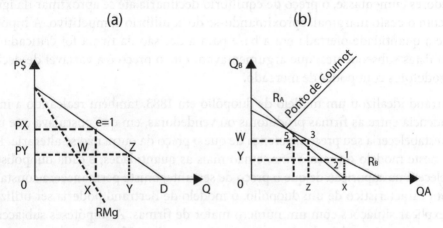

A Figura 2.1(a) apresenta a curva de demanda de mercado DD. Considerando-se o produtor A entrando inicialmente como ofertante no mercado, a produção que maximizará seus resultados será na quantidade OX, no ponto em que a receita marginal (RMg) é nula, já que se iguala aos custos nulos por hipótese. A receita total é maximizada para e=1, nesta quantidade OX, quando os lucros são máximos. Dessa forma, metade da demanda não é abastecida então o produtor B entra no mercado e sua curva de procura relevante é eD. Pelo mesmo raciocínio oferecerá a quantidade XU, metade de XD ou 1/4 do total, considerando o comportamento de A constante. O duopolista A, para reagir à concorrência de B, deve reduzir seu preço, deixando de maximizar seus lucros. Então sua reação é de supor que 1/4 do mercado será fornecido pelo rival B e seu mercado se reduzirá para 3/4, com outro ponto de maximização de resultados, na metade dos 3/4 totais.

A Figura 2.1(b) apresenta as curvas de reação (RA e RB) dos duopolistas A e B. Considerando-se o produtor A como entrando inicialmente no mercado, a produção que maximizará seus resultados corresponderá à quantidade OX. O produtor B, entrando no mercado, reage a esta oferta de A (representada pelo ponto 1 em sua curva de reação), produzindo a quantidade OU. A esta quantidade ofertada por B, a reação de A será no ponto 2 de sua curva de reação ou ofertando a quantidade OZ. Esse processo de reação tem continuidade com o duopolista B expandindo sua produção, enquanto o rival A reduz a sua. O equilíbrio conjunto será obtido em um ponto de produção igual para os dois produtores, correspondente à intersecção entre suas curvas de reação, denominado Ponto de Cournot.

O modelo de Cournot estabelecia ainda a possibilidade de um número maior de vendedores e o preço de equilíbrio dependeria deste número. Quando o número de vendedores aumentasse, o preço de equilíbrio declinaria até se aproximar da igualdade com o custo marginal, aproximando-se do equilíbrio competitivo. A hipótese de que a quantidade ofertada era a base para a decisão da firma foi criticada por economistas subsequentes, que argumentavam que o preço é a variável de decisão dos produtores com poder de mercado.

Bertrand idealizou um modelo de duopólio em 1883, também realçando a interdependência entre as firmas produtoras ou vendedoras, em que postulava que uma firma estabeleceria seu preço na crença de que o preço da outra não se alteraria. Portanto, neste modelo o preço é fixo, e não mais as quantidades, e cada duopolista o estabelecerá na suposição de que o preço de seu antagonista permanecerá constante. Embora característico de um duopólio, o modelo de Bertrand poderia ser utilizado para explicar situações com um número maior de firmas. As hipóteses subjacentes são as mesmas do modelo de Cournot, ou seja: o produto é homogêneo, os custos de produção são idênticos e nulos, o comportamento dos duopolistas é análogo no sentido de maximizarem os lucros, não havendo acordo entre eles. Os produtores estão aptos a produzir tanto quanto os consumidores desejarem adquirir e cada produtor supõe que o procedimento do rival é constante e fixo.

Figura 2.2 — Modelo de Bertrand

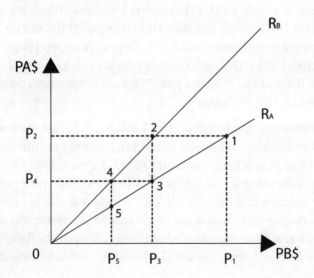

A Figura 2.2 apresenta as curvas de reação (ORA e ORB) dos dois oligopolistas A e B. Se o produtor B for o primeiro a entrar no mercado oferecendo um preço OP1, o duopolista A entra no mercado pretendendo suplantar o rival, estabelecendo o preço, menor OP2, correspondendo ao ponto 1 em sua curva de reação. Sendo os produtos homogêneos, a este preço o produtor A poderá conquistar todo o mercado e, portanto, o duopolista B, supondo inalterado este nível de preços, estabelecerá um novo preço inferior OP3, correspondente ao ponto 2 em sua curva de reação. O processo continuará até ser atingido um equilíbrio no ponto em que os preços se igualem aos custos de produção, correspondente ao ponto O, desde que abaixo deste preço, as receitas serão inferiores aos custos e um dos produtores abandonará o mercado.

Edgeworth (1925) desenvolveu um modelo de duopólio, ainda no final do século XIX, em que questionava a condição — implícita nos dois modelos acima mencionados — de um equilíbrio estável e de que os produtores não teriam qualquer limitação de capacidade produtiva, estando constantemente aptos para o atendimento da demanda de mercado. Seu modelo, abordando também o caso de duopólio, baseava-se nas premissas de Cournot, mas incorporava a ideia de Bertrand de uma disputa de preços entre as firmas. As hipóteses desse modelo são resumidamente: i) os produtos são homogêneos ou então substitutos perfeitos ou muito próximos entre si; ii) Os custos de produção são idênticos; iii) as quantidades produzidas são iguais para os dois oligopolistas e insuficientes para atender a toda demanda de mercado, pois existe uma limitação na capacidade produtiva; iv) os duopolistas situam-se no mesmo mercado, as curvas de demanda também são análogas e as condições de produção também são idênticas; v) cada duopolista orienta suas ações admitindo o preço estabelecido pelo rival como constante (como Bertrand) e visando colocar toda sua produção no mercado. Portanto o resultado dessas ações seria uma oscilação perpétua de preços.

Figura 2.3 — Modelo de Edgeworth

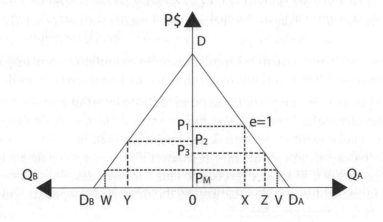

A Figura 2.3 representa o modelo idealizado por Edgeworth, em que o preço do produto é visualizado no eixo vertical e as quantidades são produzidas por A e B no eixo horizontal, sendo positivas para A à direita de O e para B à esquerda de O. DDA e DDB são as curvas de demanda respectivas de A e B, que são simétricas. A quantidade máxima de produto demandado pelo mercado será DBDA. Tendo em vista a limitação da capacidade produtiva, a produção máxima de A será OV e a de seu rival será OW, de mesmo volume. Considerando-se que o duopolista A é o primeiro a entrar no mercado, poderá oferecer uma menor quantidade OX, a um preço superior OP2, em que a elasticidade de preço da demanda é unitária, e poderá maximizar o lucro total, ou receita total, desde que os custos sejam nulos. O duopolista B entra no mercado prevendo que seu rival manterá o preço inalterado e observando que o mercado está insatisfeito, procura vender a um preço inferior OP3 toda a sua produção, retirando parcela do mercado de A. Se A desejar manter o preço OP2, terá prejuízo e, portanto, faz uma revisão na posição e reduz seu preço para OP4, vendendo toda sua produção e absorvendo a parcela de mercado do rival. Esse processo continuará com ajustes de preços até que um dos duopolistas chegue ao preço OP1, quando atingir o total de sua capacidade produtiva, o mesmo acontecendo com seu rival neste ponto. No entanto, Edgeworth preconiza que o equilíbrio total nunca é atingido, havendo uma oscilação constante entre os preços OP1 e OP2.

Outro economista dedicado ao estudo do oligopólio foi Stackelberg (1952), que, em 1934, desenvolveu um modelo mais realista em que coexistiam um líder e um seguidor, em que o seguidor se comportava como no modelo de Cournot, e o líder tinha vantagens com o comportamento assumido pelo seguidor. As hipóteses básicas inerentes eram: i) os produtos são homogêneos ou perfeitos substitutos entre si, porém o modelo é válido para produtos diferenciados; ii) os custos de produção não existem para os duopolistas; iii) as curvas de procura são lineares e as firmas desejam maximizar seus lucros; iv) existem duas categorias de firmas, as líderes e as seguidoras, o que determina as condições de maximização de lucros de cada uma, sendo que as firmas optarão pela condição de líder ou seguidora, de acordo com a possibilidade de maximização dos lucros. Nesse modelo era evidenciada a percepção pelas duas firmas da interdependência existente entre elas e surgia a possibilidade de ambas as firmas desejarem a liderança, surgindo uma situação agressiva, sem resultados determinados.

Modelos posteriores que procuravam analisar o comportamento de dois ou mais concorrentes oligopolistas enfocam os mecanismos de formação de preços em um contexto em que o pequeno número de empresas, normalmente de porte econômico grande, coloca-se como rival entre si e determina seus preços de acordo com a capacidade de antever as ações e reações de seus concorrentes. Em muitos casos observam-se formas diferentes de organização da indústria oligopolista, em que, face à consciência da interdependência entre elas, e de que as "guerras" de preços podem afetar as previsões e os resultados de maximização dos respectivos lucros, surge a

O Oligopólio na Teoria da Economia Industrial • 19

necessidade de práticas de acordos entre as firmas, visando à substituição da maximização do lucro individual pela maximização do lucro conjunto. Esses modelos classificam resumidamente as formas de organização das indústrias oligopolistas como sendo baseadas em acordos organizados ou acordos não organizados, como descritos na seção seguinte.

2.3 A formação de preços no oligopólio

Como salientado anteriormente, sendo os mercados oligopolistas formados pela concorrência entre um número pequeno de empresas de porte econômico grande, as quais se colocam como rivais entre si, a formação de preços nessa estrutura de mercado é determinada pela capacidade das firmas de dirigirem o comportamento da demanda e de anteverem as ações e reações de suas concorrentes no mercado. A interdependência entre as firmas leva ao estabelecimento de acordos que visam à maximização do lucro conjunto de todas as firmas, em substituição ao lucro individual. A Teoria dos Preços analisa a formação dos preços nos tipos de oligopólio baseados em acordos organizados ou acordos não organizados.

O primeiro tipo de acordo, organizado ou formal, é o oligopólio conivente e organizado, quando as empresas são coniventes na determinação de preços e de distribuição de mercado entre si e organizam-se em uma associação central. É o caso dos Cartéis (examinados com mais detalhe em capítulo posterior), em que certas funções e decisões da administração das firmas são determinadas por um organismo único, com a expectativa de aumento nos lucros de todos. Essa organização se dá pelo controle quase completo da associação central, resultando em uma forma de Cartel centralizado, ou com a delegação de apenas algumas funções (como estabelecimento de participações e quotas) para a associação central, resultando no Cartel descentralizado. Essas situações são consideradas ilegais em muitos países.

Os acordos não organizados ou tácitos podem assumir duas formas distintas: a) Oligopólio conivente, não organizado, quando ocorrem acordos informais e tácitos para estabelecer preços e quotas de produção e fugir às leis antitruste (ditos acordos de cavalheiros ou *gentlemen agreements*); e b) Oligopólio não conivente, não organizado, quando ocorrem ações independentes das firmas, com menor exatidão com relação à reação das rivais e com guerras de preços ou de marketing.

A formação de preços no oligopólio, em um tipo de organização das firmas em acordos não organizados, pode ocorrer, de uma maneira geral, pela liderança de uma empresa na determinação do preço de mercado e pelo seguimento desta iniciativa pelas demais. Supõe-se que essa forma de liderança surge quando uma das firmas tem uma estrutura de custos muito menor do que as demais, porém verificam-se variações tanto na estabilidade da posição da firma líder quanto nas razões

20 • Economia Industrial | Teoria e Estratégias

de sua aceitação como tal, bem como em sua influência sobre as demais e em sua eficiência ao conduzir a indústria como um todo a estabelecer preços que maximizem os lucros do grupo. De um modo geral essa liderança pode se apresentar de três maneiras (SCHERER, 1979):

a) liderança da firma dominante, ou seja, quando uma firma controla pelo menos metade do total da indústria e as demais são muito pequenas para terem influência nos preços, formando uma "periferia competitiva". Se o produto da indústria for homogêneo, as firmas da periferia tomam o preço da dominante como dado, expandindo sua produção até o ponto em que o custo marginal de curto prazo se eleva igualando o preço. Porém se o produto for diferenciado, as firmas menores podem tomar como base o preço da dominante, com algum diferencial acima ou abaixo deste, que possibilite a venda máxima. A firma dominante, quando estabelece seu preço, leva em conta a oferta da periferia competitiva.

b) liderança colusiva (conivente) de preços[13], quando os membros da indústria reconhecem que o interesse comum pelo comportamento cooperativo na fixação de preços é mais importante que o comportamento independente e que as principais firmas juntas devem dispor de uma considerável margem de liberdade na determinação do preço. Nesse caso, a firma líder conduz as ações das demais, por meio de táticas que podem se resumir em: i) não anunciar mudanças nos preços com frequência; ii) só anunciar mudanças quando existem alterações consideráveis nos custos e na demanda reconhecidas por toda a indústria; iii) preparar o espírito das outras firmas para as medidas que anunciará (por meio de declarações à imprensa, por exemplo); e iv) punir firmas que não querem segui-la, recusando-se a acompanhar as reduções e os aumentos requeridos por estas firmas. A líder deve decidir se as mudanças de preços anunciadas devem corresponder a seus próprios interesses ou atender a interesses conflitantes dentro da indústria.

c) liderança barométrica de preços, quando assume a liderança a empresa agirá como "barômetro" das condições de mercado, ou seja, medindo as pressões do mercado, baixando os preços quando sentir que as condições de mercado estão deprimidas e elevando em caso contrário. A líder nesse caso age como instrumento de colusão e só comanda as demais porque seu preço reflete as condições do mercado. A identidade da líder barométrica pode mudar em épocas diferentes e essas empresas nem sempre têm poder para compelir outras a aceitarem suas decisões de preços.

As formas de liderança de preços colusiva e barométrica apresentam a tendência a estabelecer preços mais elevados do que seriam de outro modo, considerando-se a mesma estrutura de mercado e potência da demanda, reduzindo também a magni-

---

[13] Conceito formulado por Jesse W. Markham (1951).

tude das flutuações dos preços. Esse efeito é verificado quando as líderes enviam a outros membros sinais indicativos do preço que maximize os lucros em tempos favoráveis e sinais indicativos do preço comum em tempos de depressão.

Outra forma de determinação de preços no oligopólio verifica-se pela fixação de normas ou regras práticas entre as empresas. Essas normas são baseadas no princípio da determinação do preço pelo custo total, e não pelo custo marginal; esse princípio estabelece que uma margem de lucro ou de rendimento desejado do capital investido deve ser acrescentada aos custos unitários estimados. Isso se verifica se as firmas da indústria apresentarem custos similares e fórmulas similares de custo total ou aceitarem um líder de preços que usa a fórmula. O emprego dessas regras práticas foi descoberto por Hall e Hitch (1939), quando empreenderam uma série de entrevistas junto a homens de negócios de firmas britânicas sobre a fixação de preços. Esses estudiosos verificaram entre as razões para a adoção de regras práticas no estabelecimento de preços: i) um meio de enfrentar incertezas sobre a função de demanda; ii) como argumento de imparcialidade, no sentido de não ser cobrado um preço alto demais no curto prazo, e sim uma margem justa de lucro que beneficie todas as firmas do oligopólio; iii) como meio de simplificar e reduzir cálculos e lançamentos dispendiosos.

Entre as regras práticas baseadas no custo total salientam-se: a) o *mark-up*, ou seja, a atribuição de uma margem percentual fixa sobre os custos, em qualquer situação do mercado; b) o preço *standard* ou padrão, calculado a partir dos custos, com base em hipóteses sobre um volume padrão de mercadorias a serem vendidas no futuro. Esse preço padrão é calculado com uma margem de retorno potencial desejada sobre o capital, sendo retificada de acordo com a competição real verificada, com as condições conjunturais dos negócios e com as metas em longo prazo. Shepherd (1990, p. 76-77) descreve as limitações metodológicas levantadas na literatura econômica a respeito da fixação de preços com base no custo total, no cerne da teoria microeconômica.

Algumas situações de oligopólio permitem a determinação de preços por uma regra conhecida como "pontos focais", quando é difícil a coordenação e a comunicação pública entre as firmas devido a leis antitruste. Nesse caso, há uma tendência para que as escolhas individuais das empresas convirjam para um foco comum, de acordo com a Teoria dos Pontos Focais, de Thomas Schelling (1960). Esse foco é escolhido por analogia ou simetria a alguma situação precedente e tem a propriedade da unicidade, pelo conhecimento profundo da situação e das outras empresas, de acordo com cada componente do oligopólio. Em geral, esses pontos focais tendem a seguir regras simples como o "meio-termo", em números redondos. Também podem ser adotados em negociações explícitas, quando é difícil encontrar uma solução conjunta, apesar da livre comunicação.

Uma forma diferenciada de analisar a determinação de preços, que tenta explicar por que certas firmas oligopolistas apresentam uma rigidez ou estabilidade nos preços, foi fornecida pela Teoria da Curva de Demanda Quebrada. Hall e Hitch (1939), a partir de observações de Chamberlin, explicaram essa estabilidade de preços e Sweezy (1939) utilizou-a para analisar o equilíbrio de mercado em oligopólio ou a demanda de mercado imaginada por concorrentes oligopolistas. O modelo determina que os concorrentes oligopolistas se defrontam com duas curvas de demanda diferentes, que são estimadas de modo subjetivo, conforme representadas na Figura 2.4.

Figura 2.4 — Curva de Demanda Quebrada

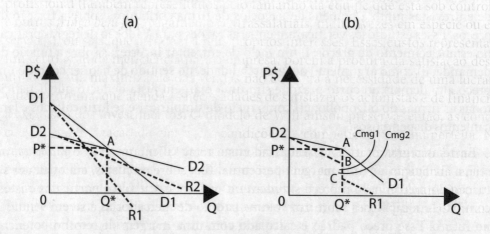

No gráfico (a) uma das curvas (D1D1) expressa as quantidades que serão vendidas a vários preços, supondo-se que os rivais mantenham seus preços em níveis inalterados (como no modelo de Cournot). A outra curva (D2D2) descreve a quantidade vendida, supondo-se que os rivais igualem os preços que se afastarem do atual, sendo que esta curva apresenta a mesma elasticidade-preço que a curva de demanda global da indústria, sendo que a curva anterior é mais elástica. As duas curvas se cortam ao nível do preço corrente (OP). As receitas marginais são dadas respectivamente por D1R1 e D2R2. A firma avalia o comportamento das rivais e parte da hipótese de que se elevar seus preços, as rivais não a acompanharão, portanto perderá fregueses e a receita total se reduzirá; por outro lado, se baixar os preços, as rivais adotarão o mesmo procedimento e não haverá vantagens de ganhos de mercado, podendo ter redução na receita total. Dessa forma os preços serão mantidos inalterados. No gráfico (b), observa-se a Curva de Demanda Quebrada, resultante desse raciocínio, que será adotada pela firma, onde o segmento superior à esquerda do ponto A, que determina o preço P, é mais elástico em relação a preços do que o

O Oligopólio na Teoria da Economia Industrial • 23

segmento à direita. A firma venderá a quantidade Q ao preço P. Porém, nesse nível de produção, a receita marginal apresenta uma descontinuidade (BC), resultante da diferença de declividade entre os dois segmentos da curva. Nesse ponto, portanto o lucro é maximizado e a descontinuidade na receita marginal permite a possibilidade de variação nos custos marginais da firma sem que os preços e a quantidade de equilíbrio se afetem, o que consiste também numa solução diferente da adotada na tradicional microeconomia.

2.4 A discriminação de preços

Uma firma pode estabelecer diferentes preços para um mesmo produto em diferentes mercados. Essa discriminação ocorre quando as empresas verificam a possibilidade de maiores rendimentos se isolarem clientes em grupos e oferecerem-lhes o produto a um preço possível de se concretizar naquele mercado. As diferenças nas elasticidades da demanda em cada grupo determinam os preços, e os clientes com demanda inelástica são mais penalizados. Os efeitos da discriminação podem encorajar ou impedir a competição.

As pré-condições para a discriminação são verificadas quando: a) as elasticidades da demanda dos consumidores diferem acentuadamente; b) o vendedor conhece essas diferenças e pode separar os compradores em grupos baseados nas diversas elasticidades; e c) o vendedor pode evitar que os compradores revendam o produto para outros.

As condições que influenciam as elasticidades das demandas podem se prender a vários fatores: a) condições do cliente, com relação às preferências, renda ou riqueza e conhecimento; b) limites técnicos, ou seja, algumas condições físicas tornam a demanda menos elástica, como a impossibilidade de o cliente se locomover para outro local ou a falta de tempo para pesquisar preços; c) competição intensa, que resulta em que a curva de demanda da firma seja fortemente elástica para o produto específico, ao passo que a falta de competição pode tornar a demanda inelástica. Ao lado disso a ameaça à entrada de novas firmas pode intensificar a perspectiva de competição; d) condições de verticalização, quando o poder de um monopsônio torna a demanda elástica, ou ainda quando existe a possibilidade de autofornecimento pela integração vertical de uma firma, o comprador tem mais chances e a demanda é mais elástica.

A discriminação de preços pode assumir três grupos distintos de aplicação: a discriminação pessoal, de grupo e de produto. A discriminação pessoal é verificada através de: a) ato de pechinchar, comum em acordos particulares ou bazares; b) diferenciação de listas de preços; c) ajuste do preço ao cliente, como entre médicos, advogados e outros profissionais; d) diferenciação do preço pelo grau de utilização, quando, ainda que os custos marginais sejam baixos, o maior utilizador terá preços mais elevados.

A discriminação de grupo é implantada por meio de: a) cortes excessivos no preço, para afastar um competidor; b) *dumping*, quando o produto é vendido externamente ao país a um preço abaixo do mercado interno; c) preços menores para angariar novos clientes; d) favorecimento para maiores compradores, quando os descontos sobre maior volume comprado superam as diferenças nos custos; e) divisão de preços em relação às diferentes elasticidades da demanda, o que acontece frequentemente com serviços de utilidade pública.

A discriminação do produto ocorre quando: a) a marca conhecida no mercado tem um preço mais elevado, ainda que o bem seja o mesmo; b) promoções são utilizadas para estabilizar os estoques; c) os preços diferem e situam-se acima ou abaixo dos custos entre períodos diferentes de consumo, seja nos períodos de pico ou de queda de consumo.

Alguns exemplos de discriminação de preços podem ser encontrados em preços diferenciados em bilhetes para cinemas, viagens aéreas ou de trens, diferenciando o grupo de crianças dos adultos, embora os custos sejam praticamente os mesmos para os dois grupos; nesse caso a competição não é grandemente afetada. No caso de passagens de ônibus na cidade, em alguns municípios o preço é diferenciado de acordo com a distância percorrida pelo cliente e, embora a tarifa por unidade de medida seja a mesma, os custos diferem para os clientes. O fornecimento de eletricidade é outro exemplo em que se verifica a diferenciação de preços, seja entre tipos de consumidores (famílias ou indústrias e estabelecimentos comerciais), embora o preço por kilowatt-hora não varie, para cada grupo, os custos em períodos de pico de utilização excedem acentuadamente os dos demais períodos. Ainda, entre chamadas telefônicas interurbanas ou internacionais, a diferenciação usual se dá entre períodos noturnos ou durante o dia e entre dias úteis e fins de semana, na tentativa de diminuir horários de pico, quando os custos são superiores.

2.5 Barreiras à entrada de novas firmas no grupo

A possibilidade de entrada de novas empresas em um oligopólio pode alterar o nível de lucros a ser obtido e o nível de preços. Nesse sentido, Bain e Sylos Labini desenvolveram ideias (posteriormente ampliadas por Modigliani) que salientavam a importância dessa entrada e apresentaram conclusões semelhantes sobre os fatores que afetam o equilíbrio do oligopólio.

Bain (1968a) define a condição de entrada na distinção inicial entre firmas já estabelecidas em uma indústria, produzindo para seu mercado, e firmas ainda não estabelecidas naquela indústria, que poderão entrar construindo novas plantas e tentando competir naquele mercado. A condição de entrada então é definida como a desvantagem das firmas potenciais candidatas a integrar a indústria, em comparação com as firmas estabelecidas; ou, ao contrário, a vantagem das estabelecidas sobre as firmas potenciais. A condição de entrada refere-se à extensão pela qual, no longo prazo, as firmas estabelecidas podem elevar seus preços de venda acima dos custos médios mínimos de produção e distribuição sem induzir novas firmas a entrarem na indústria.

A partir desse conceito, Bain (1968b) formulou em 1949 uma teoria sobre um "preço limite" para a entrada de novas firmas no oligopólio e posteriormente elaborou um trabalho notável sobre as barreiras à entrada. O preço limite, determinado por um grupo de vendedores agindo em colusão, é o maior preço comum que esses vendedores já estabelecidos acreditam poder cobrar sem induzir a entrada de novos participantes à indústria. Esse preço pode ser menor que o de maximização dos lucros, durante um curto período de tempo, e pode depender, entre outros aspectos, dos custos relativos das firmas internas ou externas ao grupo e das condições de demanda da indústria. Pode ocorrer também que as firmas estabelecidas, a fim de maximizarem os lucros de longo prazo, escolham situar os preços suficientemente altos para induzir uma quantidade pequena de firmas entrantes. Em outros casos, pode ser possível maximizar os lucros colocando os preços abaixo do preço limite.

O autor salienta que diferentes firmas estabelecidas em uma indústria têm frequentemente diferentes graus de vantagens sobre potenciais entrantes — pois algumas firmas estabelecidas têm vantagens sobre outras já em operação — de modo que em uma indústria poderão haver diferentes preços limites como barreiras ou diferentes custos médios mínimos. Nesse caso, devem ser distinguidas as firmas estabelecidas mais vantajosas, como as que causam barreiras. Por outro lado, diferentes firmas potencialmente entrantes revelam com frequência diferentes graus de desvantagens quando comparadas às firmas mais vantajosas da indústria. Nesse caso, é possível estabelecer uma graduação entre as firmas entrantes de acordo com o grau de sua desvantagem. Nessas circunstâncias, a condição imediata de entrada em uma indústria deve ser definida em termos das vantagens das firmas estabelecidas como mais vantajosas sobre as potenciais, que estão em desvantagem. Essa condição é mensurada, em termos percentuais, pela diferença entre o maior preço limite de venda e os custos médios mínimos que uma firma estabelecida pode obter, sem induzir as firmas potenciais com menores desvantagens a entrarem na indústria.

A preocupação principal de Bain, no entanto, foi estabelecer uma série de estudos empíricos para determinar quais fatores criavam barreiras à nova competição em uma indústria. Entre esses fatores, salientou:

i) a existência de grandes economias de escala, que exigiriam um tamanho mínimo considerável em relação ao mercado, para a concorrência de uma nova empresa;

ii) a diferenciação do produto associada à promoção de vendas com publicidade em economias de escala. Nesse caso, as firmas entrantes para competirem deverão estabelecer um preço abaixo do das estabelecidas, que muitas vezes não cobrem seus custos médios mínimos, ou devem incorrer em custos adicionais de publicidade por unidade de produto e, muitas vezes, as novas firmas não conseguem manter uma parcela suficiente de mercado que suporte seus custos de produção e distribuição;

iii) as vantagens absolutas nos custos das firmas já existentes sobre as entrantes, tendo em vista a possibilidade de propriedade exclusiva de insumos essenciais, técnicas superiores de produção mantidas em segredo, propriedade ou controle da distribuição do produto, acesso melhor ao mercado de capitais ou incapacidade de as firmas entrantes adquirirem os fatores de produção necessários em termos favoráveis;

iv) o caráter institucional, quando patentes e franquias já estão estabelecidas, e quando o governo habitualmente compra de determinadas firmas;

v) a integração vertical de firmas já estabelecidas.

Essas barreiras podem ser maiores ou menores dependendo das condições do mercado, das oportunidades deprogresso técnico (quando novas firmas entram com nova técnica ou produto diferenciado) ou se a firma potencialmente entrante já é estabelecida em outra indústria.

Sylos-Labini (1984), por sua vez, em um trabalho que apareceu após a Segunda Guerra, desenvolveu um modelo que procura explicar a concentração de capital como um processo nas economias capitalistas, examinando o oligopólio fortemente concentrado em um pequeno grupo de grandes empresas. O autor fez uma série de suposições simplificadoras do funcionamento do sistema de empresas, considerando que a diferenciação do produto não é a característica principal da indústria, mas sim que existem diferentes tipos de tecnologias para as firmas de diferentes tamanhos, que fazem o mesmo produto. No seu modelo, por suposição, a elasticidade-preço da demanda era igual à unidade para o mercado como um todo e cada firma poderia maximizar sua produção, mas, na realidade, esta era determinada com referência aos lucros, havendo uma taxa mínima de lucro abaixo da qual não se produziria.

Labini (1984, p. 67), baseado nos trabalhos de Hall e Hitch e de Sweezy sobre a Curva de Demanda Quebrada, desenvolve um novo enfoque, em que desconsidera o mecanismo de formação de preços baseado na premissa do preço igualar-se ao custo marginal e à receita marginal e sugere um novo modelo de formação de preços baseado no "custo pleno". Este preço (p) incorporaria os custos diretos dos fatores de produção (v), uma margem para cobrir os custos fixos (q') e a margem de lucro líquido (q"), em que:

$$p = v + q' + q".$$

Dadas as condições tecnológicas diversas e o preço dos fatores, o autor salienta que existe uma relação entre preço e margem de lucro para um dado custo variável. Nessas condições o modelo examina o problema da entrada de novas firmas no mercado e da política de preços das firmas existentes em relação a isto. Não haveria apenas um equilíbrio, e o preço de equilíbrio seria estabelecido em função da extensão absoluta do mercado, da parcela de mercado de cada firma e da capacidade do mercado de absorver novas firmas. Quanto maior a extensão do mercado, maior tende a ser a dimensão média das empresas e menor o preço de equilíbrio. Somente as maiores empresas têm poder de influir diretamente nos preços e, nesse sentido, podem adotar três tipos de preços, de acordo com a política de expansão que desejam adotar: a) um preço mínimo, que garanta à empresa um retorno mínimo ao seu capital; b) um preço de exclusão, que impede a entrada de novas empresas, pois não assegura a estas a taxa de lucro mínimo; c) preço de eliminação, inferior ao custo variável da concorrente, com o intuito de eliminá-la do mercado.

Portanto a política concorrencial da empresa está ligada à sua política de expansão, mas também aos menores custos diferenciais, que advêm da tecnologia mais eficiente, e não apenas da habilidade dos empresários que dirigem as firmas. As descontinuidades tecnológicas levam a custos diferenciados por meio de economias de escala, que servem de barreiras à entrada de outras firmas.

Labini infere que quanto maior a extensão absoluta do mercado, mais provável uma política menos agressiva das grandes empresas, em vez de uma política que vise expulsar as empresas médias e pequenas, porque há diferentes situações de equilíbrio. No entanto, se o mercado for menor, as grandes empresas adotarão uma ação orientada para a expulsão das menores. Assim, nesse modelo, o processo de concentração da produção depende da busca de uma crescente eficiência técnica e da tendência de produzir a custos decrescentes. Isso origina a formação de grandes complexos produtivos e situações incompatíveis com a concorrência.

Ressaltando a diferença entre oligopólio diferenciado e oligopólio concentrado, Labini descreve tipos diversos de barreiras à entrada. Enquanto no oligopólio com forte concentração das indústrias existem barreiras criadas pela tecnologia e pela amplitude de saída (dos investimentos necessários para a criação da empresa em um

28 • Economia Industrial | Teoria e Estratégias

tamanho concorrencial) que operam contra concorrentes potenciais, ou seja, "para fora" daquele grupo de empresas daquele mercado, no oligopólio diferenciado as barreiras oriundas da diferenciação dos produtos operam "para dentro" do grupo de empresas.

No entanto, Labini salienta que, neste último tipo de oligopólio, existem também barreiras que operam "para fora", ocasionadas por "despesas de venda necessárias para conquistar um número adequado de consumidores". Esses gastos com a implantação (assumidos como custos fixos) são inicialmente muito elevados e devem ser mantidos por um longo tempo, para tornar o produto conhecido e para conquistar consumidores potenciais, mas também para montar uma organização de vendas que possa competir com a das empresas já existentes. Quanto maiores os gastos de venda com a implantação, maior poderá ser a faixa de mercado conquistada. Porém o maior obstáculo à implantação não é a obtenção de recursos financeiros, mas a obtenção de um número de consumidores que possibilitem a recuperação dos custos de implantação e de produção. Essas barreiras das clientelas, ocasionadas por imperfeições do mercado, ocasionam efeitos de descontinuidades semelhantes às descontinuidades tecnológicas. Com relação a estas últimas, elas são causadas, no oligopólio diferenciado, pela própria diferenciação do produto, que comporta tecnologias diferentes, embora as múltiplas tecnologias possam comportar produtos semelhantes, com qualidades diferentes.

As patentes e os procedimentos técnicos específicos também operam como barreiras externas ou internas, já que se conectam com as barreiras da tecnologia e exigem dirigentes e operários especializados, que são encontrados em número limitado e cuja formação requer um amplo espaço de tempo. No entanto, as principais barreiras são: as tecnológicas e os gastos de venda com a implantação, relacionados à grande extensão do mercado necessária para a implantação, ou seja, a dificuldade de se obter consumidores em tal número que possibilite não apenas a recuperação dos custos de produção, mas também as despesas com a implantação. Essas barreiras operam conjuntamente, embora combinem-se de forma diferente em cada mercado.

2.6 As premissas da Teoria dos Jogos

Uma visão diferenciada do comportamento oligopolista é dada pela Teoria dos Jogos, desenvolvida por Von Neumann e Morgenstern (1947), quando observaram que os instrumentos convencionais da Teoria Microeconômica nem sempre poderiam produzir uma solução cabal para a determinação do preço no oligopólio. Essa teoria enfatiza a importância dos fatores subjetivos como determinantes da competição viável.

Em primeiro lugar, como condição básica da Teoria dos Jogos, cada participante da situação de competição conhece os possíveis resultados de uma dada situação e tem um padrão de preferência entre esses resultados, que seria o padrão buscado se não houvesse o conflito de interesses entre os competidores. Sua decisão individual, entre várias alternativas, pode ser representada por uma função utilidade. Assim, o desejo individual para determinados resultados a serem obtidos, na Teoria dos Jogos, é um problema de maximização da utilidade esperada (LUCE, R. D.; RAIFFA, H., 1957, p. 4).

Em segundo lugar, as variáveis que controlam os possíveis resultados também são assumidas como bem especificadas, ou seja, além de caracterizá-las é possível definir os valores que elas assumem precisamente. Consideram-se divididas em n+1 classes, se existirem n indivíduos na situação, ou seja, na terminologia da teoria, em um jogo de n-pessoas. A cada pessoa é associada uma das classes, que representa seu domínio de escolhas, e a variável adicional é aleatória. É suposto que cada participante conhece os padrões de preferência dos demais.

Cada jogador escolhe uma estratégia que leve em conta seus possíveis ganhos e perdas se o outro participante reagir ao seu movimento de várias formas. O caso mais simples, análogo à competição, é do jogo de dois participantes. Se o que um jogador ganha for exatamente igual ao que o outro perde, o jogo é de soma zero (*zero-sum game*). Mas como salientam Neumann e Morgenstern, a rivalidade encontrada no oligopólio raramente se ajusta ao pressuposto da soma zero. Os autores descrevem situações em que, supondo-se que os jogadores são racionais, assumirão uma estratégia "minimax", isto é, o ganhador escolherá a estratégia que dará o maior ganho mínimo de todas as estratégias que o perdedor poderá adotar, enquanto que o perdedor escolherá a menor perda máxima de todas as estratégias que o ganhador adotar. Os jogadores podem adotar estratégias mistas ou diferentes estratégias em diversas ocasiões, de acordo com algum método fortuito que envolve probabilidades.

Se o número de participantes for maior que dois, a situação torna-se mais complexa, já que existe a possibilidade de se formarem coalizões de dois ou mais jogadores contra os outros, se for vantajoso para os que se unem. Ainda que se forme uma coalizão, o resultado do jogo não será determinado com certeza, e a solução adotada dependerá dos padrões de comportamento do grupo específico de jogadores. Esses comportamentos são baseados em produtos homogêneos, e a gama de resultados possíveis se ampliaria com a possibilidade de diferenciação do produto.

Luce e Raiffa descrevem exemplos de situações de conflitos de interesse no âmbito econômico, em que são utilizadas estratégias da Teoria dos Jogos. Enfatizam que uma situação econômica básica envolve vários produtores, cada um tentando maximizar seus lucros, mas têm apenas controle limitado sobre as variáveis que os determinam. Um produtor não terá controle sobre as variáveis controladas por outro, embora estas influenciem consideravelmente seus resultados. Assim, cada executivo prevê todas as possíveis contingências para a sua tomada de decisão e descreve em detalhes a ação a ser empreendida — que pode ser deixada nas mãos dos funcionários ou das máquinas — em cada caso, em vez de esperar os problemas acontecerem. Essas estratégias são, na realidade, um guia para a ação com respeito ao estabelecimento de preços, produção, publicidade, emprego, etc.

Esses autores chamam atenção para dois problemas que dificultam a prática da Teoria dos Jogos em muitos problemas econômicos. Em primeiro lugar, é difícil especificar precisamente os conjuntos de estratégias disponíveis pelos jogadores, devido a muitas causas, como o surgimento de uma nova invenção ou descoberta científica, que abre toda uma gama de novas atividades ao produtor, ou acontecimentos exógenos fortuitos e condições que se transformam durante o processo do jogo, interferindo na estratégia. Essas complicações podem ser compreendidas, formalmente, pela utilização das teorias de tomada de decisões sob condições de incerteza, mas isso já se dá fora do âmbito da Teoria dos Jogos. Uma segunda complicação na determinação das estratégias de muitas situações econômicas é o fato de que a maior parte das decisões não é apenas descrita em termos de alternativas, mas requer uma especificação de tempo. A introdução do tempo no conjunto de alternativas tende a causar dificuldades práticas consideráveis. Os conjuntos de estratégias tornam-se rapidamente gigantescos, e a determinação das quantidades necessárias para descrever a situação econômica no jogo torna-se uma dificuldade prática.

Outro autor, Shubik (1959), desenvolveu a Teoria dos Jogos especificamente para o âmbito econômico, concentrando-se na Teoria do oligopólio e enfatizando o comportamento da Teoria dos Jogos da sobrevivência econômica. Discute a possibilidade de sobrevivência, em condições em que as firmas são financeiramente fortes e não cooperativas, em comparação com condições em que são fracas e colusivas. Salienta que deve ocorrer uma luta por sobrevivência e ser menos custoso, no longo prazo, para uma firma poderosa impor uma luta intensa, porém rápida, em lugar de menos intensa e mais longa. Afirma que a ameaça de represália em um jogo para sobrevivência econômica leva ao equilíbrio, que não existiria de outra forma. Haveria uma abundância de pontos de equilíbrio, se não houvesse restrições financeiras, e a busca de equilíbrio, em um oligopólio com poucas firmas, não seria, necessariamente, em direção a um preço comum, mas a qualquer preço dentro de uma série limitada.

CAPÍTULO 3

Concentração e Centralização do Capital

• • •

3.1 Introdução

A análise do desenvolvimento das sociedades capitalistas fundamenta-se na observação do crescente processo de concentração do capital, que implicou na elevação do tamanho médio da unidade produtiva e em crescente oligopolização das firmas. Esse processo conduziu a uma visão sobre as estruturas de mercado, que se diferencia da teoria microeconômica marginalista tradicional.

Entender a moderna teoria da estrutura oligopólica é observar as raízes dessa concentração de capital. Marx (1984, p. 187) foi um dos primeiros estudiosos a esmiuçar esse processo de concentração e seus conceitos foram a base para a crítica e posterior desenvolvimento das ideias sobre o funcionamento dos mercados capitalistas. Em sua observação sobre o desenvolvimento do capitalismo, Marx distingue os conceitos de acumulação, concentração e centralização do capital, como serão examinados aqui inicialmente.

Na sequência, o capítulo analisa o papel do sistema de crédito e das empresas de capital aberto no processo de centralização e as consequências da concentração de capital sobre a formação de cartéis,trustes e fusões, detendo-se ainda sobre o exame de suas implicações sobre a competição entre empresas. Finalizando, são apresentadas formas de mensuração da concentração em indústrias, utilizadas como ferramentas empíricas para a análise das empresas.

3.2 Acumulação, concentração e centralização do capital

A partir da conceituação da mais-valia como a parte do capital, produzida pela força de trabalho, que excede o valor do salário que lhe é pago no processo de produção, Marx define a acumulação de capital como sendo a aplicação ou retransformação desta mais-valia em capital, como recomeço do processo produtivo. Nesse sentido, se a mais-valia se origina do capital, por meio do processo de produção, a acumulação surge da transformação de parte do mais-produto em capital (MARX, 1984, p. 163). Dessa forma amplia as ideias de Malthus (1983, p. 184), que já definia a acumulação do capital como sendo o emprego de parte da renda como capital ou a transformação da renda em capital.

A acumulação depende da composição do capital entre capital constante (na terminologia marxista), ou seja, valor dos meios de produção, e capital variável — valor da força de trabalho, soma global dos salários. Quanto maior a parte destinada ao capital constante, maior a parcela destinada à acumulação:

> Essa mudança na composição técnica do capital, o crescimento da massa dos meios de produção, comparada à massa da força de trabalho que os vivifica, reflete-se em sua composição em valor, no acréscimo da componente constante, do valor do capital à custa de sua componente variável (MARX, 1984, p. 194).

O crescimento do capital constante — refletido na utilização da maquinaria, animais de trabalho, altos fornos, prédios, meios de transportes, etc. — por um lado é consequência e, por outro, é condição da crescente produtividade do trabalho, porém reflete apenas uma divisão diferente dos capitais já existentes. Marx descreve a existência de uma lei econômica que se refere ao crescente aumento da parte constante do capital em relação à parte variável, em razão direta do progresso da acumulação do capital.

A concentração de capitais é explicada pelo crescimento dos capitais individuais, à medida que os meios sociais de produção e subsistência são transformados em propriedade privada de capitalistas. É considerada pelo autor como situando-se na base da produção de mercadorias, que, só na forma capitalista, pode sustentar a produção em larga escala. A contínua retransformação de mais-valia em capital apresenta-se como grandeza crescente do capital que entra no processo de produção para uma escala ampliada de produção. Marx descreve a concentração como:

Concentração e Centralização do Capital • 33

> Todo capital individual é uma concentração maior ou menor de meios de produção com comando correspondente sobre um exército maior ou menor de trabalhadores. Toda acumulação torna-se nova acumulação. Ela amplia, com a massa multiplicada da riqueza, que funciona como capital, sua concentração nas mãos de capitalistas individuais e, portanto, a base da produção em larga escala e dos métodos de produção especificamente capitalistas (MARX, 1984, p. 196).

A centralização do capital, por outro lado, resulta da luta da concorrência em busca do barateamento das mercadorias, que, por sua vez, depende do aumento da escala de produção e da produtividade. A partir disso, o desenvolvimento do capitalismo pressupõe o aumento do tamanho mínimo do capital individual e "os capitais maiores derrotam, portanto, os menores [...] Os capitais menores, por isso, disputam esferas da produção das quais a grande indústria se apoderou apenas de modo esporádico ou incompleto" (MARX, 1984, p. 196).

Em suma, a centralização ocorre por meio da mudança na distribuição de capitais existentes, crescendo em uma mão até formar massas grandiosas, porque são retirados de muitas mãos individuais. Dessa forma, a centralização complementa a acumulação ao permitir que os capitalistas expandam a escala de suas operações industriais:

> A concentração de capitais já constituídos, supressão de sua autonomia individual, expropriação de capitalista por capitalista, transformação de muitos capitais menores em poucos capitais maiores [...] O capital se expande aqui numa mão até atingir grandes massas, porque acolá ele é perdido por muitas mãos. É a centralização propriamente dita, distinguindo-se da acumulação e da concentração (MARX, 1984, p. 197).

3.3 O sistema de crédito na centralização

Salientava Marx que o sistema de crédito constitui-se em uma força propulsora da centralização, desenvolvendo-se paralelamente à produção, à acumulação do capital e à concorrência entre capitalistas. Se inicialmente o crédito surge como mero auxiliar da acumulação, levando recursos monetários, dispersos pela sociedade, às mãos de capitalistas individuais ou que se associam, em um segundo momento torna-se "uma nova e terrível arma na luta da concorrência e finalmente se transforma em enorme mecanismo social para a centralização de capitais" (MARX, 1984, p. 197).

Por outro lado, a intermediação para a aplicação do capital monetário, via crédito, possibilita o emprego deste capital para fins produtivos, diversos aos do capital individual que o libera. Por exemplo, o capital acumulado em áreas agrícolas é liberado e levado para áreas industriais, quando processos de produção que dependem de estações do ano exigem um tempo de espera para sua reutilização em agricultura ou quando são esgotadas as possibilidades de sua reaplicação produtiva na área rural. Outras realocações setoriais de capital dentro da própria indústria podem ocorrer pelo sistema de crédito, quando a mercadoria produzida em pouco espaço de tempo pode ficar armazenada para distribuição durante um espaço de tempo maior. Nesse caso, pode ocorrer o fato de que a entrada de grandes somas de capital é realizada em um único período e esses montantes só serão novamente utilizados após um período de inatividade. Assim, essas somas entregues ao sistema bancário são repassadas, via empréstimos, a outros capitalistas industriais ou de outros setores, o que reforça a possibilidade de centralização do capital.

Hilferding, desenvolvendo as análises de Marx, publica em 1910 seu estudo sobre o capital financeiro, considerado por muitos analistas como um volume adicional de *O Capital*. Enfatiza a noção de que o desenvolvimento do capitalismo caracteriza-se, cada vez mais, por uma relação intrínseca entre o capital bancário e o capital industrial, quando o capital assume a forma de capital financeiro. A finalidade do crédito de capital é a transferência de uma soma de dinheiro, que o proprietário não pode empregar como capital, para alguém que pretende empregá-lo desta forma, transformando assim o capital monetário ocioso em ativo. Cabe à instituição bancária a função de receber, concentrar e distribuir esse capital monetário. Assim, além de seu próprio capital administrado pelos bancos, os capitalistas produtores utilizam o dinheiro ocioso de todas as outras classes, visando seu emprego produtivo (HILFERDING, 1985, p. 93).

Com a expansão da indústria, o banco, tendo como função mediar o crédito, busca a concentração progressiva do seu capital próprio, no sentido de maior garantia a seus clientes, pois surge a necessidade de levantar e centralizar com segurança somas cada vez maiores. Com o desenvolvimento do sistema de crédito e com a centralização crescente de capitais monetários, a expansão da empresa industrial deixa de depender dos seus próprios excedentes de produção e, dessa forma, torna-se também possível, em tempos de conjunturas mais favoráveis e de demandas mais intensas e imediatas de capital, a rápida expansão da produção.

Cabe ainda ao sistema de crédito o controle da oferta de capitais originados não apenas da acumulação de capitalistas menores, como também da poupança de pessoas físicas, com níveis de renda pessoal que permitam um volume de reservas monetárias a serem gastas no futuro.

3.4 As empresas de capital aberto

A necessidade, advinda com o desenvolvimento do capitalismo, da busca de economias de escala, por meio de investimentos volumosos que requerem a reunião e utilização conjunta, em um mesmo empreendimento, de muitos capitais individuais, deu origem e rápido desenvolvimento à forma de organização empresarial representada pelas sociedades anônimas, ou sociedades de capital aberto, que são definidas como: "Uma associação de pessoas formando uma unidade legal autônoma com personalidade legal distinta que a capacita a realizar negócios, possuir propriedades e contrair dívidas" (GUTHMANN; DOUGALL, 1948, p. 9).

Marx reconheceu o papel essencial dessa forma de sociedade como instrumento para a centralização do capital, influenciando o caráter da produção capitalista em grande escala. Salientava três características relevantes da sociedade de capital aberto, ou seja: a) propiciar uma enorme expansão na escala de produção das empresas, que individualmente não seria possível; b) o capital torna-se uma forma de capital social, em contraposição ao capital privado, e as empresas assumem a forma de empresas sociais, em contraposição às empresas individuais; c) o capitalista industrial transforma-se num simples gerente ou administrador do capital de outras pessoas, e os proprietários do capital tornam-se meros capitalistas monetários (SWEEZY, 1983, p. 199).

Além de empreender processos que muitas vezes não estão ao alcance do capital individual, esse tipo de sociedade tem a característica de proteger o fornecedor de capital, limitando sua responsabilidade na proporção de seu investimento original, mas garantindo-lhe a possibilidade de voto nos assuntos decisivos da empresa, cabendo a responsabilidade e os poderes de decisão rotineiros aos diretores e funcionários.

Como salienta Hilferding — que completou e ampliou a visão marxista sobre as sociedades anônimas — na prática, o montante de capital que é suficiente para o controle da sociedade anônima geralmente não ultrapassa 1/3 ou 1/4 do capital global e com a crescente concentração da propriedade vem aumentando o número de grandes capitalistas que investem seu capital em diversas sociedades anônimas. A posse dessas ações em valores suficientes permite que esses detentores de capital tenham o poder de nomear um representante para a direção da sociedade, sejam membros do conselho fiscal, influindo na administração ou na política das empresas. Nesse sentido, os maiores detentores de ações têm a possibilidade de atuar concomitantemente em várias indústrias e em setores diferenciados.

Por outro lado, para os detentores de capitais individuais em menores montantes, o advento da sociedade anônima industrial significou uma profunda alteração da

36 • Economia Industrial | Teoria e Estratégias

função exercida pelo capitalista industrial ao liberá-lo das funções de empresário industrial. O capital investido do capitalista passa, assim, a se revestir de uma função puramente monetária: "O capitalista monetário, enquanto credor, nada tem a ver com o que é feito com seu capital no processo de produção, embora esse emprego seja, em realidade, a condição necessária da relação de empréstimo" (HILFERDING, 1985, p. 111). O capitalista fornece o dinheiro para receber um rendimento depois de certo tempo, resumindo-se sua função numa transação jurídica.

O capital assim investido é simbolizado em ações que representam uma cota da sociedade na empresa, podendo ser recuperado por meio da venda dessas ações em um mercado próprio, a Bolsa de Valores. Dessa forma o capital monetário concorre com o capital produtivo no investimento em ações da mesma forma que concorre como capital de empréstimo, quando aplicado em títulos via rede bancária.

As consequências gerais da propagação dessa forma de sociedade revelam-se na intensificação do processo de centralização, numa aceleração da acumulação, bem como na formação de uma parcela relativamente pequena de grandes capitalistas, cujo controle se estende muito além dos limites de seu capital próprio (SWEEZY, 1983, p. 202).

Como salientam Berle e Means (1984, p. 33) — dois economistas norte-americanos que desenvolveram intensos estudos sobre as empresas que adotam essa forma de organização — o modelo da Sociedade Anônima, na economia industrial moderna, deixou de ser somente um dispositivo legal por meio do qual as transações comerciais privadas dos indivíduos podem se realizar e passou a adquirir importância maior de manter a propriedade econômica e organizar a vida econômica em novas bases de atributos e poderes. O poder resultante da concentração de riquezas de vários indivíduos para o controle de uma direção única rompeu as antigas relações de propriedade, levando a sociedade a definir essas relações em termos de direção e distribuição dos lucros dos empreendimentos.

Historicamente, o sistema acionário começou a surgir com a empresa semipública, em que se definia nitidamente a distinção entre propriedade e controle por meio da multiplicação de proprietários, que constituía os impérios mercantis da Inglaterra e da Holanda no século XVII, representados pelas Companhias de Comércio de capital social. No entanto, apenas no século XIX essa forma de organização acionária começou a ser introduzida na atividade produtiva ou manufatureira. Desde 1800, esse sistema já era utilizado na América do Norte em empreendimentos que envolviam interesses públicos diretos, como na construção de pontes, canais, postos de pedágio, no funcionamento de Bancos e Companhias de Seguros e na criação de Corpos de Bombeiros (BERLE; MEANS, 1984, p. 39).

A primeira grande empresa manufatureira a organizar-se com um grande número de acionistas, nos moldes das atuais formas de organização acionária, foi a *Boston Manufacturing Company*, indústria têxtil fundada em Massachusetts, na Nova Inglaterra, em 1813. Até 1860, as sociedades anônimas manufatureiras restringiam-se quase totalmente ao ramo têxtil. Apenas no final do século XIX e no começo do século XX é que o sistema acionário passou a se desenvolver crescentemente de forma organizada, inicialmente em outros ramos de serviços (bancários, de seguro, ferrovias e outros serviços públicos) e depois em indústrias (principalmente na extração de pedras e minérios, como cobre, chumbo, zinco, além de petróleo e gás natural), expandindo-se velozmente a todos os setores já na primeira década do século.

Com o desenvolvimento das sociedades anônimas, a separação entre a propriedade da riqueza, sua administração e seu controle passou a ser definida por meio de uma grande variedade de tipos e situações de controle, derivados de dispositivos legais ou com caráter extralegal ou ainda com formas derivadas da propriedade da riqueza.

Para efeito de análise, é possível distinguir-se cinco tipos principais de controle (BERLE; MEANS, 1984, p. 85):

a) controle por meio da propriedade quase total, quando um único indivíduo ou um grupo pequeno de sócios possui todas ou quase todas as ações. Nesse caso, a propriedade e o controle estão nas mesmas mãos;

b) controle majoritário, ou seja, que envolve o controle da maioria das ações, e os poderes legais de controle estão nas mãos de um único indivíduo ou um grupo pequeno, porém existe (teoricamente) uma minoria que modera e questiona as políticas e os atos dessa maioria;

c) controle por meio de mecanismo legal, quando não existe a posse da maioria das ações pelo controlador, porém certos mecanismos legais o garantem. Um exemplo é o mecanismo denominado piramidal, em que o que controla detém a posse da maioria das ações de uma empresa que, por sua vez, detém a maioria das ações de outra empresa e este processo pode ser repetido muitas vezes, de modo que uma participação equivalente a 1/4, 1/8 ou 1/16 pode ser legalmente dominante. Outro mecanismo legal refere-se à atribuição de direitos às ações, de modo que somente determinada parcela muito pequena destas concedem direito a voto ou ainda o poder de voto é desproporcional ao capital investido. Outro mecanismo consiste no voto por procuração, envolvendo um grupo de procuradores que, em geral, são membros da administração e que passam a deter o total poder de voto sobre as ações a eles confiadas;

38 • Economia Industrial | Teoria e Estratégias

d) controle minoritário, quando um indivíduo ou um pequeno grupo possui uma participação em ações, suficiente para dominar a empresa, por meio de um controle operacional e, para isto, vale-se da atração de procurações de proprietários dispersos para se juntar à sua participação minoritária;

e) controle administrativo, quando a propriedade está tão dispersa que nenhum indivíduo ou grupo tem interesse em dominar os negócios da empresa, e a administração vigente designa o comitê de procuradores que votarão para eleger os diretores para o período seguinte.

Dessa forma, o sistema acionário possibilitou a concentração e centralização do capital em empresas de porte cada vez maior e, ao mesmo tempo, passando o controle para as mãos de um número cada vez menor de pessoas, relativamente ao aporte de capital.

3.5 Cartéis, trustes e fusões

A concentração e centralização do capital leva ao desenvolvimento de estruturas de mercado cada vez mais oligopolizadas ou monopolistas, com a formação de combinações entre empresas que visam dominar a concorrência. Dessa forma, o alto grau de centralização acaba por resultar em um número reduzido de empresas em determinado setor de produção, acirrando a concorrência e tornando mais vantajoso o caminho da combinação entre as empresas, ou seja, do surgimento dos cartéis, trustes e fusões.

O cartel baseia-se em um acordo entre empresas rivais para ação comum nos negócios, a fim de dominar o mercado e estabelecer comportamentos de controle mais rígido sobre o preço. Os membros do cartel mantêm independência financeira, não se submetendo a um controle central e apenas comprometem-se com políticas comuns de preços e de oferta nos negócios.

As organizações em cartéis podem apresentar-se de forma organizada, representados por uma instituição ou escritório que opera como o representante comum, estabelecendo os preços e a distribuição das quotas do mercado de forma conivente entre as empresas. O exemplo mais atual pode ser dado pela OPEP, que reúne os maiores produtores mundiais de petróleo. Outra forma de operacionalização dos cartéis ainda na forma conivente, porém não organizada em uma instituição, realiza-se por meio de "acordos de cavalheiros" entre as empresas. Observa-se comumente, entre países produtores da mesma mercadoria, a formação de cartéis sob a alegação de regularização do mercado ou estabilização dos preços, como os Acordos Internacionais do Café, do Açúcar, do Estanho e, na Europa, do Aço e do Carvão.

O truste resulta de luta em que o mais fraco renuncia à independência econômica. Historicamente, a literatura relata a existência dessa prática na Inglaterra medieval como método legítimo de administração de propriedades de senhores feudais, livrando os proprietários de terras de impostos e transferindo a instituições religiosas os benefícios da terra, que não podiam derivar diretamente. Posteriormente a designação de truste para essa prática teve origem em 1822, nos Estados Unidos, quando várias empresas de petróleo entregaram suas ações a um comitê (*board of trustees*), formando a *Standard Oil*.

Nessas formas de organização mencionadas no último item, as comunidades de interesses, operando via acordos, observam uma limitação na independência das empresas, enquanto que as fusões as suprimem. Essas limitações são fixadas contratualmente, quando a direção da empresa deve submeter-se à fiscalização de um órgão comum, que determina condições de concorrência, de circulação de produtos, de pagamentos, e se estendem ao âmbito do comportamento econômico e empresarial. As comunidades de interesses descritas por Hilferding, por sua vez, definem os cartéis, cujo objetivo é o aumento do lucro mediante acordos de preços, da regulação da oferta e do contingenciamento da produção. Quando, de uma composição puramente contratual, o cartel passa a uma unidade comercial, por meio da supressão da autonomia comercial das empresas, recebe a denominação de sindicatos. Nesse caso é indiferente aos clientes comprar de qualquer das empresas componentes do cartel, o que pressupõe uma homogeneidade da produção.

Realiza-se uma passagem gradual do estágio de mera regulamentação comum dos preços para fases de fixação comum da oferta e da produção, de criação de um escritório conjunto e da perda da independência comercial pelas empresas. Podem ocorrer formas de cartelização em que a compra de matérias-primas realiza-se conjuntamente e, finalmente, pode verificar-se também intervenções na autonomia técnica da empresa individual (HILFERDING, 1985, p. 199).

Na fusão, a independência das firmas é totalmente abolida, e as antigas firmas desaparecem para dar surgimento a uma nova entidade comercial, com uma unidade orgânica sob direção única, pela compra de uma firma por outra, com unificação do capital. Se a tendência da moderna economia industrial é do crescimento das fusões com o desenvolvimento do mercado, em períodos de recessão econômica as empresas tendem a se rearrumarem no mercado, vendendo sua participação acionária e acentuando a oligopolização.

As firmas adquiridas, no processo de fusão, são conduzidas à venda de sua participação acionária por razões como a iminência de falência, obrigações tributárias ou outras acima de suas condições de pagamento, desvantagens técnicas relacionadas ao pequeno porte ou desvantagens administrativas pelo fato de serem muito grandes para serem comandadas por uma só pessoa. Em qualquer dos casos, as dificuldades podem baratear os preços de vendas dessas empresas, facilitando a aquisição para a firma adquirente.

A empresa adquirente, por sua vez, tem como razões para a compra de outra empresa, objetivos ou motivos como: a) possibilidade de obter ou de ampliar as economias de escala, quando estão em um tamanho abaixo do ótimo com relação aos custos. Nesse caso, as vantagens se mostram na diminuição da concorrência, nas economias de marketing e nos canais de distribuição; b) complementaridades que podem ocorrer entre as empresas e, no caso, inicia-se um processo de integração vertical, que resulta na realização de várias fases do processo de produção e distribuição de um produto, por diferentes unidades empresariais integradas; c) possibilidade de crescimento com maior velocidade e segurança, quando a aquisição de uma firma já em operacionalização economiza o tempo necessário para a aquisição de novos equipamentos e de conhecimentos; d) possibilidade de dominação do mercado, eliminando rivais e partindo para a monopolização da produção; e) quando fatores financeiros ou promocionais favorecem o preço das ações no mercado acionário ao reunirem-se capitais em uma única empresa (GEORGE; JOLL, 1975, Capítulo 6).

3.6 Concentração e competição

A concentração industrial é visualizada como um dos determinantes estruturais mais relevantes da competição. As teorias neoclássicas, estabelecendo um conjunto de suposições restritivas, sugerem que uma indústria mais concentrada, isto é, constituída por um número pequeno de grandes firmas, prejudica a competição,pelo fato de que estas são encorajadas a agirem de forma interdependente no que se refere à tomada de decisões sobre preços, produção e assuntos correlatos.

A concentração, no contexto da moderna teoria das empresas, é examinada a partir de dois enfoques diversos:

a) a concentração global, que refere-se à parcela da produção ou das vendas da economia como um todo, que é responsável por um número relativamente pequeno de firmas, como a parcela das 200 ou 300 maiores firmas, o que dá indicações sobre as estruturas e o potencial de poder da economia;

b) a concentração de mercado, que relaciona-se à parcela de mercado abrangida por um número relativamente pequeno de firmas em uma indústria ou em um mercado individual.

Essa concentração de mercado pode ser avaliada de uma maneira estática em um determinado ponto no tempo ou em seus aspectos dinâmicos, observando seu crescimento ou decréscimo no tempo. Nesse sentido, os efeitos sobre a competição em um mercado podem ser observados e avaliados não apenas com relação ao número de firmas envolvido e nos impactos sobre a formação de preços e os níveis de produção, mas também sobre a desigualdade nos tamanhos das firmas, sobre a capacidade de inovação e sobre as barreiras à entrada de novas firmas. Assim, as mudanças nos níveis de concentração de uma indústria resultam de fatores que induzem mudanças no poder dos produtores individuais, como alterações nas políticas estratégicas das firmas líderes, nas economias de escala das firmas, no tamanho e no crescimento do mercado ou, ainda, a ocorrência de fusões ou outros fatores que afetam as condições de entrada de novas firmas naquele mercado.

Embora a alta concentração na indústria usualmente resulte em uma conduta interdependente das firmas em relação a preços e produção, observam-se consequências desfavoráveis, resultantes da falta de competição neste caso. Um dos fatores primordiais refere-se à não obtenção da alocação mais eficiente de recursos, desde que os preços tendem a ser superiores e a produção inferior, em relação a situações competitivas, pois os preços são estabelecidos em níveis que possibilitem a sobrevivência das firmas menos eficientes. Por outro lado, a falta de competição que assegura a obtenção garantida de lucros afeta a eficiência interna das firmas, pois pode ocorrer uma falta de estímulo para a inovação e para a melhoria dos processos de produção e dos produtos, bem como para desenvolvimento na eficiência organizacional e gerencial.

Em contraposição a esses aspectos, observa-se que a alta concentração pode refletir o crescimento das firmas até um tamanho suficiente para garantir o nível mais eficiente de produção que reflita economias de escala, proporcionadas particularmente pelo desenvolvimento tecnológico, e que acarretem menores custos e preços com um nível mais elevado de produção. Apesar disso, um nível superior de concentração não é resultado apenas de economias de escala com plantas maiores, mas também de um número maior de plantas sob uma propriedade comum, o que, por sua vez, implica em economias de escala em marketing. Ainda que esgotadas as condições de obtenção de economias de escala, a concentração pode ser estimulada a permanecer ou a aumentar, no sentido de possibilitar às firmas maiores a preservação de sua posição quanto à formação de barreiras a novos entrantes, impedindo o acesso a fornecedores de insumos ou a mercados consumidores potenciais (Parent, 1965).

A existência de alta concentração não envolve necessariamente ineficiência, ou práticas oligopolistas, pois as firmas líderes, além da obtenção de economias de escala, podem ser motivadas à busca da inovação tecnológica e da modernização, encontrando condições favoráveis para isto, face à condição privilegiada de poder.

Um número de limitações pode ser observado no poder de mercado pelas grandes firmas em indústrias concentradas, como no que se relaciona ao comércio internacional. Se, por exemplo, o mercado para determinados produtos é consideravelmente suprido por importações, então a produção altamente concentrada de empresas

42 • Economia Industrial | Teoria e Estratégias

domésticas pode não ser um bom indicador de concentração de mercado. No que se refere às exportações, as maiores firmas podem apresentar uma maior tendência para a venda no exterior e, dessa forma, as menores revelam maior poder no mercado interno.

Os níveis de competição em indústrias concentradas podem alterar-se como resultado de mudanças nos níveis de concentração. Entre os fatores favoráveis ao aumento dessa concentração, destacam-se: i) o crescimento interno nas firmas existentes, que afeta e pode diferenciar seus tamanhos; ii) as fusões e outras formas de concentração de diferentes firmas em uma propriedade comum; iii) o declínio do tamanho do mercado para um produto determinado, quando as firmas maiores estão mais aptas para sobreviver; iv) a formação de *joint ventures* entre firmas independentes (Telser, 1988).

Por outro lado, a concentração pode diminuir se manifestarem-se fatores que operam na direção contrária, como: i) a entrada de novas firmas; ii) o crescimento do tamanho do mercado; iii) o fechamento de uma ou mais grandes empresas e o rápido crescimento de firmas médias ou menores; e, finalmente, iv) a redução nos custos dos transportes, internos ou internacionais, e de outras tarifas ou barreiras ao comércio.

Steindl (1983) examina as características das mudanças no grau de concentração em uma indústria, salientando as diferenças nas margens de lucro entre firmas de uma mesma indústria como influenciando fortemente essa concentração. Considera esse problema um aspecto de longo prazo, em que tem papel relevante o progresso técnico com as consequentes reduções de custos. Os empresários que dispõem de maiores taxas de lucros detêm maior capacidade de acumulação interna de capital e maior incentivo a novos investimentos. Em determinadas indústrias, as maiores firmas, que reduzem seus custos devido a economias de escalas advindas de qualquer inovação, apresentarão uma tendência natural a expandir-se em relação a outras firmas, dado que a acumulação interna tende a elevar-se em taxas crescentes à medida do aumento de sua vantagem diferencial.

O aumento do grau de concentração da indústria ocorrerá, de acordo com o autor, se a taxa de acumulação dessas firmas "for de tal ordem que empurre a sua expansão além da taxa de expansão da indústria como um todo". E, nesse caso, elas terão que garantir uma maior participação relativa no mercado, lançando-se em campanhas de vendas especiais, com preços mais reduzidos ou produtos de melhor qualidade, ou em campanhas de publicidade. Se as grandes firmas se expandirem a uma taxa mais rápida que a consistente com uma participação absoluta constante das firmas na indústria, a participação das outras firmas deve diminuir (em função do tamanho do mercado), aumentando a concentração por meio da eliminação de um número de firmas existentes. Essa eliminação, que, segundo Steindl, não é temporária, trata-se de um fenômeno de longo prazo e não é reversível, porque a relação preço-custo estabelecida não permite o reingresso de firmas de custo mais elevado e menor flexibilidade financeira que, em geral, são representadas por empresas pequenas, forçadas a reduzir seus preços ou a aumentar o custo por meio da competição de qualidade ou de publicidade mais intensa. Essa análise ressalta as ligações entre a concorrência, a acumulação de capital e o processo de concentração industrial.

No entanto, o autor salienta que, no caso de indústrias em que os produtores de firmas marginais, que apresentam custos mais elevados, obtêm lucros "anormais", a diminuição de preços pode ser suportada e haverá maior dificuldade na eliminação delas. O corte nos preços das firmas "progressistas" (na terminologia do autor) deve, portanto, ser maior do que a margem de lucro líquido das firmas marginais, a fim de impedir que estas anulem o esforço de vendas das primeiras.

3.7 A mensuração da concentração

A mensuração da concentração fornece os elementos empíricos necessários para a avaliação da situação de competição de um mercado e para as comparações intertemporais que permitam examinar a dinâmica do processo de mercado, do lado da oferta.

Alguns aspectos podem dificultar a operacionalização dessa medida, como: a) a definição do mercado, que pode referir-se a um produto único, a bens substitutos, a produtos similares, a regiões específicas, etc.; b) a inclusão ou não de importações e exportações na medida; c) a distinção entre estabelecimento e empresa; d) a escolha do indicador adequado para ser tomado como base de mensuração; e) a disponibilidade de informações estatísticas adequadas.

Os indicadores selecionados como base de mensuração usualmente seguem três critérios: a capacidade produtiva, o número de empregados e os ativos que possuem. A capacidade produtiva pode se relacionar à quantidade física de produção (no caso de produtos homogêneos) ou a valores monetários, como o valor das vendas, o valor adicionado, entre outros (quando a comparação se faz entre produtos não completamente homogêneos). O número de empregados é frequentemente utilizado para mensurar o poder das empresas, porém esta medida é influenciada pelas técnicas empregadas e pelo grau de automatização de diferentes firmas, o que pode não refletir adequadamente o grau de concentração de mercado. Por sua vez, a escolha de indicadores de ativos que a empresa tem está ligada à capacidade produtiva, mas apresenta também a dificuldade de não comparação entre diferentes técnicas de produção. O uso de diversas variáveis para a mensuração dos índices pode dar diferentes resultados. Por outro lado, as diferenças no grau de integração vertical das

44 • Economia Industrial | Teoria e Estratégias

empresas podem tornar difícil dividir com exatidão a parte da produção correspondente ao produto em questão, particularmente quando uma firma opera em mais de uma indústria.

As várias técnicas conhecidas para medir a concentração são utilizadas de modo a focalizar algum aspecto particular da concentração. Algumas medidas se relacionam a um setor industrial como um todo, enquanto outras consideram apenas um número pequeno das maiores firmas. Quando comparadas entre si, podem revelar resultados conflitantes, no entanto, isoladamente, refletem aspectos específicos da situação; como uma única medida não revela todos os aspectos da concentração, usualmente, uma análise detalhada requer a utilização complementar de várias medidas. Testes empíricos revelaram um alto grau de correlação entre as diferentes medidas.

Entre as medidas mais utilizadas destacam-se a Relação de Concentração, o Índice Herfindahl- Hirschman, o Índice de Joly, o Coeficiente de Entropia e o Coeficiente de Gini[14].

a) Relação de Concentração (C)

Mede a proporção representada por um número fixo das maiores firmas da indústria em relação ao total da indústria, tomando-se como base um dos indicadores anteriormente mencionados. Usualmente são consideradas as três ou quatro maiores firmas, observando-se diferentes critérios entre os países que utilizam esta medida em suas análises.

$$C = \sum_{i=1}^{n} P_i \text{ , onde}$$

n = número de firmas
Pi = participação da firma i no mercado

Essa medida considera o mesmo peso para todas as firmas, e não é afetada pela mudança no número de firmas em uma indústria. A relação é de fácil interpretação, ou seja, se, por exemplo, um número pequeno de firmas é responsável por uma grande proporção da produção, das vendas ou do emprego da indústria, então o nível de concentração é alto e existe uma maior probabilidade de se estar diante de práticas oligopolísticas do que na ocorrência de uma baixa relação C.

---

[14] Para mais detalhes, consulte OECD (1979); Utton (1970); Parent (1965); George e Joll (1975); Rossi (1982).

No entanto, embora a presença ou o desaparecimento de firmas pequenas possa ter efeitos sobre a competição da indústria, a relação C não é capaz de revelar essas transformações. Outra limitação da medida está no fato de não levar em conta o número total de firmas da indústria, não revelando a distribuição relativa dos tamanhos, seja entre as maiores, entre estas e as remanescentes ou entre estas últimas. Além do mais, em comparações intertemporais não existe a possibilidade de verificação da mobilidade do tamanho das firmas, ou seja, se a mesma indústria está entre as mais concentradoras de mercado em dois períodos diferentes comparados.

A Figura 3.1 revela a interpretação gráfica dessa medida, considerando-se a comparação entre duas indústrias A e B.

Figura 3.1 — Curvas de Concentração de duas firmas A e B, utilizando como indicador a relação de Concentração (C)

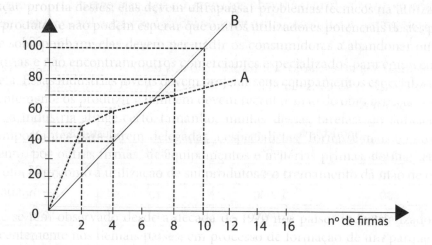

Observando-se as quatro primeiras firmas de cada indústria, nota-se que a indústria A é mais concentrada que a B. Por outro lado, se forem consideradas as oito maiores firmas, a indústria B é mais concentrada. Dessa forma verifica-se que a comparação entre indústrias diferentes depende do n a ser considerado, desde que a indicação da concentração, nesse caso, corresponda a apenas um ponto da curva. As informações da figura podem ser utilizadas para encontrar o número mínimo de firmas que represente uma dada concentração de mercado. A comparação entre duas indústrias pode ser utilizada para decisões de investimentos de uma nova firma: um mercado mais concentrado, com práticas oligopolistas, pode apresentar mais barreiras à entrada e mais dificuldades de sobrevivência para uma nova empresa que queira iniciar a operação com um determinado tamanho.

46 • Economia Industrial | Teoria e Estratégias

b) Índice de Herfindahl-Hirschman (H)

Define-se pela soma dos quadrados da participação de cada firma em relação ao tamanho total da indústria e leva em conta todas as firmas da indústria.

$$H = \sum_{i=1}^{n} Pi^2$$

Quando existe apenas uma firma na indústria, o índice assume o valor máximo da unidade; quando as firmas têm participação igualitária, o índice assume seu menor valor de 1/n, e o valor do índice aumenta com o crescimento da desigualdade entre qualquer número de firmas, sendo, portanto, um bom indicador da situação de mercado, também em comparações intertemporais. Pelo fato de o indicador Pi ser elevado ao quadrado, o tamanho relativo das firmas é levado em conta, ou seja, as menores firmas contribuem menos que proporcionalmente para o valor do índice (correspondendo a diferentes ponderações).

O exemplo abaixo esclarece a interpretação dos resultados da medida. Para efeito de simplificação, são consideradas duas indústrias A e B, constituídas de apenas 5 firmas cada uma.

Indústria A		Indústria B	
Pi (%)	$(Pi)^2$	Pi (%)	$(Pi)^2$
40	0,1600	60	0,3600
30	0,0900	10	0,0100
20	0,0400	10	0,0100
8	0,0064	10	0,0100
2	0,0004	10	0,0100
100	0,2068	100	0,4000

Os valores superiores para o índice indicam maior concentração no interior da indústria.

c) Índice de Joly (J)

Esta medida considera o tamanho absoluto de cada uma das unidades incluídas na indústria e também considera todas as firmas da indústria.

$$J = \sum_{i=1}^{n} (Xi)2 / (\sum_{i=1}^{n} Xi)2 \text{ , onde}$$

Xi = tamanho absoluto do indicador da firma i

No exemplo abaixo o indicador X refere-se ao número de empregados em cada firma, e os valores superiores para os resultados também correspondem a uma maior concentração na indústria.

Indústria A		Indústria B	
Xi	$(Xi)^2$	Xi	$(Xi)^2$
300	90.000	400	160.000
200	40.000	200	40.000
100	10.000	100	10.000
50	2.500	100	10.000
20	400	100	10.000
670	142.900	900	230.000
J	0,3183		0,2840

d) Coeficiente de Entropia (E)

Corresponde a uma medida que permite comparar as diferenças no tempo, no grau de concentração das indústrias.

$$E = \sum_{i=1}^{n} Pi \log \frac{1}{Pi}$$

Representa o inverso da concentração, ou seja, o valor diminui quando a concentração aumenta. Pode ser utilizada para determinar o grau de incerteza de um mercado, no sentido de que, quanto maiores o número de concorrentes e a incerteza de uma firma manter um cliente, maior o valor de E. Quando existir apenas uma firma, e, portanto, na situação de monopólio, $E = 0$ e a incerteza é minimizada; quando todas as firmas apresentam igual participação no mercado, a entropia é maximizada e $E = \log n$.

e) Coeficiente de Gini (G)

Corresponde a uma medida da extensão em que as firmas em uma indústria são desiguais em tamanho; nesse sentido é comum referir-se a este indicador mais como uma medida de desigualdade do que de concentração.

A figura abaixo ilustra a representação dessa forma de mensuração. O eixo vertical mostra as porcentagens acumuladas de determinado indicador econômico do tamanho das firmas que, como vimos, pode ser representado por produção, ativos, etc. No eixo horizontal é representada a porcentagem acumulada do número de firmas da indústria, começando com as menores até as maiores. Dessa forma é plotada a curva de Lorenz, que une os pontos que indicam as porcentagens acumuladas de produção (ou outro indicador) e as porcentagens do número de firmas da indústria. Em uma indústria em que todas as firmas apresentam o mesmo tamanho, a curva de Lorenz coincidirá com a diagonal que passa pelos pontos 0,0 e 100,100 da figura. Dessa forma, essa linha representa uma indústria em que X% do número de firmas corresponde a X% de produção da indústria, ou seja, é a linha de máxima igualdade na distribuição da produção. Quanto mais afastada da diagonal for a curva de Lorenz para uma indústria, maior é o grau de concentração das firmas.

Figura 3.2 — Curva de Lorenz

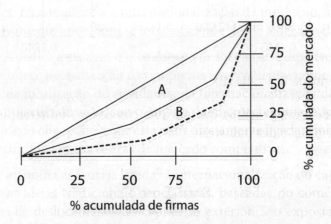

É possível sumarizar a informação revelada pela curva de Lorenz por meio do Coeficiente de Gini, que mede a área entre a linha de igual distribuição e a curva de Lorenz e varia entre 0 e 1. Desde que tanto a curva de Lorenz quanto o Coeficiente de Gini baseiam-se na distribuição total das firmas, as mudanças em qualquer ponto na distribuição serão refletidas nessas medidas, e não apenas as mudanças entre as maiores firmas. Por exemplo, se ocorressem fusões entre firmas de tamanho médio ou pequeno, a Relação de Concentração permaneceria inalterada, enquanto o Coeficiente de Gini e a curva de Lorenz refletiriam essas transformações. Nesse caso, teria ocorrido uma diminuição no número de firmas e na desigualdade de tamanho das firmas remanescentes, o que resultaria em um valor menor para G e em um deslocamento para cima da curva de Lorenz, que a situasse mais próxima à diagonal.

Finalmente, é necessário reiterar que a escolha do indicador de concentração industrial, a ser empregado para fins de análise econômica, está relacionada ao aspecto específico da concentração a ser examinada, requerendo, em casos particulares, a utilização simultânea de várias medidas complementares.

CAPÍTULO 4

Objetivos e Organização
do Crescimento das Firmas

• • •

4.1 Introdução

O termo crescimento, quando relacionado a algum organismo econômico, tem duas conotações distintas. Pode ser utilizado para denotar apenas um aumento no montante dos resultados alcançados durante o funcionamento do sistema, como a elevação da produção, das vendas ou das exportações. Em outro sentido, pode significar um aumento nesses montantes, mas acompanhado de uma melhora na qualidade, como resultado de um processo de desenvolvimento, que ocorre quando uma série de mudanças internas leva a transformações estruturais consideráveis. Neste último sentido, o crescimento tem a conotação de um processo "natural" ou "normal", que ocorre sempre que as condições socioculturais forem favoráveis a essas transformações do organismo econômico. Os impulsores primordiais para as ocorrências dessas transformações são representados pela existência de fatores, como o crescimento da população, os recursos naturais disponíveis, a acumulação de capital e o progresso tecnológico (KON, 1992).

Nos organismos econômicos representados pelas firmas, a análise econômica tradicional observa o crescimento a partir de outro enfoque. Essas teorias examinam as vantagens e desvantagens de as empresas apresentarem um determinado tamanho e explicam a passagem de um tamanho para outro em termos das vantagens líquidas dos diferentes tamanhos (PENROSE, 1959, p. 1). O crescimento, portanto, torna-se um mero ajustamento de tamanho, apropriado a dadas condições; não há noção de um processo interno de desenvolvimento que conduza a movimentos cumulativos em qualquer direção. Supõe-se frequentemente que exista um tamanho mais lucra-

50 • Economia Industrial | Teoria e Estratégias

tivo para a firma, e não é procurada explicação para seu crescimento além da busca do lucro.

Paralelamente às teorias tradicionais, foram desenvolvidas análises alternativas que, utilizando-se de analogias biológicas, tratavam as firmas como organismos cujos processos de crescimento são essencialmente os mesmos de organismos vivos do mundo natural. Essas abordagens trazem um grande número de dificuldades, e a mais expressiva é a de que consideram que a motivação humana e a decisão consciente humana não têm interferência no processo de crescimento. Dessa forma, essas teorias podem ser facilmente rejeitáveis, pois, modernamente, as evidências indicam que o crescimento de uma firma está relacionado diretamente com as ações de um grupo de indivíduos que atuam neste sentido.

Em análises mais recentes, conhecidas como as modernas Teorias da Firma, essas abordagens tradicionais mudam de enfoque, discute-se o tamanho da firma como um subproduto do processo de crescimento e, além disso, argumenta-se que não existe um tamanho "ótimo" ou mais lucrativo a ser alcançado.

Este capítulo examina particularmente as modernas visões sobre os objetivos e o potencial de crescimento das firmas oligopolistas, tais como aparecem na literatura sobre as mais recentes teorias da firma, que complementam a visão estática da Teoria Marginalista.

4.2 O crescimento da firma em diferentes abordagens

Junto aos demais agentes ativos que operam no complexo conjunto de transações de um sistema econômico, seja internamente a uma nação (unidades familiares e governo), seja como agentes externos (resto do mundo), as empresas são responsáveis pela produção e geração de renda e pelos dispêndios da economia nacional.

Nesse sentido, a firma é a unidade básica para a organização da produção. É uma instituição complexa, cuja característica essencial é a de reunir, organizar e remunerar os recursos produtivos fornecidos e de cuja atividade resulta a oferta de bens e serviços da economia. Além disso, como unidade de produção, não subsiste isoladamente, pois depende do funcionamento de outras empresas para o fornecimento de insumos ou distribuição de sua produção. Estudar o crescimento das firmas do ponto de vista da economia, portanto, é estar atento para o papel dessa instituição na vida econômica e social, em sua inter-relação com os demais agentes econômicos, por um lado, e por outro lado para a complexidade de mecanismos interferentes, internos à empresa.

A caracterização da firma na Teoria Econômica tradicional ortodoxa, conforme sintetizada por Marshall, representava apenas uma abstração que desempenhava um papel particular nas teorias da formação de preços e alocação de recursos, sendo observada principalmente como um organismo destinado à maximização de lucros e à alocação de recursos ou, no caso de oligopólios, se os processos de maximização se tornassem impossíveis ou não prioritários, as hipóteses alternativas de comportamento ainda eram formuladas quase exclusivamente em termos da teoria dos preços (WILSON; ANDREWS, 1951).

O problema central das análises tradicionais do crescimento, particularmente as marginalistas, denominadas na literatura como Teoria da Firma[15], como salientado em capítulo anterior, reside na investigação da forma pela qual são determinados os preços e a alocação de recursos entre diferentes usos. O modelo de firma apropriado nessas teorias é um modelo que representa as forças que determinam os preços e as quantidades produzidas de produtos específicos em uma firma individual, e o equilíbrio da firma é, em essência, o "equilíbrio da produção" para o produto, do ponto de vista da firma.

Nesse sentido, o crescimento daquela empresa é representado por um aumento da produção de determinados bens, e o tamanho "ótimo" da firma é o ponto mínimo da curva de custo médio para aquela produção dada. Portanto, nessa abordagem, definir o que limita o tamanho da firma é definir o que limita a quantidade de dado produto a ser produzido, tendo em vista os custos e os rendimentos previstos.

Nessas teorias, os limites ao crescimento do tamanho da firma, nas condições de equilíbrio, são dados por alguns fatores que impedem a expansão indeterminada da produção e são diferenciados de acordo com a estrutura de mercado em que se insere a empresa. No mercado de concorrência pura, este limite de produção é definido pela suposição de que o custo de produção do bem individual deve crescer, após determinado ponto, à medida que são produzidas quantidades adicionais. Em uma estrutura de mercado de concorrência monopolística, o limite é observado quando os rendimentos decrescem à medida da venda de quantidades adicionais. Esses limites servem para a determinação da posição de equilíbrio nas análises estáticas a que pertencem esses enfoques.

Na década de 1940 começaram a se desenvolver, nos Estados Unidos, novas ideias resumidas, como a Teoria da Organização, em que eram visualizadas novas formas de organizações produtivas que se desenvolviam em virtude de seus requisitos funcionais internos diferenciados. As firmas passaram, então, a serem vistas como organizações administrativas, com interesses intrínsecos consideráveis e cujo com-

---

[15] Leftwich (1974); Albuquerque (1986); Garófalo e Carvalho (2000).

portamento, no entanto, era voltado ainda para objetivos neoclássicos. Uma série de outras teorias procurou propostas alternativas às análises marginalistas, como já vimos, observando fatores adicionais que limitam o tamanho da firma, em contraposição às ideias neoclássicas da busca do equilíbrio estático. Os primeiros trabalhos a visualizarem a estrutura interna da empresa moderna como concorrentes para o crescimento da empresa foram os de Berle e Means, anteriormente mencionados, que examinaram as consequências da separação entre a propriedade do capital e o controle administrativo na grande empresa. Esses autores salientaram a inadequação da Teoria Tradicional, quando usada para entender a grande empresa moderna:

> A moderna sociedade anônima modificou de tal forma as situações a que se referiam esses conceitos fundamentais que os tornou inaplicáveis. É preciso forjar novos conceitos e um novo quadro de relações econômicas. (BERLE; MEANS, 1984, p. 273).

Os enfoques que conduziram a uma abordagem distinta à marginalista, de um modo geral, observaram os limites ao crescimento da firma como determinados por: a) limitações da administração, ou deseconomias gerenciais, que causam custos crescentes de produção em longo prazo; b) limites do mercado, que ocasionam vendas e rendimentos decrescentes; c) incertezas quanto às perspectivas ou riscos futuros, que atuam tanto aumentando os custos com o crescimento da produção quanto diminuindo os rendimentos de maiores vendas.

Mudanças nas características das firmas resultantes, por exemplo, da capacidade gerencial ou das expectativas do empreendedor não podem ser introduzidas na análise no âmbito da Teoria da Firma tradicional marginalista. Para propósitos de examinar essas transformações, o conceito de firma deve ser definido de modo diferente, como uma organização em crescimento, com outros atributos dinâmicos, além dos representados simplesmente pelas curvas de custos e rendimentos, ou por um equilíbrio baseado apenas na decisão sobre preços e produção. Os aspectos relacionados à organização interna e à estratégia de comportamento da empresa assumem relevância. A firma deve ser observada em um contexto mais amplo, em que seu crescimento e seu tamanho têm uma função e um significado econômico em todo o ambiente econômico. Nesse sentido, uma firma industrial tem a função econômica primária de se utilizar de recursos produtivos com o fim de suprir a economia com bens e serviços, por meio de uma atividade econômica desenvolvida internamente à firma e que é efetuada por uma organização gerencial e, por outro lado, por meio da atividade econômica no mercado, ou seja, externamente à firma. O crescimento da firma é relevante nesse caso, pois, quanto maior o tamanho da firma, menor é a influência das forças de mercado sobre a alocação de seus recursos produtivos em diferentes usos e no tempo e maior é a autonomia da empresa para as decisões de planejamento de sua atividade econômica.

As mais recentes teorias da firma desviam o centro de atenção exclusiva do mercado — que exerce o papel regulador e de alocação de recursos via preços — para enfocar a firma como unidade de tomada de decisões e de poder, com maior autonomia. Nessas abordagens, portanto, o princípio de maximização dos lucros dá lugar às análises do crescimento das empresas, aos determinantes dos investimentos, às formas de financiamento, às motivações e aos limites à expansão.

Sendo assim, a definição da firma quando esta atinge um tamanho que permita maior autonomia, deve também envolver seu papel como uma unidade autônoma de planejamento administrativo, cujas atividades podem ser inter-relacionadas a várias unidades produtivas coordenadas por políticas de ação elaboradas com vistas aos seus efeitos sobre a empresa como um todo. Nesse caso, haverá consideráveis variações no número, na abrangência e na natureza das tarefas atribuídas pela administração central às diferentes unidades na busca do crescimento global da empresa, dependendo da estrutura da firma, das preferências da gerência e das pressões e mudanças externas.

Entre essas modernas análises que recusam o princípio da maximização do lucro como fim único das empresas, destacam-se as teorias gerenciais e comportamentais de Baumol, Williamson, Marris, Simon, Cuert e March, que enfocam o caminho para as tomadas de decisões, em muitos aspectos de modo diferente da teoria convencional.

Baumol (1959) defende a ideia de que uma firma oligopolística visa maximizar suas receitas de vendas no longo prazo, sujeita a um nível mínimo de lucros. Esse autor enfatiza o crescimento dos gastos (particularmente com publicidade) visando maiores vendas, e não apenas a diminuição dos preços, como comportamento padrão da empresa moderna, o que implica que o crescimento da receita se dê com o sacrifício do nível dos lucros. Dessa forma os administradores sempre enfatizam as vendas na suposição de que seu prestígio se associa às vendas da firma. No entanto, o modelo de Baumol ainda apresenta uma formulação de equilíbrio estático semelhante às teorias neoclássicas, apesar de apresentar uma perspectiva de longo prazo, apenas substituindo maximização de lucros por vendas, e não incluindo no âmbito da teoria fatores de incerteza, expectativas ou as interdependências entre empresas. Uma implicação adicional do modelo de Baumol é que podem ocorrer conflitos entre a formação de preços em curto e em longo prazo; no curto prazo, quando a produção é limitada, a renda aumentaria com o aumento do preço, mas no longo prazo pode ser preferível à firma manter o preço baixo, a fim de competir mais efetivamente por uma parcela maior do mercado. Sendo assim, a política de preços seguida no curto prazo depende das repercussões esperadas dessas decisões de curto prazo sobre a renda em longo prazo.

Oliver Williamson (1971) apresenta um modelo semelhante, partindo do comportamento gerencial racional advindo com a separação entre propriedade do capital e controle, na grande empresa moderna, que reduz a influência dos acionistas nas tomadas de decisões da empresa. A maximização dos lucros, como objetivo primordial para o crescimento, dá lugar a objetivos parciais da gerência, que são definidos por uma função "utilidade" gerencial (ainda segundo princípios neoclássicos e dentro de uma formulação estática), que deverá ser maximizada. Essa função compreende variáveis prioritárias para os gerentes, como salários, segurança, prestígio profissional (também representados pelo tamanho da equipe que está sob controle) e outros *fringe benefits* (pagamentos extrassalariais, muitas vezes em espécie ou em serviços), ou seja, que atendem a seus próprios interesses. Esses custos representam um certo grau de ineficiência para a empresa, porém a procura da satisfação dessa utilidade e da maximização das vendas não descarta a necessidade de uma lucratividade mínima, que atenda às necessidades de satisfazer os acionistas e de financiar a expansão dos investimentos. O modelo de Williamson preserva, então, as condições de maximização de lucros em condições de competição pura ou perfeita. No entanto, em um mercado do tipo oligopolista ou quando a competição é fraca e a demanda é forte, o modelo prevê uma expansão nos gastos em propaganda, equipe, mordomias e outros custos gerenciais que superam as condições normais. Quando a demanda enfraquecer, essas fontes de altos custos diminuirão, ou seja, elas variarão com os ciclos econômicos.

Ainda entre as abordagens gerenciais sobre o crescimento da firma, a teoria desenvolvida por Marris defende a ideia de que o gerente será julgado por sua habilidade de tomar decisões que conduzam à expansão bem-sucedida e suas recompensas refletirão isto. O autor formula variáveis de comportamento da firma em termos dinâmicos, em que o crescimento máximo da firma é privilegiado, via lucros retidos para reinvestimentos, em detrimento dos lucros distribuídos aos acionistas. Busca-se a expansão da firma por meio da diversificação, porém a capacidade gerencial para efetivar muitas transformações ao mesmo tempo é limitada, o que limita também o crescimento rápido da empresa. O objetivo de maximizar a taxa de crescimento é sujeito à restrição de uma taxa de lucro mínima imposta pela segurança financeira, sintetizando os objetivos das várias esferas de poder hierárquico da administração da empresa. O crescimento da firma, para esse autor, depende das condições favoráveis e das restrições da demanda, da oferta e da função utilidade a ser maximizada. E a taxa ótima de crescimento será determinada pela relação entre a capacidade de gerenciamento das transformações, por um lado, e pelas restrições impostas pelo mercado de ações, por outro (MARRIS, 1967).

Objetivos e Organizaçãodo Crescimento das Firmas • 55

A expansão da demanda nessa abordagem deriva do esforço de vendas, incorporando constantemente a propaganda e a diversificação do produto. As restrições a essa expansão decorrem dos custos de publicidade e marketing, de pesquisa e desenvolvimento e da expansão da capacidade gerencial para manter o mesmo nível de eficiência. Marris desenvolve ainda uma análise das características da dinâmica do comportamento dos consumidores que afetam a demanda, salientando as formas de geração e difusão de hábitos e preferências. É pressuposto que a demanda pode ser continuamente criada, via publicidade e diversificação, o que possibilita críticas a essa abordagem.

Com relação à oferta, o crescimento é limitado pelos custos crescentes ou pela limitação da eficiência administrativa, à medida do crescimento do nível de produção, tendo em vista que o planejamento e as tomadas de decisões tornam-se progressivamente ineficientes, requerendo a contratação de nova capacidade gerencial (com custos unitários crescentes) para a manutenção das taxas de crescimento. Além disso, o crescimento da capacidade produtiva tem como restrição os recursos financeiros disponíveis, que dependem diretamente da taxa de lucros. Se suprido com recursos internos, esse financiamento esbarra em um nível mínimo de dividendos a serem distribuídos aos acionistas; se financiados por empréstimos externos ou lançamento de novas ações, elevam-se os custos financeiros e o risco da perda de controle acionário. A virtude do modelo de Marris está na incorporação dos aspectos financeiros no processo de decisão para a estratégia de crescimento da empresa e no enfoque dinâmico, pela primeira vez introduzido nas teorias da firma.

Marris sintetiza em uma equação as condições determinantes do crescimento sustentado da empresa em longo prazo — a partir do crescimento da oferta e da demanda da firma — que deve representar a restrição a ser contraposta à função utilidade gerencial (conforme visualizada anteriormente), de modo a extrair-se a solução de equilíbrio ou ótimo da firma em longo prazo, no ponto de tangência entre as curvas representativas da utilidade e da equação. Nesse modelo, as metas buscadas pela empresa estão sujeitas a uma margem de arbítrio administrativo na tomada de decisão.

Outros enfoques sobre as mudanças organizacionais decorrentes do crescimento da firma e relacionadas aos aspectos administrativos ou gerenciais focalizam as mudanças estruturais administrativas ocorrentes, que conduzem, de uma forma organizacional unitária ou funcional, para uma forma multidepartamental (departamentos de produção, de vendas, de pessoal, etc.) ou, como salienta Williamson, a uma forma multidivisional, com unidades de produção operacionalmente autônomas, as quase-firmas, correspondentes a uma variedade de produtos fabricados.

4.3 O crescimento e a tecnoestrutura

John Kenneth Galbraith (1985) discorre sobre as mudanças organizacionais que ocorrem com o crescimento da empresa moderna. Salienta que, nas firmas industriais de menor porte, as decisões quanto à alocação de recursos financeiros e materiais e quanto a políticas de preços e de produção estão nas mãos do empresário que, na maior parte das vezes, confunde-se com o capitalista. Corrobora as ideias de Schumpeter sobre o papel do empresário neste caso:

> ... era (e ainda é) muitas vezes seu próprio agente de compras e vendas, o chefe de seu escritório, seu próprio diretor de pessoal, e, às vezes, seu próprio consultor legal para negócios gerais, mesmo que, na verdade, via de regra, empregasse advogados. (SCHUMPETER, 1997, p. 55)

No entanto, com a modernização da sociedade, a centralização e concentração do capital, associadas ao crescimento do tamanho das empresas, salienta Galbraith, o poder na empresa passou dos indivíduos (capitalistas-empresários) para as grandes organizações grupais. Isso é verificado, pois na indústria moderna emerge a necessidade de um grande número de decisões importantes, que requerem informações especializadas e detalhadas que excedem a capacidade de conhecimento de um único indivíduo:

> E a sociedade econômica moderna só pode ser compreendida como um esforço, inteiramente bem-sucedido, de sintetizar na organização uma personalidade de grupo muito superior para seus propósitos à de uma pessoal natural e com a vantagem adicional da imortalidade (GALBRAITH, 1985, p. 57).

Esse autor mostra que a necessidade de se recorrer às informações de inúmeros indivíduos para a tomada de decisão deriva de três fatores principais: a) as exigências tecnológicas da indústria moderna requerem conhecimentos cada vez mais detalhados em ramos diversos da ciência, da engenharia e da arte, divididos entre vários especialistas; b) a necessidade de planejamento requer também uma variedade de informações sobre áreas diversas dos mercados de insumos, de mão de obra e financeiro, de política de preços, de possibilidades tecnológicas, entre outras; c) como consequência dessa variedade de especializações, a necessidade de sua coordenação exige também conhecimentos de várias pessoas no sentido de analisarem as informações dos vários especialistas no tocante à sua relevância e fidedignidade, que conduzam à tomada de decisão.

Dessa forma, a decisão individual dá lugar à decisão grupal e, se uma decisão exigiu o conhecimento especializado de um grupo de pessoas, não pode ser cancelada pela decisão de um único indivíduo; e apenas outro grupo, com conhecimentos semelhantes, poderá avaliá-la. Como tendência geral, nas grandes empresas modernas, a liderança determina comissões que têm a atribuição de tomarem decisões. E a escolha dos indivíduos que irão compor esses grupos torna-se de máxima relevância na organização empresarial. A unidade empresarial, orientada dessa maneira para uma organização denominada por Galbraith de "tecnoestrutura", tem a característica de ter suas decisões tomadas pela inteligência da empresa, que é formada por aqueles que trazem conhecimentos especializados, que não necessariamente se limitam ao grupo restrito de diretores.

A tecnoestrutura inclui desde os componentes da Presidência e da Diretoria até ocupantes de outros cargos de responsabilidade, como chefes de divisões ou departamentos, que têm o encargo de coordenar as informações de outros funcionários. Em geral, essa burocracia interna à grande empresa é dotada de uma direção administrativa central, responsável pelas políticas globais, sob as quais a hierarquia gerencial da firma opera e que é, ainda, encarregada do estabelecimento ou alteração da estrutura administrativa da empresa. Esse quadro diretor central pode apresentar variações consideráveis em número de componentes, grau de responsabilidade e tarefas, dependendo da estrutura da firma e da extensão pela qual a firma é colocada perante transformações externas que solicitem ações não realizáveis pela estrutura gerencial existente.

Como salienta Edith Penrose (1959, p. 17), em ambientes econômicos que não apresentam grandes mutações, uma empresa que obteve processos administrativos ótimos e que estruturou um conjunto de políticas de ação satisfatórias pode operar com sucesso sem grande interferência da administração central. Nesse caso, as funções supervisoras e administrativas podem ser conduzidas pelos encarregados oficiais de cada departamento nos diferentes níveis hierárquicos da organização.

No entanto, o crescimento das empresas as coloca em constante adaptação, tanto ao seu ambiente interno quanto ao externo, estabelecendo uma série de problemas de ajustamento. Um tipo de problema refere-se ao ajustamento às condições de curto prazo, ou seja, às decisões requeridas para a operacionalização diária ou mensal da firma, as quais devem ser solucionadas de forma ágil pelas lideranças, sem que a burocracia interna retarde as tomadas de decisões. No entanto, estas devem colocar-se dentro da filosofia global da empresa e, ao mesmo tempo, manter um alto grau de consistência entre as decisões oriundas dos seus diferentes departamentos. Para isso, a administração central pode representar um papel coordenador relevante.

58 • Economia Industrial | Teoria e Estratégias

Outro tipo de problema refere-se ao ajustamento às transformações requeridas nas políticas de longo prazo, que se sucedem com o crescimento do tamanho da empresa e que, na maior parte das vezes, são efetuadas a partir do topo da hierarquia da tecnoestrutura. Modernamente, essa adaptação ao crescimento é feita pela participação conjunta entre os vários níveis hierárquicos de decisão, de modo a não congestionar excessivamente a administração central. As empresas que conseguem atingir maior flexibilidade nesse processo de ajustamento observam maiores possibilidades de ampliação do seu mercado e de posterior continuação do crescimento.

Tem sido frequentemente debatida a questão do montante máximo de crescimento possibilitado a uma firma, sem alterar a capacidade de gerir os problemas tanto em curto quanto em longo prazo. As teorias tradicionais baseadas na tomada de decisão individual salientavam que esse ponto era alcançado — à medida do crescimento da firma — quando a coordenação administrativa, que era considerada como um fator fixo, alcançava um ponto em que os retornos eram decrescentes e os custos crescentes. Nesse caso, o limite da capacidade individual limitava o tamanho da empresa.

Na atualidade, as modernas teorias do crescimento enfatizam a capacidade da firma de alterar sua estrutura administrativa de forma a adaptá-la às decisões grupais, e, desse modo, torna-se difícil estabelecer, com certeza, a existência de um ponto em que a firma se torna grande ou complexa demais para que seja eficientemente gerida. A ideia de que, com o crescimento, a empresa se torne ineficiente foi abandonada, cedendo lugar à noção de que, nesse processo de crescimento, as funções gerenciais e a estrutura administrativa deveriam passar por reformas fundamentais, que afetam a natureza do organismo em si. Desse modo, as pequenas e grandes empresas diferenciam-se consideravelmente entre si, com relação à estrutura administrativa, de tal forma que, embora preencham a mesma função de produzir bens e serviços, apresentam comportamentos diversos no cumprimento dessas funções.

4.4 As teorias comportamentais

No que refere-se à linha de estudos relacionada às teorias comportamentais da firma, a análise de Herbert Simon (1959) é pioneira ao incorporar a incerteza ao processo de decisão e de formulação de metas da empresa. Simon salienta a dificuldade dos administradores de avaliarem, com certeza, se estão ou não obtendo a maximização de lucros, vendas ou crescimento, devido à não disponibilidade de acesso às informações necessárias ou face à incerteza quanto a estas.

Por outro lado, analisa, no processo de decisões, as aspirações e o comportamento tanto dos gerentes quanto dos proprietários do capital. Os custos de obtenção de informações, na teoria de Simon, são comparados com os benefícios de sua disponibilidade, de modo que haverá um ponto a partir do qual não serão compensadores os esforços para a obtenção de melhores informações, e a firma se situará em níveis subótimos de desempenho, com o intuito de obter seu nível de aspiração. Nesse caso, a firma ainda se comporta racionalmente, apesar da incerteza, mas não no sentido da racionalidade neoclássica de maximização, e sim no sentido de satisfação de aspirações (*satisficing*, como salienta o autor), já que os níveis de aspirações são constantemente revistos e não estáveis, não se incorporando em esquemas de equilíbrio.

Richard M. Cyert e James G. March (1956) descrevem uma situação, no processo de tomada de decisão das empresas, em que um grupo particular de indivíduos é responsável por estabelecer os objetivos da organização, podendo surgir possíveis conflitos entre os interesses dos membros desse grupo. Esses indivíduos formam o que esses autores denominam de coalizão organizacional, que pode incluir trabalhadores, acionistas e consumidores, além dos gerentes. As demandas dos membros da coalizão organizacional não necessitam ser mutuamente consistentes, mas são feitas simultaneamente, e o problema se dá quando a organização não é capaz de compatibilizar as demandas de seus membros, ainda que de modo sequencial, ocorrendo o que Cyert e March denominam de "defasagem organizacional", ou seja, diferença entre o total de recursos da empresa e o total necessário para o pagamento a seus membros. Quando o ambiente se torna desfavorável, essa defasagem funciona como um amortecedor, resultando em redução de pagamentos a alguns membros, descoberta de oportunidades de poupança, estímulo a atividades de pesquisa, de modo que se encontre novamente a estabilização.

Essas teorias comportamentais — por incorporarem a variável comportamento, que não segue um princípio universal e cujos critérios de aspiração incluem um elemento subjetivo, de modo que diferentes firmas apresentam comportamentos diversos aos mesmos estímulos — revelam dificuldades da aplicação de modelos de simulação matemática e mostram ambiguidades, pois deixam em segundo plano o mercado e o complexo de empresas aos quais a firma pertence para dar ênfase às variações organizacionais internas (POSSAS, 1985, p. 67).

Uma visão diferenciada das teorias acima expostas é desenvolvida por Penrose (1959, p. 33), que não abandona o lucro como fator relevante para a determinação da tomada de decisão e critica as funções utilidades dos demais esquemas teóricos. Abandona também a noção estática da firma cujo crescimento interno é baseado na análise de curvas estáticas de receitas e custos. Salienta a noção da firma como um conjunto de recursos produtivos, com diferentes possibilidades de combinação, que representam o potencial de expansão a ser definido pela direção gerencial. Portanto,

60 • Economia Industrial | Teoria e Estratégias

a evolução da firma apresenta características históricas determinadas por sua gestão nos vários momentos passados e não pode ser analisada por meio de um esquema estático e geral. No entanto, a autora salienta que as decisões gerenciais não representam, necessariamente, interesses dos gerentes ou de grupos específicos, mas sim a procura de maximização. Esta tanto se refere a lucros quanto ao crescimento, que se confundem como motivação para a seleção de programas de investimento em longo prazo. Nesse caso, a expansão da empresa é determinada também pelas expectativas quanto às condições externas, ou seja, tanto ao mercado quanto às internas empresariais. A expansão da firma implica perda de produtividade dos serviços de direção ao aumentarem a necessidade de incorporação de um número médio maior de elementos da equipe, o que oferece maiores custos de recrutamento e treinamento. No seu modelo de expansão, a autora incorpora, como obstáculos, o risco e a incerteza quanto às expectativas de lucro ou de sucesso nos planos de expansão ou de remuneração do capital investido.

4.5 A organização multidivisional

A grande empresa moderna típica apresenta predominantemente uma estrutura de organização multidivisional, em que as divisões operacionais internas (de compras, engenharia, produção, vendas, finanças, jurídica, etc.) são coordenadas por uma gerência central. A característica básica é a produção de vários produtos, fabricados em linhas de produção em divisões separadas, que compreendem as "quase-firmas", que são coordenadas pela gerência central e que apresentam suas próprias divisões funcionais, com uma estrutura unitária (WILLIAMSON, 1971). Essas quase-firmas têm como responsabilidade, além das rotinas de produção e comercialização, atividades de engenharia, de promoções de vendas, de pesquisa, de planejamento dos investimentos para a expansão de sua produção e também as decisões quanto a preços. Cabe à gerência central as decisões estratégicas de planejamento, a área de pesquisa e desenvolvimento, as decisões finais sobre investimentos, a alocação de recursos entre as quase-firmas, bem como a avaliação e o controle delas.

Nesse tipo de organização, portanto, a firma participa em diversos mercados, correspondentes à produção de suas quase-firmas, e deve adotar decisões de crescimento, tanto relacionadas aos mercados particulares destas últimas quanto relacionadas à empresa como um todo. As partes constituintes da firma apresentam lucros reunidos sob o controle da gerência central, que é responsável pelas decisões de reinvesti-los. Nessas empresas, os lucros e o crescimento aparecem como objetivos complementares, pois se os lucros são necessários para o crescimento da firma, o crescimento é necessário para a manutenção e o aumento dos lucros (GUIMARÃES, 1982). Tendo em vista

Objetivos e Organizaçãodo Crescimento das Firmas • 61

a capacidade limitada de financiamento externo pelas firmas, sua taxa de crescimento é condicionada à taxa de lucro; porém, por sua vez, a capacidade de gerar lucros é subordinada à taxa de crescimento.

As firmas, mantendo obrigações junto aos acionistas, pagam como dividendos uma porcentagem constante de seu lucro total, e o restante é reinvestido na empresa (lucros retidos). Esses lucros retidos correspondem à acumulação interna da firma, que determina parte dos recursos disponíveis para investir, paralelamente ao capital de terceiros, utilizado via endividamento. Cabe à política interna — quanto ao risco a ser admitido e também quanto às condições do mercado de capitais — a determinação do limite de endividamento externo da firma. Assim, o potencial de crescimento da firma como um todo depende de sua acumulação interna, determinada pelo total de lucros restantes após a distribuição de dividendos, e do montante de recursos de terceiros, determinados como limite para empréstimos naquele momento para um período definido.

O crescimento de uma quase-firma, tendo em vista o investimento necessário previsto, depende da acumulação da firma como um todo, mas também das expectativas quanto às demais quase-firmas, no que se refere ao potencial de crescimento de seus mercados particulares, já que o montante de recursos a ser dividido entre as divisões é determinado pelo plano global de investimentos da firma a partir da gerência central.

De um modo geral, supondo-se, por hipótese, a não alteração da linha de produtos da firma e dos preços (reais) constantes, os investimentos da firma voltam-se para o crescimento da demanda. São encontrados três tipos de objetivos de investimento: a) os voltados para a expansão ou aumento da capacidade produtiva; b) os que visam à modernização, ou seja, modificação nos processos produtivos visando à redução dos custos ou melhora da qualidade do produto; e c) os de reposição, destinados a repor os bens de capital desgastados.

A decisão sobre uma série de investimentos alternativos possíveis depende da taxa esperada de crescimento da demanda para cada produto particular e da taxa esperada de retorno sobre o novo investimento. A taxa interna de retorno mais vantajosa esperada é utilizada, primeiramente, como critério para a escolha entre várias técnicas a serem empregadas no processo produtivo. Por outro lado, ainda é considerada como parâmetro para comparação com a taxa de juros paga a fundos de terceiros que financiarão o crescimento. Finalmente é também utilizada como critério para a determinação de um valor mínimo de retorno esperado, que seria aceitável pela firma para empreender um novo investimento.

Sumarizando, a decisão sobre o crescimento da firma via novos investimentos — considerando-se as hipóteses de linhas de produtos constantes e os preços rígidos — depende, por um lado, do crescimento da demanda do mercado para determinado produto e, por outro lado, da taxa esperada de retorno que deve ser positiva em relação à taxa de juros do mercado. No entanto, o crescimento é restrito pela acumulação interna de lucros, pelo montante de dividendos pagos e pela taxa de endividamento considerada como limite possível.

CAPÍTULO **5**

Estratégias de Crescimento

• • •

5.1 Introdução

As firmas capitalistas, como visto nos capítulos anteriores, constituem um lugar central de acumulação de capital e, nesse sentido, são constantemente impulsionadas à procura de novas oportunidades de crescimento da produção e de aplicação do capital acumulado. Nesse processo, as estratégias de crescimento e ampliação de mercados são elaboradas por meio da inovação tecnológica — seja instituindo novas técnicas para a produção de um mesmo produto, seja por meio da introdução de novos produtos — e do esforço de vendas por meio de campanhas promocionais na busca de ampliação dos mercados.

Schumpeter salienta o fato de o capitalismo, por natureza, ser uma forma ou método de transformação econômica revestindo-se de um caráter evolutivo, e não estacionário. Esse caráter evolutivo do processo capitalista resulta em modificações do meio natural e social que configurarão as alterações na vida econômica, produzindo constantemente transformações industriais. Ele considera que este caráter evolutivo não se deve apenas ao aumento automático da população e do capital nem às variações do sistema monetário mas:

> O impulso fundamental que põe e mantém em funcionamento a máquina capitalista procede dos novos bens de consumo, dos novos métodos de produção ou transporte, dos novos mercados e das novas formas de organização industrial criadas pela empresa capitalista (SCHUMPETER, 1961, p. 105).

Por outro lado, o autor observa também que a realidade capitalista mostra que, se a concorrência perfeita jamais foi real, o alastramento de estruturas de mercado

64 • Economia Industrial | Teoria e Estratégias

monopolistas e oligopolistas — particularmente a partir da última década do século passado na indústria manufatureira — revela que a média de crescimento da produção não decresceu, comparativamente à livre concorrência, como fazia prever a teoria tradicional. Além disso, foi patente a melhoria da qualidade dos produtos e do poder de compra auferido pelo trabalhador, em termos de horas de trabalho com que compra os artigos de que necessita. Isso porque, apesar de as estratégias de crescimento das firmas monopolistas e oligopolistas mostrarem, em curto prazo, que a realidade capitalista nem sempre é favorável ao rendimento máximo da produção, em longo prazo acarretam resultados superiores. Referindo-se às práticas monopolistas e oligopolistas restritivas de produção e preços altos, salienta:

> Devemos reconhecer que a grande empresa transformou-se no mais poderoso motor desse progresso e, em particular, da expansão em longo prazo da produção total, não apenas a despeito, mas em grande parte devido a essa estratégia que parece tão restritiva quando estudada em casos individuais e do ponto de vista de uma determinada época (SCHUMPETER, 1961, p. 133).

Neste capítulo serão examinadas as estratégias de crescimento das grandes empresas, que, na procura de novos mercados, recorrem a novas técnicas, à diferenciação do produto, ao maior esforço de vendas e a um processo de diversificação de produtos.

5.2 O processo da destruição criadora

Schumpeter mostra no capítulo 7 de seu livro *Capitalismo, Socialismo e Democracia* como, na busca de novos mercados estrangeiros e domésticos, o crescimento das empresas — inerente ao caráter evolutivo e em constante transformação do capitalismo — ocorre num processo de transformação qualitativa

> ... de mutação industrial — se é que podemos usar esse termo biológico — que revoluciona incessantemente a estrutura econômica a partir de dentro, destruindo incessantemente o antigo e criando elementos novos. Este processo de destruição criadora é básico para se entender o capitalismo, dele que se constitui o capitalismo e a ele deve se adaptar toda a empresa capitalista para sobreviver (SCHUMPETER, 1961, p. 106).

Estratégias de Crescimento • 65

Nesse processo de destruição criadora as estratégias econômicas da indústria oligopolista, segundo o autor, não podem ser vistas unicamente como visando altos preços e redução da produção ou interpretando-se esse comportamento mediante a aplicação do princípio de lucro máximo. Esse comportamento pode ser, então, visualizado como consequência de determinada época da história e do esforço para enfrentar uma situação de sobrevivência, o que tende a mudar. Nesse sentido, a concorrência entre as empresas não se fará apenas em relação a preços, e os conceitos de concorrência de qualidade e esforço de venda são introduzidos à teoria. A concorrência de novas mercadorias, novas técnicas, novas fontes de suprimento, novo tipo de organização (particularmente na maior escala possível) visam, então, superioridade em termos de custos e de qualidade sem ferir as margens de lucro e a capacidade de produção. O objetivo a longo prazo é a expansão da produção e a redução dos preços.

Nas grandes empresas oligopolistas, as práticas de preços altos, restrição da produção e exploração ao máximo dos lucros têm seus efeitos reduzidos em longo prazo pela introdução de inovações e no processo de destruição criadora contribuem, apenas no curto prazo, para o equilíbrio dos negócios e para atenuar dificuldades temporárias (como em tempos de depressão), protegendo, portanto, a estratégia de expansão em longo prazo. Como exemplifica Schumpeter (1961, p. 112): "Não há mais paradoxo neste caso do que haveria em dizer que os carros correm cada vez mais rapidamente porque possuem freios".

As estratégias restritivas em curto prazo, em muitos casos, teriam a finalidade de produzir lucros muito maiores que os necessários, visando à conquista do domínio financeiro sobre firmas rivais, ganhando tempo e espaço para desenvolvimento posterior por meio de maiores recursos para investimentos que exigem grandes capitais. No entanto, a realidade mostra que esta estratégia restritiva ou reguladora, em alguns casos, pode também exercer efeitos prejudiciais sobre o desenvolvimento da produção em longo prazo, e o efeito líquido pode ser positivo ou negativo, dependendo das circunstâncias, bem como da maneira e do grau em que a indústria se controla em cada caso individual.

Em outros casos, a restrição em mercados oligopolistas pode se manifestar por meio de certa rigidez dos preços, quando as firmas verificam que os concorrentes transacionam seus produtos sem interesse em elevações ou reduções de preços. Esse fenômeno é verificado quando as empresas já atingiram certo grau de maturidade, de modo que é possível manter, em curto prazo, a estabilidade dos preços, em vez de disputas constantes de mercado com base na variação dos preços.

Schumpeter discute também as políticas de preços rígidos como estratégia de crescimento das empresas, partindo da conceituação de que o preço é rígido quando for menos sensível às alterações da oferta e da procura do que seria em uma situação

66 • Economia Industrial | Teoria e Estratégias

de concorrência perfeita. Menciona que a rigidez no preço de um produto é essencialmente um fenômeno de curto prazo, pois, no longo prazo, os preços se adaptam ao progresso tecnológico, a menos que acontecimentos exógenos interfiram, como políticas monetárias ou variações independentes nas escalas de salários.

A introdução de novas mercadorias num processo capitalista competitivo pode modificar a estrutura de preços existentes, satisfazendo uma necessidade dos consumidores a preços mais baixos sem que os demais preços variem, ou seja, mesmo que estes se mantenham rígidos. Essa estratégia comercial almejaria evitar flutuações cíclicas, ou de temporada, de modo que os preços variassem apenas em função das modificações fundamentais da produção, modificações estas que necessitam de tempo para se manifestarem efetivamente. Tecnicamente "... a estratégia procura seguir uma linha quebrada funcional que represente as tendências a longo prazo" (SCHUMPETER, 1961, p. 118)[16] ·No entanto, essa rigidez em curto prazo pode afetar a expansão da produção global em longo prazo se, em épocas de recessão, influenciar a quantidade e distribuição da renda nacional contra os consumidores ou ampliar ainda mais o desemprego, face à restrição adicional da produção.

No processo de destruição criadora observa-se uma incessante eliminação do valor do capital de velhos investimentos que devem ser abandonados ou adaptados com prejuízos, quando prevalece um sistema de livre concorrência. No entanto, em casos em que a concorrência não seja perfeita, as grandes empresas reagem à destruição do valor do capital com uma estratégia comercial restritiva, pois a conservação do capital se torna o principal objetivo dos chefes de empresa, impedindo medidas modernizadoras tendentes à redução dos preços. Por exemplo, uma firma que detém uma patente controlando uma inovação tecnológica, cujo uso acarretaria substituir seus antigos equipamentos de capital, poderia ter restrições quanto à utilização deste invento, preferindo conservar seus valores de capital já em funcionamento. No entanto, essa preservação do valor do capital pode não prevalecer se o novo método de produção produzir, potencialmente, um maior montante de renda futura por unidade do valor correspondente dos investimentos futuros em relação ao método vigente, ambos descontados do presente (SCHUMPETER, 1961, Capítulo 8).

As estratégias que visam à introdução de novos métodos de produção ou novas mercadorias apresentam vantagens por apresentarem uma desorganização temporária do mercado e um espaço de tempo que garanta um planejamento em longo prazo enquanto os rivais não se adaptarem às inovações. Porém, esses novos métodos nem sempre conferem uma posição inicialmente privilegiada, pois os produtos decorrentes devem concorrer com os fabricados anteriormente e a nova mercadoria

---

[16] Para mais detalhes sobre o Modelo da Curva de Procura Quebrada, consulte Hall e Hitch (1939).

Estratégias de Crescimento • 67

deve ser promovida, no sentido de criar sua demanda. No entanto, a longo prazo, os efeitos de redução de preços, comparativamente aos métodos anteriores, conferem aos novos métodos a capacidade de ampliação dos mercados e absorção dos mercados dos rivais.

5.3 A diferenciação do produto e o esforço de venda

Entre os caminhos discutidos para a procura de expansão dos mercados pelas grandes empresas oligopolistas, além da redução de preços, destacam-se os métodos de venda, que, segundo Steindl (1983), na mente dos empresários, apresentam superioridade em relação a menores preços. Essa superioridade baseia-se no fato de que os compradores não tenham conhecimento suficiente sobre as alternativas de oferta, eapresentando uma incapacidade para comparar o preço relativo de diversos produtos rivais. Por outro lado têm preferências irracionais que conduzem suas aquisições, motivadas por diferenças existentes nos produtos de diversas firmas, pois quando as diferenças em qualidade são patentes, o comprador é menos sensível à concorrência entre preços.

Essa capacidade limitada dos consumidores de comparar qualidades, resultando em preferências irracionais, motivou a estratégia dos empresários de oferecer tipos e qualidades diferentes dos produtos concorrentes, ou seja, diferenciar os produtos. Essa diferenciação equivale, portanto, a uma forma diversa de concorrência, isto é, não mais por meio de preços, e sim de qualidade, entendendo-se não apenas qualidades tecnicamente melhores como também mercadorias que aparentemente ofereçam uma qualidade superior ou preferível. Ainda que a um maior custo de produção, a diferenciação do produto pode ter efeitos superiores sobre o volume de vendas do que uma redução de preços, se o julgamento dos consumidores for falho.

No entanto, a concorrência de qualidade deve ser tratada junto aos métodos de venda, no sentido de que uma qualidade superior ou diferente criada deve ser introduzida aos consumidores, que deverão ser convencidos de suas vantagens. Na realidade, a própria publicidade do produto tem a função de diferenciá-lo, embora a diferenciação também possa estar a serviço da publicidade ou dos métodos de venda.

A diferenciação de um produto diz respeito à introdução, na gama de produtos de uma empresa, de uma nova mercadoria que tenha a característica de ser substituta próxima de outra anteriormente por ela produzida e que será comercializada em seus mercados. Edward Chamberlin explica o significado da diferenciação do produto, salientando que uma classe geral de um produto é diferenciada quando existe uma base apreciável para distinguir o bem (ou serviço) de um vendedor do de outro vendedor qualquer. Essa base pode ser real ou imaginária, desde que induza os compradores a preferirem determinada variedade do produto e, desse modo, revelarem sua preferência para aquela espécie diferenciada (CHAMBERLIN, 1933). Qualquer mudança na característica do produto, seja uma modificação em sua natureza, na embalagem, no tamanho, nas formas de apresentação, nas particularidades do desenho, na cor e no estilo ou uma melhoria na qualidade, dá origem a uma mercadoria diversificada e, nesse sentido, um produto diferente é considerado um produto novo. A diferenciação pode estabelecer-se não só por meio de determinados traços próprios ao produto ou por características exclusivas que são patenteadas, mas também por marcas registradas ou marcas industriais que adquirem uma conotação de prestígio.

Além disso, é possível existir uma diferenciação devido a condições em que a mercadoria é vendida. Um exemplo explicitado por Chamberlin é o da diferenciação do comércio varejista por meio de fatores como a conveniente localização do estabelecimento, o aspecto ou caráter geral do local, a reputação do vendedor, a cortesia, a eficácia e todos os laços pessoais que ligam os clientes ao comerciante ou a seus empregados.

Steindl (1946) salienta o fato de que a superioridade dos métodos de venda e da concorrência de qualidade em relação à redução de preços diminui à medida que aumenta a relação entre custo de venda ou de qualidade e as vendas, desaparecendo totalmente em determinado ponto, que é diferente segundo a natureza da mercadoria. Quanto maior for a dificuldade dos compradores de comparar as mercadorias, maior será essa superioridade. O autor questiona se a superioridade dos métodos de venda sobre redução de preços depende também da dimensão da firma, uma vez que podem haver rendimentos crescentes que determinam um valor absoluto crescente de vendas em relação aos custos de vendas. Observa que, se a publicidade favorece as grandes firmas em relação às pequenas, estimula, assim, a concentração e as formações de estruturas oligopolistas em indústrias. Por outro lado, a diferenciação do produto, que está associada aos métodos de vendas para a conquista de novos mercados, exige maiores esforços de vendas, reduzindo a superioridade da firma tecnicamente mais eficiente ou maior, dificultando a concentração e opondo-se aos efeitos de rendimentos crescentes das vendas.

Portanto, a diferenciação do produto dentro de uma indústria tem a conotação de uma estratégia de crescimento por meio de uma nova forma de competição no interior desta indústria, na procura de uma rápida expansão do mercado ou da manutenção da participação das firmas nesse mercado. No entanto, a consecução desse crescimento depende dos critérios pelos quais o novo produto é avaliado pelos compradores potenciais (GUIMARÃES, 1982). O produto pode ser avaliado de acordo com um só critério ou por vários aspectos concomitantes. Por exemplo, uma pasta dental pode ser avaliada por sabor, cor, ingredientes favoráveis à prevenção de moléstias, custo, etc. Nesse sentido, a opinião dos compradores pode ser influenciada pelas informações de que dispõem sobre a mercadoria, cabendo à empresa produtora, a partir do seu esforço de vendas e da propaganda, proporcionar esse conhecimento.

Cabe à indústria, portanto, a capacidade de detectar os critérios de avaliação dos compradores potenciais sobre determinado produto e, a partir disso, melhorar o produto, diferenciando-o. Nesse sentido, diz-se que a indústria deve apresentar uma vocação para diferenciar o produto, existindo a possibilidade de que, em seu interior, diferentes firmas utilizem políticas distintas de diferenciação do produto, visando atrair diferentes segmentos do mercado.

A capacidade de diferenciação é afetada pelo estado de conhecimento tecnológico, pelo ritmo de desenvolvimento deste conhecimento e pelas características tecnológicas próprias de cada processo de produção que podem facilitar ou barrar o processo de inovação destinado a diferenciar o produto como recurso para a competição entre as empresas.

Steindl ressalta, ainda, que o esforço de vendas está associado à manutenção deliberada, pelos produtores, de uma capacidade excedente de produção. Ao construir uma nova planta, o produtor deve dimensionar sua capacidade baseada neste excedente, de modo a possibilitar a expansão futura de suas vendas, pois a experiência comprova que o crescimento do mercado é uma função do tempo. Os resultados dos esforços de vendas, através de publicidade, redução de preços ou qualquer outro método, surgem gradativamente para este produtor, e o dimensionamento excedente decorre da indivisibilidade e durabilidade da planta e do equipamento, no caso de produção com economias em larga escala. Essa capacidade excedente planejada é diferenciada da capacidade excedente não desejada, que ocorre em períodos de mudanças da demanda não previstas e que é temporária, desaparecendo assim que se verificar um ajustamento no mercado (STEINDL, 1983, p. 23).

Uma alternativa prática de esforço de vendas consiste na discriminação de preços entre compradores, assim conceituada por Scherer (1982, p. 206) "discriminação de preço é a venda (ou compra) de diferentes unidades de um bem ou serviço por diferenciais de preço não diretamente correspondentes a diferenças no custo da oferta". Três condições devem ser satisfeitas para a prática da discriminação de preços: a) o vendedor deve ter algum controle sobre o preço ou poder de mercado (uma firma competitiva não pode discriminar lucrativamente); b) deve haver a possibilidade de segregar os compradores em grupos diferenciados, segundo diversas elasticidades-preço da demanda; c) devem ser reprimidas as revendas (arbitragem) por compradores que adquirem o produto por preço inferior a consumidores que compram a preços mais altos.

Pigou (1920) descreve três classes de discriminação de preços: a) discriminação de primeiro grau ou perfeita, quando cada unidade é vendida por seu preço máximo, de modo que cada consumidor gasta a maior quantia a que está disposto pelo bem e considera que a compra valeu a pena; b) discriminação de segundo grau, parecida com a anterior, porém o vendedor discrimina em blocos por ordem de preços máximos decrescentes em cada bloco; c) discriminação de terceiro grau, quando o vendedor divide os fregueses em alguns grupos com funções de demanda específicas, que refletem as quantidades vendidas a preços alternativos, e existem diferentes elasticidades a preços comuns.

As classes acima são teóricas, porém, na prática, encontram-se diferentes formas de discriminação, conforme descritas por Machlup (1955): a) discriminação pessoal; b) discriminação de grupo; e c) discriminação de produto.

Na discriminação pessoal, as práticas utilizadas efetuam-se nas seguintes circunstâncias: i) negociação em cada transação separadamente; ii) os preços de tabela são desrespeitados em segredo, quando os vendedores são confrontados, entre si, pelo comprador; iii) a renda do cliente é avaliada e os preços são relacionados à possibilidade de cada comprador; iv) a utilização do produto é medida, sendo cobrados preços mais altos pelo uso mais intenso, ou menos, de acordo com a natureza do produto e a conjuntura.

A discriminação de grupo envolve uma negociação conjunta com vários compradores concomitantemente, assumindo diversas formas: i) absorção ou sobretaxa do frete, discriminando grupos de compradores situados a distâncias diferentes do local de produção, no sentido de dividirem os custos do frete; ii) eliminação de um rival, quando os preços são reduzidos, ainda que abaixo do custo, em um mercado específico servido pelo rival; iii) *dumping* do excedente, quando os bens temporariamente excedentes no mercado são vendidos a preços inferiores no exterior, de modo a conservar o preço interno; iv) diferenças por região, com preços mais altos em regiões onde a competição é fraca; v) conquista de novos fregueses, quando estes pagam preços mais baixos que os compradores já estabelecidos; vi) favorecimento aos grandes compradores, que adquirem produtos em maior escala; vii) proteção ao intermediário que realiza funções de armazenamento e distribuição do produto; viii) descontos especiais somente aos distribuidores que mantêm os preços de catálogo; ix) discriminação por classes de idade, sexo, ocupação, etc., quando esses grupos têm diferentes elasticidades de demanda.

A discriminação de produto está relacionada à possibilidade de diferenciação de um mesmo produto: i) diferenças relacionadas à qualidade na apresentação do produto (como no caso de um livro encadernado ou em brochura); ii) diferenciação pela marca de um produto fisicamente homogêneo; iii) discriminação temporária para reduzir estoques; iv) discriminação devido à sazonalidade na venda do produto (como no caso de chocolates vendidos mais intensamente na Páscoa ou brinquedos no Natal).

As firmas apenas utilizam o esquema de discriminação se observarem lucros mais elevados, já que decidem livremente se devem ou não recorrer a preços discriminatórios. Como salienta Scherer, a discriminação apresenta implicações sobre o bem-estar econômico da sociedade, já que afeta a distribuição de renda em direção ao discriminador e, em sentido oposto aos seus compradores, acarreta utilização diferente de recursos do que seria sem esta prática, revelando efeitos sobre a competição no sentido de torná-la mais forte ou mais fraca (SCHERER, 1982, p. 206).

5.4 A diversificação da produção

Observamos anteriormente que uma linha estratégica das empresas em busca do crescimento refere-se à expansão por meio do realinhamento do conjunto de produtos e mercados da empresa, por meio da melhoria de tecnologias de produtos e processos, da ampliação dos territórios de vendas ou do aumento da participação no mercado em que atua. Entre as alterações buscadas pela firma em relação a produtos e mercados, um caminho alternativo consiste no afastamento, pela empresa, de produtos e mercados conhecidos por meio da diversificação de suas atividades.

Tendo em vista o caminho de expansão de uma empresa e, dado o seu ritmo de acumulação interna, é possível ocorrer uma situação em que o mercado em que atua seja insuficiente para a consecução do seu potencial de crescimento. Particularmente no caso de indústrias oligopolistas, verificam-se, em certos casos, desequilíbrios dessa natureza que se mostram improváveis de serem corrigidos pela diferenciação de produtos; existe, assim, a possibilidade de que o excedente de acumulação interna não possa ser aplicado aos produtos já em linha de produção da própria firma ou indústria de origem, limitando o crescimento da firma.

Nesse caso, uma estratégia alternativa de crescimento das empresas consiste na introdução de um produto em um mercado no qual a firma ainda não participa, ou seja, a busca do investimento em uma nova indústria, modificando sua linha de produtos, diversificando suas atividades. Essa entrada em um novo mercado pode implicar na produção de uma mercadoria que já esteja sendo fornecida por outras empresas daquele mercado ou pela introdução de um novo produto, o que consiste na diferenciação do produto para aquele mercado. A diversificação das atividades não implica que a empresa abandone inteiramente suas linhas de produtos anteriores, e as novas linhas podem incluir produtos intermediários e completamente diferentes dos outros que produz habitualmente. Portanto, a diversificação inclui aumentos na variedade de bens finais produzidos, na integração vertical (que será tratada com mais detalhes posteriormente) e no número de áreas básicas de produção em que a firma opera.

Algumas razões básicas para a diversificação das empresas são resumidas por Ansoff (1968, p. 109):

a) quando seus objetivos não podem mais ser atingidos apenas pela expansão dos produtos e mercados já em operação, seja devido à saturação do mercado, ao declínio da demanda, a pressões de concorrentes ou à obsolescência de produtos que reduzem a rentabilidade, ou ainda devido à falta de flexibilidade atingida por tecnologias ou mercados restritos ou por uma fração desproporcionalmente elevada de vendas a um único cliente.

b) quando os fundos retidos superam o volume exigido para fins de expansão e a empresa pode diversificar sua produção em busca de realocação do capital de forma rentável.

c) quando as oportunidades de diversificação oferecem maior rentabilidade do que a expansão por meio dos mesmos produtos e mercados, ainda que com novas tecnologias.

d) quando as informações disponíveis não forem suficientes para permitir uma comparação entre expansão e diversificação e, nesse caso, as empresas decidem explorar novos caminhos, ainda que sob risco.

A procura da diversificação por uma firma — também denominada como difusão da produção ou integração — pode também basear-se em necessidades de redução de riscos e incertezas, que advêm da atuação em um único mercado, particularmente com relação aos efeitos de flutuações cíclicas ou sazonais da demanda.

Discute-se na literatura se o processo de diversificação pode ser ineficiente. Existem interpretações de analistas econômicos de que a ineficiência pode surgir quando a produtividade da firma tende a ser menor, quanto maior for o número de suas atividades; porém também são encontradas opiniões contrárias que observam que as firmas mais bem-sucedidas no cenário econômico mundial são altamente diversificadas, produzindo muitos produtos, extensivamente integradas a outras indústrias e aparentemente estão sempre dispostas a absorver novos produtos (PENROSE, 1959, p. 120). As imperfeições do mercado são salientadas muitas vezes na literatura como uma explicação para a procura da diversificação, particularmente no que se refere à tentativa de resolver o problema da lucratividade decrescente de determinados mercados, à medida da expansão da produção. No entanto, essa condição é muito geral e não é apenas a menor lucratividade em si que levaria à diversificação

Estratégias de Crescimento • 73

de atividades pela empresa, mas sim se essa lucratividade for relativamente menor quando comparada com um novo investimento.

No entanto, a realização bem-sucedida da diversificação das atividades de uma firma depende de sua possibilidade e capacidade de utilização da tecnologia apropriada à nova produção e também está associada à consecução de custos competitivos, que se prendem, em grande parte, aos custos dos diversos insumos aos quais tem acesso. Por outro lado, está associada ainda à capacidade de atração de parcela do mercado em que está entrando, ajustando-se aos padrões de competição da nova indústria e ultrapassando as dificuldades dadas pelas preferências dos consumidores pelas firmas já existentes. Além disso, a entrada de uma firma em uma nova indústria está sujeita ainda à reação das demais empresas estabelecidas, que defendem a deterioração da taxa de lucro da indústria como um todo, que pode ocorrer com uma nova concorrente naquele mercado (GUIMARÃES, 1982: Capítulo 5).

Penrose salienta a ambiguidade encontrada na conceituação de diversificação, desde que as firmas podem ser caracterizadas como produtoras de um único produto ou de múltiplos produtos, ou seja, respectivamente como não diversificadas ou como altamente diversificadas. O significado preciso desses termos depende do grupo de mercadorias definido como sendo um único produto. O exemplo citado pela autora é de uma firma que produz sapatos e que, para determinados propósitos de análise, pode ser considerada como não diversificada ou produzindo um único produto, enquanto, para outros fins, pode ser considerada produzindo vários produtos representados pelos vários tamanhos e variedades de sapatos, para todas as idades e gêneros. Dessa forma é consideravelmente diversificada. Assim, a extensão da diversificação e a comparação entre várias firmas é prejudicada e de utilidade limitada.

A entrada de uma empresa em um novo mercado, diversificando suas atividades, enfrenta menores obstáculos se dirigir sua diversificação para indústrias competitivas, diferenciadas ou não, do que para indústrias oligopolistas. A entrada nestas últimas só é facilitada quando se verificam, na conjuntura de uma economia, períodos de rápido crescimento da demanda ou mudança tecnológica significativa, que permita à firma candidata ao novo mercado a produção a custos mais baixos do que as firmas já estabelecidas.

Guimarães sugere que o "horizonte de diversificação" de uma firma é definido por sua base tecnológica e por sua área de comercialização ou mercado. Esses conceitos são apresentados por Penrose (1959, p. 109), que define a base tecnológica ou base de produção como cada tipo de atividade produtiva que utiliza máquinas, processos, capacitações e matérias-primas complementares e estreitamente associados no processo de produção. Uma firma pode ter várias bases de produção e, ainda que sejam relacionadas entre si, por alguns elementos comuns ou por conhecimentos tecnológicos,

74 • Economia Industrial | Teoria e Estratégias

elas são tratadas como bases diferentes, se existirem diferenças substanciais em suas características tecnológicas. Movimentar-se para uma nova base requer de uma firma a obtenção de competência em alguma área diferenciada de tecnologia.

A área de comercialização ou de mercado, por sua vez, é conceituada como cada grupo de clientes que a firma espera influenciar por meio de um mesmo programa de vendas, independentemente do número de produtos vendidos ao grupo, uma vez que a firma pode operar em diferentes mercados, ainda que com uma única base de produção. Esses diferentes grupos podem ser representados por grupos ocupacionais (fazendeiros, industriais, donas de casa), organizações de distribuição (diferentes tipos de atacadistas ou varejistas), grupos geográficos, grupos diferenciados socialmente ou pela renda, etc. O movimento para novas áreas de mercado requer da firma o desenvolvimento de novos tipos de programas de vendas e a competência para enfrentar novas pressões competitivas. Assim, uma ampla variedade de produtos pode ser produzida para cada mercado e uma grande variedade de mercados pode ser servida pela mesma base de produção.

A diversificação de uma empresa, que ocorre dentro da mesma área de especialização anterior, diz respeito a produtos que se baseiam na mesma tecnologia e que são vendidos nas áreas de mercados já operadas pela firma. Por outro lado, a diversificação que ocorre também em direção a novas formas de comercialização pode-se apresentar de três formas: a) entrada em novos mercados com novos produtos e a mesma base de produção; b) expansão no mesmo mercado, com novos produtos baseados em uma diferente base tecnológica; e c) entrada em novos mercados com novos produtos baseados em diferentes tecnologias (PENROSE, 1959, p. 110). São observadas firmas que dirigem sua diversificação para vários desses caminhos ou apenas para um ou dois deles.

As causas da diversificação, acima citadas, estão associadas a circunstâncias internas ou externas que influenciam as oportunidades produtivas da firma, seja promovendo as mudanças, seja limitando a liberdade de ação das empresas a esse respeito. Entre as fontes mais importantes de oportunidades para a diversificação situa-se a pesquisa industrial. A investigação constante de novos materiais e equipamentos de produção, ou de propriedades ainda desconhecidas dos materiais utilizados para o propósito de criar novos produtos, novos processos de produção ou de melhorar os já existentes, é a base da resposta individual das firmas ao processo de "destruição criadora" descrito por Schumpeter. Para grande parte das empresas, a proteção efetiva, em longo prazo, contra a competição direta e indireta de novos produtos, reside na capacidade da firma de antecipar ou, ao menos, ir ao encontro de inovações em processos, produtos e técnicas de marketing. As firmas que primeiro introduzirem as inovações tecnológicas no mercado terão vantagens competitivas pela possibilidade da obtenção da proteção de patentes, seja porque impedem a imitação ou simplesmente por serem as pioneiras.

Outra fonte de oportunidades para a diversificação surge a partir de suas atividades de venda. Sempre que uma firma adota políticas de vendas associadas a propaganda, os resultados afetam não apenas o produto em foco, mas também outros produtos da firma, tendo em vista a divulgação da marca ou nome da firma e, assim, as oportunidades produtivas da firma se expandem a partir do próprio processo criador de demanda pela publicidade. Nesse caso, a publicidade enfatiza que o vendedor de um produto é também o produtor de outro produto bem conhecido e aceito no mercado. A aceitação do novo produto, resultante da diversificação, é auxiliada pelo relacionamento estabelecido entre a firma e seus clientes, o que torna mais vantajoso o investimento em novas atividades de uma firma estabelecida em relação a uma completamente nova. A partir desse mecanismo, alguns autores salientam que a propaganda como esforço de venda aumenta o grau de concentração ou de oligopolização dos mercados (KALDOR, 1960: Capítulo 6).

A aquisição de uma firma operante por outra pode representar um papel relevante no processo de diversificação, já que, por um lado, os custos de montagem da empresa são economizados e, por outro, as dificuldades técnicas e administrativas são diminuídas, tendo em vista a capacidade e experiência gerencial e tecnológica ou ainda o treinamento da mão de obra já existentes, bem como a posição já adquirida no mercado. Seria muito mais onerosa e demorada a introdução do mesmo produto por uma nova empresa que estaria se formando. Muitas vezes, as aquisições não demandam um dispêndio imediato em moeda, o que facilita a diversificação da firma cuja posição financeira não é forte.

Tendo em vista que uma firma é um conjunto de recursos, cuja utilização é organizada em uma estrutura administrativa, os produtos finais representam algumas das várias formas de combinação e organização dos recursos, e a diversificação para novas atividades constitui um rearranjo em sua utilização e, nesse sentido, vem-se tornando um método de crescimento relevante.

5.5 Integração vertical e a terceirização como estratégias

É necessário enfatizar uma forma especial de diversificação, constituída pela integração vertical e que tem um papel preponderante no crescimento da empresa. Essa integração envolve um aumento no número de produtos intermediários produzidos pela firma para seu próprio uso. Assim, a diversificação pode ser voltada para a substituição de insumos comprados de outras empresas por produção própria, integrando-se "para trás" (*backward effects*) ou ainda para a distribuição e outros serviços "para a frente" (*forward effects*) na cadeia de produção-distribuição-consumo (PENROSE, 1959, p. 145). Nessa estratégia de crescimento, alguns produtos finais podem tornar-se intermediários.

Uma única empresa pode integrar atividades econômicas relacionadas a vários estágios sucessivos do processo total de produção, que se desenrola desde a produção da matéria-prima até a colocação do produto acabado nas mãos do consumidor final, dessa forma, concentrando o capital. Embora as várias fases do processo de produção de uma empresa possam integrar normalmente diferentes atividades, esta integração ocorre com maior intensidade quando a empresa decide empreender certas funções que antecedem ou sucedem sua atividade principal e que poderiam ser desenvolvidas separadamente por outras empresas.

As razões para esse comportamento baseiam-se tanto em considerações técnicas quanto econômicas. Uma questão fundamental que apoia a política de integração vertical diz respeito à eliminação de custos desnecessários de mercado ou de transações. Por exemplo, os custos de barganhar e de regatear preços entre duas empresas assim como as despesas promocionais ou de publicidade são eliminados por essa integração. Além desses, são minimizados os custos de coletar, processar e usar informações. Por outro lado, a produção, por uma única empresa, de atividades antes empreendidas por várias firmas elimina as margens de lucro embutidas no preço de cada produto que seria adquirido de produtores diversos.

A integração vertical permite também a eliminação de custos associados a despesas físicas e financeiras da estocagem de certos insumos, além de diminuir os riscos inerentes à manutenção desses estoques. Esses são geralmente mantidos nas empresas, no sentido de conservar uma margem mínima de segurança quanto à disponibilidade de insumos ou de proteção quanto a mudanças de preços dessas matérias-primas, de modo a se adequarem às estratégias de produção planejadas.

Entre outros motivos que conduzem à verticalização, destaca-se a necessidade de maior controle do mercado — tanto do fornecimento de insumos quanto consumidor — por uma mesma firma, que, dessa forma, elimina a concorrência quando produz várias atividades do processo total de produção de um produto. Assim, as empresas asseguram a disponibilidade e a quantidade necessária do insumo. Por exemplo, observam-se casos de empresas químicas que asseguram o suprimento de matérias-primas petroquímicas ao fundirem-se com empresas petrolíferas ou ainda empresas que produzem artefatos de plástico e passam a produzir a matéria-prima plástica.

No entanto, são observadas algumas desvantagens associadas à verticalização das empresas, como a ocorrência de disparidades entre as capacidades produtivas dos diferentes estágios de operação, que pode resultar em escassez ou excesso de produção com relação à demanda das várias etapas do processo. Além disso, observa-se também a possibilidade de perda das vantagens da especialização, a incapacidade de um ajuste rápido nos níveis de produção como resposta a mudanças no ambiente econômico, a perda de controle sobre o gerenciamento da empresa ou ainda ineficiências tendo em vista a não concorrência em certas atividades.

Como salienta Stigler (1951), a integração vertical pode ser necessária nos estágios iniciais do desenvolvimento de um mercado, mas a expansão subsequente do mercado tende a facilitar o aumento da especialização de funções e, assim, a substituição da verticalização pela terceirização dos serviços. Segundo esse autor, considerando-se a vida inteira das indústrias, a desintegração vertical deve ser certamente esperada. As indústrias jovens são frequentemente estranhas ao sistema econômico estabelecido e requerem novas espécies ou qualidades de materiais e, assim, operam a produção própria destes; elas devem ultrapassar problemas técnicos na utilização de seus produtos e não podem esperar que outros utilizadores potenciais destes produtos se sobreponham; elas devem persuadir os consumidores a abandonar outras mercadorias e não encontram outros comerciantes especializados para empreender esta tarefa. Essas indústrias jovens devem projetar seus equipamentos especializados e frequentemente os produzir e também devem recrutar mão de obra especializada. Quando a indústria atinge certo tamanho, muitas dessas tarefas são suficientemente importantes para serem delegadas a especialistas. Torna-se mais rentável o suprimento, por outras firmas, de equipamentos e matérias-primas, do marketing do produto, bem como a utilização de subprodutos e o treinamento da mão de obra qualificada.

O que se tem observado desde a década de 1970 nos países industrializados, e mais recentemente nos demais países, em processo de formação de um parque industrial, é que a crescente complexidade dos sistemas organizacionais e dos equipamentos levou a um aumento desproporcional da necessidade de prestação de serviços auxiliares, e o atendimento desses serviços por meio de departamentos internos às empresas passou a ser, em muitos casos, oneroso e ineficiente, levando à necessidade de novas formas de organizações, com estruturas mais enxutas ou simplificadas. Dessa maneira, a terceirização dos serviços tem-se difundido por meio da transferência do fornecimento de atividades burocráticas e outras, como a alimentação e serviços médicos a funcionários (que fazem parte da manutenção da mão de obra), manutenção de equipamentos, máquinas e veículos, serviços de transportes e também serviços avançados financeiros, contábeis, jurídicos e de auditoria, entre outros, a terceiros. Em muitos casos, os próprios funcionários especializados são incentivados a constituírem empresas de prestação de serviços para a empresa em que trabalhavam.

CAPÍTULO **6**

A Internacionalização
do Capital

• • •

6.1 Introdução

A estratégia de crescimento das grandes empresas oligopolistas capitalistas está indissoluvelmente ligada à dimensão internacional. A tendência ao desenvolvimento do comércio internacional faz parte integrante da história dessas empresas assim como a dependência em relação aos fornecedores e clientes estrangeiros. A concepção da teoria neoclássica tradicional dos intercâmbios comerciais entre diferentes nações, que limita-se ao fluxo de mercadorias e de capitais entre as nações, no entanto, não é suficiente para compreender a realidade atual. Além da forte dependência mútua entre as economias industriais, observa-se também um movimento crescente de reorganização espacial da produção industrial e da divisão internacional do trabalho (RATTNER, 1989; NABUCO, 1989).

Os países industrializados, ou que se encontram em fase de desenvolvimento de um parque industrial maduro, não se limitam apenas a comercializar parcela considerável de seus bens e serviços no exterior, mas também transferem para lá o próprio aparelho produtivo, seja deslocando indústrias inteiras ou setores específicos, instalando-os em outras economias desenvolvidas ou não. As consequências sobre as construções teóricas tradicionais são consideráveis, desde que estes movimentos de internacionalização da produção, que correspondem a um passo posterior ao simples intercâmbio comercial, acabam por resultar na constituição de espaços econômicos internos às empresas, que não coincidem mais com as fronteiras territoriais político-administrativas.

As atividades produtivas das diferentes nações são modeladas crescentemente pela dimensão mundial, e a economia internacional passa a abarcar não apenas os fenômenos relacionados à circulação de bens mas também os referentes à produção. A partir disso, a análise econômica internacional tradicional neoclássica, limitada ao intercâm-

80 • Economia Industrial | Teoria e Estratégias

bio comercial, não esgota a visão de uma nova realidade quanto ao comportamento das indústrias em direção ao exterior.

Apesar de se originar principalmente em economias capitalistas desenvolvidas, o processo de deslocamento da produção, após a Segunda Guerra Mundial, deu início a uma integração mundial que abarcou também as regiões capitalistas menos desenvolvidas e as economias socializadas. A partir da década de 1970, uma nova tendência de crescimento das empresas cristalizou-se: a indústria multinacional (MICHALET, 1984; 2007). Esta passou a constituir-se primeiramente em um produto e, posteriormente, em agente ativo das transformações da economia mundial. Um relatório da ONU (1973) mostrou que já em 1971 o valor da produção realizada no exterior por filiais de empresas de grande número de nações desenvolvidas, como os Estados Unidos, a Grã-Bretanha, a Suíça, a França e o Japão, excedia ou igualava-se ao montante de suas exportações. Essa tendência à internacionalização da produção, apesar de ser um fenômeno relativamente novo, vem se intensificando desde a década de 1960.

A teoria que se dedica a examinar o fenômeno de formação e desenvolvimento desses movimentos de internacionalização das empresas envolve temas como teoria do investimento direto, da localização de atividades, da internacionalização da produção e do capital e da multinacionalização, sob o ângulo da microeconomia, e, particularmente, na análise clássica do oligopólio a que está mais diretamente ligada, embora o fenômeno também seja verificado em estruturas de mercado competitivas.

Este capítulo examina as teorias ligadas à internacionalização do capital, enfocando primeiramente as ideias tradicionais neoclássicas, baseadas no comércio internacional como forma de deslocamento do capital ao exterior. São expostas em sequência as doutrinas marxistas que enfocam os movimentos do capital para o exterior como uma forma de desenvolvimento do imperialismo e desenvolvimento da acumulação capitalista. Finalmente observa-se o processo a partir das motivações e consequências internas das firmas e das indústrias capitalistas na atualidade.

6.2 A análise neoclássica

As premissas da teoria neoclássica, baseadas no comércio internacional, constituem uma concepção ainda dominante do processo de internacionalização do capital, apesar de se mostrarem insuficientes para explicar o processo de internacionalização da produção e da multinacionalização das firmas (ELLSWORTH, 1978; LIPIETZ, 1993; MICHALET, 2007).

O paradigma neoclássico do comércio internacional tem por fundamento a existência de determinados bens específicos que uma nação tem interesse em importar ou exportar, dadas suas características próprias, tendo em vista a comparação das vantagens e custos, desconsiderando a evolução interna das economias. Baseado em uma filosofia

A Internacionalizaçãodo Capital • 81

liberal, o raciocínio neoclássico segue esquemas estáticos, em que o equilíbrio deve ser conseguido por meio do jogo do livre-cambismo.

A análise dos efeitos do comércio internacional sobre a economia é feita pela comparação entre o grau de satisfação de uma sociedade quando produz em uma economia fechada e uma economia aberta. Neste último tipo de economia, a única diferença consiste em que parte da produção interna é exportada e parte da oferta interna é constituída por bens importados, sendo as demais variáveis constantes. Dessa forma, o intercâmbio comercial tem a função de alocar mais eficientemente os recursos nacionais quando cada país se especializa na produção de um determinado bem, para o qual se observa uma vantagem comparativa nos custos, que pode ser explicada por uma dotação especial em fatores de produção[17]. A inadequação das premissas da análise neoclássica para a total compreensão do processo de internacionalização do capital reside em suas hipóteses básicas, que se apoiam na concorrência pura e perfeita, na imobilidade dos fatores e no equilíbrio geral.

A hipótese da concorrência pura e perfeita determina que os preços dos produtos e os salários da mão de obra são fixados segundo regras de mercados perfeitamente competitivos, e o preço internacional resulta do confronto entre oferta e demanda. Nesse caso, as firmas oligopolistas ou monopolistas são excluídas do campo de análise, o que constitui uma inconsistência para o exame da internacionalização da produção, já que esta se fundamenta prioritariamente em grandes empresas industriais concentradoras da produção que operam em estruturas de mercado oligopolizadas, como será detalhado posteriormente. Além do mais, a teoria pura do comércio internacional nega a existência de economias de escala dentro de empresas, atendendo às hipóteses de concorrência pura, o que limita também a observação da realidade das grandes empresas que internacionalizam sua produção.

Por outro lado, a hipótese da imobilidade dos fatores de produção determina que somente as mercadorias podem atravessar as fronteiras, e os trabalhadores e capitais não podem se deslocar. A realidade contemporânea, no entanto, particularmente após a Segunda Guerra Mundial, revela fluxos consideráveis de capital (em forma de dinheiro ou de capitais imateriais correspondentes à tecnologia) e de técnicos, contradizendo esta hipótese.

Finalmente, o modelo neoclássico demonstra que o sistema tende a um equilíbrio ótimo em escala internacional, correspondendo a uma construção estática, que não cogita transformações na divisão internacional do trabalho ou um desenvolvimento econômico desigual. As consequências do equilíbrio internacional se farão sentir na igualdade das remunerações dos fatores, como dos salários. Além disso, o modelo implica que qualquer inovação tecnológica não traria vantagem ao país inovador, pois seria imediatamente repassada aos demais países; as baixas dos custos de produção advindas da ino-

---

[17] Os primeiros estudos mais completos estão em Hecksher (1949); Ohlin (1932); Samuelson (1961); e UN (2002).

82 • Economia Industrial | Teoria e Estratégias

vação seriam imediatamente repassadas aos preços, não existindo discriminação nem cartéis, e as empresas seriam submetidas igualmente à lei do mercado, o que eliminaria a desigualdade entre os países. Esse mundo equilibrado estático não explica a tendência crescente contemporânea de desigualdades tecnológicas, salariais e das constantes transformações na divisão internacional do trabalho que vêm ocorrendo.

6.3 As ideias marxistas

As ideias marxistas sobre a internacionalização do capital, aqui examinadas, compreendem as doutrinas do imperialismo, que observam a exportação de capitais como uma fase específica do desenvolvimento capitalista, considerando o excedente de acumulação de capitais, do ponto de vista de uma nação como um todo, e não apenas das empresas.

Iniciando-se pelos escritos de Marx, observa-se a ênfase dada ao comércio internacional e à formação de um mercado mundial como uma necessidade inerente à reprodução do capitalismo ou ao desenvolvimento do modo de produção capitalista. Assim, o estudo do funcionamento e da dinâmica desse modo de produção está relacionado diretamente à análise do mercado mundial:

> À medida que o comércio exterior barateia em parte os elementos do capital constante, em parte os meios de subsistência necessários em que o capital variável se converte, ele atua de forma a fazer crescer a taxa de lucro ao elevar a taxa de mais-valia e ao reduzir o valor do capital constante. Ele atua em geral nesse sentido ao permitir a ampliação da escala de produção. Assim ele acelera, por um lado, a acumulação, por outro, também o descenso do capital variável em relação ao capital constante e, com isso, a queda da taxa do lucro. Da mesma maneira, a ampliação do comércio exterior, embora tenha sido na infância do modo de produção capitalista sua base, tornou-se seu progresso, pela necessidade intrínseca desse modo de produção, por sua necessidade de mercado sempre mais amplo, seu próprio produto (MARX, 1983, p.180).

Para Marx, o comércio internacional permitiu não só a acumulação primitiva dentro das empresas, mas também a transferência de valor de regiões menos desenvolvidas, ainda não submetidas ao modo de produção capitalista, para regiões mais desenvolvidas, o que está a serviço do desenvolvimento do capitalismo. O intercâmbio internacional surge como meio de contrabalançar a tendência à queda da taxa de lucro, permitindo ainda realizar uma parte da mais-valia, inerente na quantidade crescente de mercadorias produzidas dessa forma. O autor enfatiza também o papel do mercado mundial, como canal de drenagem para a superprodução de mercadorias, que é consequência inevitável do desenvolvimento das forças produtivas.

Rosa Luxemburg, utilizando um modelo de análise marxista, salienta que:

> A fase imperialista da acumulação de capital ou a fase da concorrência capitalista internacional compreende a industrialização e a emancipação capitalista das antigas zonas interioranas do capital em que este processava à realização de sua mais-valia. (LUXEMBURG, 1984, p. 65).

A autora, por outro lado, demonstra o inevitável surgimento de uma superprodução de mercadorias, proveniente do setor de bens de consumo, que acompanha o modo de produção capitalista e aponta, como única solução para a reprodução deste modo de produção, a exportação desse excedente para as economias não capitalistas. Pelo mesmo motivo, os mercados externos representam um papel primordial nas decisões de investimento dos empresários, que só aumentam sua capacidade produtiva se tiverem certa confiança quanto à realização do lucro, bem como quanto ao prosseguimento do ciclo do capital.

As premissas marxistas contestam as ideias neoclássicas de intercâmbio resultante de especialização internacional, que acarrete em benefícios para todos os participantes. Conforme salienta Marx:

> Capitais investidos no comércio exterior podem proporcionar taxa de lucro mais elevada, porque aqui, em primeiro lugar, se concorre com mercadorias que são produzidas por outros países com menores facilidades de produção, de forma que o país mais adiantado vende suas mercadorias acima do seu valor, embora mais barato do que os países concorrentes (MARX, 1983, p. 181).

Dessa forma, o exportador do país mais avançado, semelhantemente a um inovador, realiza um superlucro a partir da produtividade superior de sua indústria, aparecendo o intercâmbio desigual no comércio internacional de países com diferentes produtividades.

No entanto, tanto em Marx quanto em Luxemburg, o mercado mundial atua no âmbito da circulação de mercadorias, ou no âmbito mercantil, não se referindo ao âmbito da criação ou produção de mercadorias. Portanto, a análise desses dois autores ainda não rompe com o modelo de economia internacional baseado apenas em intercâmbio comercial.

Lenin prossegue com o instrumental marxista, explicando a internacionalização do capital já a partir de um afastamento da esfera exclusiva da circulação de mercado-

84 • Economia Industrial | Teoria e Estratégias

rias. Salienta o intenso desenvolvimento da indústria na Europa, na segunda metade do século XIX, e o processo de concentração extremamente rápido da produção, em empresas cada vez mais importantes, como uma das características mais marcantes do capitalismo. Por outro lado, à medida que os lucros dessas empresas aumentam, os bancos, de modestos intermediários na transformação do capital-dinheiro em capital ativo criador de lucro, passam a se concentrar e a se tornarem monopolistas do capital-dinheiro, bem como da maior parte dos meios de produção e das fontes de matérias-primas de um dado país ou de toda uma série de países (LENIN, 1974, p. 39). A partir disso, desenvolve-se uma união entre bancos e grandes empresas industriais e comerciais no sentido de perpetuar essa concentração.

O autor prossegue mostrando como o capital financeiro, concentrado em algumas mãos e exercendo um monopólio de fato, obtém lucros cada vez maiores a partir da constituição de firmas, das emissões de título e de empréstimos ao Estado. Dessa forma, a acumulação de capitais de alguns países muito ricos atinge proporções extraordinárias, formando-se um enorme excedente de capitais, que é exportado:

> Enquanto o capitalismo continuar capitalismo, o excedente de capitais será afetado, não a elevar o nível de vida das massas de um dado país, pois daí resultaria uma diminuição de lucros para os capitalistas, mas a aumentar estes lucros mediante exportação de capitais para o estrangeiro, para os países subdesenvolvidos (LENIN 1974, p. 81).

Portanto, Lenin, explicando os traços fundamentais do imperialismo, aponta a inadequação das teorias tradicionais do comércio internacional para explicar a nova realidade do capitalismo, pois se essas teorias explicam uma realidade onde reina a livre concorrência e a tendência ao equilíbrio entre nações que comercializam entre si mercadorias, o novo capitalismo se caracteriza pelos monopólios, pela exportação de capitais e pela desigualdade:

> O que caracterizava o antigo capitalismo, onde reinava a livre concorrência, era a exportação de mercadorias. O que caracteriza o capitalismo atual, onde reinam os monopólios, é a exportação de capitais. O desenvolvimento desigual, e por saltos, das diferentes empresas, das diferentes indústrias e dos diferentes países é inevitável em regime capitalista (LENIN, 1974, p.81).

A análise desse autor focaliza um período de transição do processo de desenvolvimento da internacionalização do capital, que se insere entre o simples intercâmbio comercial entre as nações e o deslocamento do próprio aparelho produtivo de grandes firmas ou indústrias para o exterior. Sua análise das mudanças, ligando as crescentes tendências monopolistas do capitalismo e o aumento da relevância do capital financeiro em relação ao capital-mercadoria, enfoca a exportação de capitais sem confundi-la com a internacionalização das relações sociais de produção. No entanto, no período analisado correspondente aos finais do século XIX já estavam sendo instituídas, na Europa, as bases para o novo estágio de desenvolvimento industrial, por meio de investimentos diretos na produção de matérias-primas e de produtos manufaturados no exterior (GUIMARÃES, 1982, p. 87).

Coube a Nicolai Bukharin chamar atenção sobre a economia mundial como um sistema de relações de produção e intercâmbio, que abarca a totalidade do mundo. Esse autor, examinando a internacionalização do capital, salienta que, assim como toda empresa individual constitui uma parte componente de uma economia nacional, cada uma dessas economias nacionais é também parte integrante do sistema da economia mundial:

> Existe assim uma repartição específica das forças produtivas do capitalismo mundial. As duas principais subdivisões do trabalho social passam por uma linha que separa dois tipos de países — e o trabalho social acha-se dividido no plano internacional (BUKHARIN, 1984, p. 21).

Portanto o intercâmbio mundial é visualizado a partir das trocas de produtos entre países, porém não necessariamente tendo em vista apenas vantagens comparativas:

> Os países não trocam apenas produtos de natureza diferente, mas também produtos similares. Tal país, por exemplo, pode exportar para outro não apenas mercadorias que este último não produz ou produz em ínfima quantidade — mas pode também exportar suas mercadorias, fazendo concorrência à produção estrangeira. A troca internacional, nesse caso, tem fundamento não na divisão do trabalho — que implica a produção de valores mercantis de natureza diversa — mas unicamente na diferença dos custos de produção, na diferença dos valores individuais (para cada país) que, na troca internacional, se resumem no trabalho socialmente necessário em todo o mundo (BUKHARIN, 1984, p. 24).

O autor enfatiza, assim, a função da internacionalização do capital na busca, pelas empresas, da diminuição dos custos de produção e na busca, pela economia mundial, da divisão internacional do trabalho socialmente necessária para a aproximação do desenvolvimento dos países no processo de troca, já que os organismos econômicos nacionais não são um todo fechado ou economias isoladas, mas fazem parte de uma esfera infinitamente mais ampla: a economia mundial.

86 • Economia Industrial | Teoria e Estratégias

A relação internacional entre produtores, para este autor, baseia-se na criação de um sistema de relações de produção, isto é, do crescimento (ou formação) de uma economia social:

> Pode-se ainda assinalar toda uma série de formas de ligações econômicas: a emigração e a imigração como circulação da força de trabalho; a transferência de parte do salário dos operários emigrados (remessa de dinheiro para seu país de origem); a criação de empresas no exterior e a remoção da mais-valia obtida; os lucros das companhias marítimas, etc. (BUKHARIN, 1984, p. 25).

Bukharin salienta que entre as causas que embasam a superprodução e a superacumulação do capital de um país — e que levam à exportação desse capital — estão, de um lado, o progresso técnico, que leva à produção em larga escala e à superprodução de mercadorias inerentes ao desenvolvimento das grandes empresas, e, de outro lado, as formas de organização moderna do capital, representadas por cartéis e trustes, que são levados à expansão do seu território econômico pela política aduaneira das potências capitalistas que visam esmagar a concorrência estrangeira.

Karl Kaustsky, analisando o imperialismo em 1914, defendeu a tese de que a tendência crescente à concentração industrial levaria à substituição do espaço da economia internacional pelo das empresas multinacionais, com a formação de grandes trustes e cartéis internacionais. Para ele, a tendência é a formação de um capitalismo formado pelos trustes internacionais que controlariam quase totalmente a produção mundial, ou seja, um capitalismo planificado e organizado em escala mundial, em um cartel único, onde prevaleceria a racionalidade econômica (MICHALET, 1984).

6.4 As empresas multinacionais

Uma concepção do desenvolvimento e operação das empresas multinacionais foi apresentada por Stephen Hymer, que visualiza a integração do sistema internacional não por meio do mercado mundial, mas a partir das próprias organizações de empresas multinacionais, que substituem o mercado pelo seu próprio plano de crescimento. As grandes firmas partem para a multinacionalização para reduzir as incertezas quanto a operações no mercado internacional, causadas por variações nos preços internacionais, clientes distantes e desconhecidos, mercados imperfeitos, etc. A coordenação das atividades econômicas em nível mundial, mediante a organização interna das empresas, apresenta vantagens em relação à coordenação pelo mercado, e as economias de escala podem, dessa forma, ser exploradas ao máximo, pois cada unidade de produção (em diferentes territórios mundiais) transmite informações às demais unidades, sendo o conjunto coordenado e ajustado de modo a ter maior eficiência conjunta (HYMER; ROWTHORN, 1970).

A Internacionalizaçãodo Capital • 87

Raymond Vernon, por sua vez, observa a transformação da economia mundial por meio do processo de internacionalização da produção, como o deslocamento de certos setores de países desenvolvidos em direção a países menos desenvolvidos em busca de determinadas vantagens. O motivo desse deslocamento estaria ligado ao ciclo de vida dos produtos, que se desenrola em nível internacional. O autor distingue três fases de metamorfose do produto, cujas durações dependem da demanda e dos processos de fabricação: produto novo, produto maduro e produto padronizado (VERNON, 1979).

O produto novo é lançado antes nos países mais desenvolvidos, que representam os lugares propícios para a produção de novos conhecimentos científicos e técnicos, considerando que as empresas, nas filiais menos desenvolvidas, não têm igual aptidão para adquirir esses conhecimentos. Além disso, esses países desenvolvidos apresentam uma maior tendência para a procura de novos lançamentos, e o produto novo é fabricado nas proximidades do mercado final, tendo em vista que existem ainda indefinições no processo de fabricação e na comunicação do produtor com os consumidores, fornecedores e concorrentes. O produto maduro já revela certo grau de padronização nas características próprias e nos processos de produção. Além disso, sua demanda já está mais definida e os custos de produção passam a ter maior importância à medida que as economias de escala começam a se esgotar e que surgem concorrentes estrangeiros. Dessa forma, os produtores se veem obrigados a transferir parte da produção para países em que a demanda é crescente e ainda existem possibilidades de economias de escala. Finalmente o produto padronizado tem a característica de apresentar processos de produção bem definidos e simplificados ao lado de condições de venda do produto já plenamente consolidadas. Nesse caso, sua produção pode ser difundida nos países menos desenvolvidos se sua função produção apresentar uma grande participação do fator trabalho. Ainda exercem influência na possibilidade de internacionalização da produção a existência de baixos custos de transportes, a não necessidade de elevadas economias externas para a produção e ainda uma alta elasticidade-preço da demanda.

Vernon exemplifica, mostrando que as etapas de deslocamento dos setores de produção para outros países baseiam-se nas fases do produto. O produto novo é vendido inicialmente no país desenvolvido que o fabrica. Quando o bem se torna maduro e a sua produção declina nos países de origem, sua fabricação se desloca para outros países industriais avançados, e o país inicial passa a importar o produto acabado. O produto padronizado, por sua vez, a partir de certa fase, tende a ser fabricado nas periferias subdesenvolvidas e é importado por outros países mais avançados.

De uma forma geral, a origem da multinacionalização está na grande empresa monopolista ou oligopolista e resulta da extrema concentração e centralização do capital inerente às economias capitalistas desenvolvidas. Essa internacionalização do capital assume, dessa forma, uma integração entre as esferas da produção e da circulação de mercadorias sobre uma base mundial. A transnacionalização das economias, por meio das empresas multinacionais, corresponde, portanto, a uma nova dinâmica do sistema econômico mundial, e a análise dessa nova dinâmica é centrada no estudo das decisões

88 • Economia Industrial | Teoria e Estratégias

da firma, observada particularmente com os instrumentos da microeconomia, procurando entender os fatores explicativos da decisão empresarial de criar filiais de produção no estrangeiro (MICHALET, 1984; 2007).

Pesquisas levadas a efeito junto a empresários europeus e norte-americanos na década de 1970, buscando determinar os motivos de investimento direto no estrangeiro, detectam grupos distintos de explicações (MICHALET, 1984):

a) A existência de disparidades nacionais explica, para alguns autores, a substituição das operações de exportação pelas da produção direta no exterior, particularmente no período de forte expansão da transnacionalização da década de 1960. Concorrem para incentivar essa troca a consecução de custos relativamente inferiores (não ligados diretamente à produção) em nações menos desenvolvidas. Esses custos são determinados principalmente pelas despesas com transportes, pelas barreiras protecionistas às importações, geralmente instituídas nesses países, pela necessidade de adaptar os produtos às preferências do mercado de cada região, pela existência de zonas monetárias, financeiras e fiscais diferenciadas e pela precariedade de informações das nações menos desenvolvidas — que são dificultadas em virtude das grandes distâncias entre o mercado e o centro produtor.

b) A estrutura oligopólica dos mercados determina a maior expansão da multinacionalização, já que, se uma empresa do oligopólio transfere parte do seu aparelho produtivo para o exterior, as demais concorrentes são também para lá atraídas em função de uma política de conservação de uma parcela do mercado, agora em nível mundial.

c) O avanço tecnológico determina a introdução constante de novos produtos nos mercados mais desenvolvidos em que são produzidos e marginalmente no exterior, por meio da demanda das camadas mais ricas dos países menos avançados. No entanto o ciclo do produto — descrito anteriormente conforme interpretado por Vernon — leva à difusão internacional da produção desses produtos e algumas empresas, ameaçadas pela concorrência pela produção dessas mercadorias por empresas localizadas nesses mercados estrangeiros crescentes, para lá deslocam sua produção. Particularmente foi o caso da multinacionalização de muitas empresas norte-americanas que, na década de 1960, transferiram seu aparelho produtivo para a Europa como defesa, em virtude da concorrência do Japão e do Mercado Comum Europeu, e que passaram a dominar também a nova tecnologia.

d) Os custos de produção inferiores em alguns países, com relação a salários, foram um incentivo preponderante para a acelerada multinacionalização das empresas ocorrida na década de 1960, já que as técnicas de produção homogêneas e a organização do trabalho tenderam a igualar a produtividade do trabalho em diferentes localizações geográficas. Foi o caso de investimentos diretos americanos na Europa ou de inversões do Japão e de países europeus em nações menos desenvolvidas onde a mão de obra abundante e barata era facilmente encontrada, como em Formosa, Coreia do Sul, Cingapura, Hong Kong e em países latino-americanos.

A Internacionalizaçãodo Capital • 89

A crescente introdução da informatização nos processos industriais de produção das nações mais desenvolvidas — particularmente iniciada na década de 1970 e acelerada nos anos de 1980 — vem acarretando uma nova reestruturação das formas de organização empresarial e da divisão do trabalho, pois são criadas necessidades de complementação dessas atividades por serviços auxiliares e de manutenção mais sofisticados e que exigem maior qualificação da mão de obra. Dessa forma, a expansão da multinacionalização para determinados produtos, cujo processo de produção é automatizado, tende a ser verificada em direção a nações que apresentem uma infraestrutura de serviços adequada ou a possibilidade de fornecerem os serviços complementares de alto nível demandados.

Michalet (1984, p. 177) distingue cinco tipos de empresas multinacionais:

a) As empresas exportadoras, primeiras manifestações da multinacionalização, que não pertencem ainda à lógica da internacionalização do processo produtivo, mas que se inserem na esfera da circulação internacional de mercadorias, já que são baseadas na criação de filiais de comercialização.

b) As empresas "primárias", assim denominadas por se dedicarem ao setor Primário de produção e também por constituírem a primeira forma de internacionalização da produção, ou seja, o fornecimento de matérias-primas, energia e gêneros alimentícios às economias industriais. Em geral, são criadas em função da localização de recursos naturais disponíveis.

c) As empresas de estratégia comercial, que correspondem à criação de firmas visando à substituição de importações, ou seja, o deslocamento da produção é efetuado por meio da implantação de filiais substitutas, no sentido de exploração de mercados locais, conservando a função de distribuição de uma parte dos produtos da empresa produzida naquele território ou no território da matriz.

d) As empresas globais, que aparecem em estágios mais tardios e que correspondem à criação de filiais especializadas em um determinado segmento do ciclo de produção. São instituídas dentro de uma estrutura organizacional que opera com uma planificação mundial da produção e, portanto, sua gestão é global ou planetária.

e) As empresas financeiras, que correspondem a uma etapa posterior às empresas globais, em que a matriz centraliza as atividades não produtivas da empresa, como o planejamento estratégico, a central financeira, o departamento de P&D, etc., administrando suas participações financeiras, sua carteira de patentes e licenças. Às filiais cabe a produção, e a gestão é descentralizada por linha de produto. Portanto, a matriz tem seus rendimentos a partir dos dividendos, juros e *royalties* oriundos das atividades industriais localizadas no exterior. Constitui o exemplo típico de fusão e articulação entre bancos e indústrias, conforme definido anteriormente por Hilferding.

90 • Economia Industrial | Teoria e Estratégias

Como qualquer grande empresa, as multinacionais definem um espaço econômico interno à organização, em que circulam bens, serviços, homens, conhecimentos técnicos e capitais, porém, a esfera territorial dessa circulação é mundial. As estruturas organizacionais verificadas nessas empresas não seguem um modelo único e definem as formas de internacionalização da produção, de transferência tecnológica, de intercâmbio entre matriz e filiais e de estrutura de poder. Dessa forma, são distinguidas três fases sucessivas nas formas de evolução dos sistemas organizacionais internos (MICHALET, 1984, p. 186):

a) A primeira fase, em que a subordinação das filiais à matriz é direta e pessoal. Os dirigentes das filiais reportam-se diretamente ao presidente do grupo, a matriz financia diretamente as unidades descentralizadas, a remessa de lucros é pequena ou inexistente, a produção das filiais destina-se ao mercado local e a elas cabe também a distribuição de produtos do grupo não fabricados localmente (coexistindo, portanto, produção e comercialização). Nesta fase, que corresponde ao início do caminho de multinacionalização de uma empresa, as atividades e o planejamento da empresa são voltados à produção no país de origem.

b) A segunda fase, em que a característica básica é o surgimento de um órgão especial — a Divisão Internacional — localizado na matriz, que tem a função de gerir as unidades do exterior, coordenando as atividades produtivas, de modo a controlar e integrar suas atividades e os seus resultados. A necessidade dessa coordenação surge com a evolução da participação das filiais no volume de negócios do grupo, e a política de produção das mesmas é definida em função da estratégia global da empresa, tendo em vista as atividades na matriz e em cada filial, no sentido vertical da matriz em direção às demais. Essas produzem para o mercado local ou regional e apresentam uma dependência financeira menos acentuada em relação à matriz, recorrendo frequentemente ao autofinanciamento ou a circuitos financeiros locais. Nessa fase, a liberdade das filiais ainda é consideravelmente restringida, sendo seus objetivos e seu desempenho prefixados e controlados por meio de demonstrativos contábeis organizados. Essa forma de organização é a mais difundida na atualidade.

c) A terceira fase caracteriza-se por um modelo de organização em que desaparece a Divisão Internacional, que dá lugar a duas bases alternativas, ou seja, a divisão de acordo com grandes regiões (por exemplo, Europa, América do Norte, África, América Latina) ou a divisão por produtos oferecidos pelo grupo. Em qualquer dessas formas, as atividades da firma são observadas sob uma abordagem global mundial, em busca de uma especialização internacional das filiais. O planejamento se dá no sentido horizontal (interfiliais), a partir da coordenação da matriz, que é também responsável pela pesquisa e pela escolha das técnicas de produção. A produção se dá pela fragmentação do processo entre as várias unidades, e os fluxos de bens, insumos e componentes se voltam para a troca descentralizada entre as subsidiárias, de modo que uma das filiais é encarregada da montagem do produto final e tem acesso direto ao mercado. Essa es-

A Internacionalizaçãodo Capital • 91

trutura, em escala mundial, implica uma desconcentração das responsabilidades, que é atribuída às direções regionais ou por produtos, e perda de autonomia das unidades descentralizadas. Essa forma de organização só é possível a partir da padronização de técnicas de produção e dos produtos, com a sistemática racionalização das funções de cada filial. Nesse caso, a relação entre a matriz e as filiais é mais rígida do que no caso da Divisão Internacional, e os fluxos financeiros das últimas em direção à primeira são mais intensos.

O crescimento da empresa multinacional determina as transformações nas estruturas organizacionais e essas mudanças refletem a superacumulação do capital e a concorrência oligopolista internacional, com uma nova divisão internacional do trabalho. A extensão da multinacionalização faz surgir a necessidade de administradores qualificados pela direção das filiais, que são inicialmente recrutados no país de origem da empresa, e, em um segundo momento, como alternativa menos dispendiosa, são recrutados localmente, no entanto podendo receber capacitação junto à matriz.

Outro reflexo relevante do deslocamento da produção para unidades internacionais diz respeito à transferência de tecnologia mediante incorporação de bens de capital, de conhecimento técnico por meio de pessoal especializado, de normas de gestão mais desenvolvidas, da construção das instalações da fábrica e de assistência técnica de todas as ordens (engenharia do projeto, comercialização, patentes, *know-how*). Nesse sentido, o conhecimento técnico-científico é protegido por direitos de propriedade, mas, no entanto, gera no país da filial a difusão do progresso tecnológico, face à tendência de homogeneização do saber e das técnicas, limitada pelo nível de desenvolvimento das economias. A extensão dessa difusão está associada à possibilidade de o acesso à tecnologia extrapolar o espaço econômico interno à empresa multinacional de origem.

Conforme Michalet (1984, p. 231), de um modo geral, as empresas multinacionais utilizam cinco fontes nacionais básicas de financiamento:

a) O autofinanciamento, que depende da política de repatriamento de lucros do grupo, ou seja, da parcela de remessa de lucros das filiais para o exterior, ou da possibilidade de parte dos lucros realizados em determinadas regiões ser utilizado para financiar investimentos em outras regiões.

b) Os créditos bancários, quando as filiais utilizam os mercados financeiros locais, utilizando, muitas vezes, a imagem de marca do grupo para obter empréstimos em condições mais favoráveis do que empresas nacionais.

c) Os mercados financeiros, que mobilizam capitais em escala mundial por meio de consórcios bancários. Um exemplo consiste no aparecimento, na década de 60, de consórcios bancários em escala europeia, que provocaram o surgimento de associações multinacionais de bancos, como a que reuniu o *Crédit Lyonnais*, o *Commerzbank* e o *Banco di Roma*.

92 • Economia Industrial | Teoria e Estratégias

d) As ajudas públicas e os juros subsidiados, que são levados em conta no momento da implantação de uma filial em determinado país. Na Europa, são vários os exemplos de incentivos governamentais aos investimentos utilizados pelas empresas multinacionais, como subvenções para pesquisa, créditos de organismos financeiros estatais e paraestatais, prêmios no caso de desconcentração regional, tarifas ferroviárias preferenciais, gastos públicos em infraestrutura, formação profissional, etc.

e) As participações financeiras de capitais locais públicos e privados por meio de *joint-ventures*. Embora tendo seu poder de controle sobre a gestão das filiais limitado, por meio dessa modalidade de funcionamento, muitas empresas só conseguem investir em determinados países dessa forma, quando normas legais assim o exigem. A vantagem nesse tipo de implantação é a redução da participação no capital de risco.

Além das fontes de financiamento nacionais, as empresas multinacionais recorrem a fontes de financiamento internacional representadas pelo mercado de euromoedas, por créditos efetuados por instituições financeiras internacionais, como o Fundo Monetário Internacional (FMI), o Banco Mundial, etc.

Observe-se, ainda, que a circulação de capitais, internamente ao âmbito da empresa multinacional, é também uma circulação internacional, desde que no sentido de maximizar o fluxo de caixa do grupo como um todo; os recursos financeiros mobilizados são arrecadados mundialmente, e os empréstimos são efetuados em praças onde as taxas de juros são baixas, podendo ser utilizados para financiar unidades de produção em locais em que este custo (juros) é mais elevado. Essa mobilidade de capitais no espaço interno à multinacional serve ao apoio às filiais deficitárias que devem seguir um planejamento de longo prazo do grupo.

Portanto, a atuação das empresas multinacionais resulta em uma unificação da circulação do capital-dinheiro, do capital-mercadoria e do capital produtivo, conduzindo aos caminhos de uma unificação da economia mundial.

6.5 Transnacionalização: das multinacionais às cadeias globais de valor

Com a continuidade dos avanços tecnológicos nas áreas de transportes e comunicações do pós-guerra, o próprio aparato produtivo das empresas é deslocado para o exterior — sob a forma de investimentos diretos produtivos pelas multinacionais — inicialmente com a internacionalização da produção de produtos acabados, como visto. Posteriormente, a partir do final dos anos 1960 — particularmente com o avanço da microeletrônica e da tecnologia da informação — em alguns setores o processo de produção é internacionalizado, com o desenvolvimento de cada parte do processo em uma diferente região mundial. Esse fenômeno de globalização ou de mundialização

A Internacionalizaçãodo Capital • 93

do processo produtivo de um produto, intensificado no mercado mundial na década de 1990, é, portanto, um processo histórico de internacionalização do capital que se difundiu com maior velocidade, particularmente a partir da década de 1980, graças ao avanço tecnológico, como mencionado.

Nesse contexto, desde esse período configurou-se uma nova etapa mais avançada e veloz de transformações tecnológicas e de acumulação financeira, intensificando a internacionalização da vida econômica, social, cultural e política. Observou-se, então, que as atividades econômicas passaram progressivamente a se desenvolver de forma independente dos recursos de um território nacional, sejam recursos naturais ou "construídos pelo homem". Essa desterritorialização tem como causas o padrão do progresso técnico, a preferência dos consumidores, a organização corporativa e/ou políticas públicas de governos nacionais, o que favorece a maior mobilidade dos fatores produtivos sem perda de eficiência, competitividade e rentabilidade (LERDA, 1996).

Como salienta Milton Santos (1994), a noção de território, na atualidade, transcende a ideia apenas geográfica de espaços contíguos vizinhos que caracterizam uma região, transmutando para a noção de rede, formada por pontos distantes uns dos outros, ligados por todas as formas e processos sociais. O espaço econômico, nesse sentido, é organizado hierarquicamente, como resultado da tendência à racionalização das atividades, e se faz sob um comando que tende a ser concentrado em cidades mundiais, onde a tecnologia da informação desempenha um papel relevante; este comando passa, então, a ser feito pelas empresas por meio de suas bases em territórios globais diversos.

A produção econômica mundial é, então, cada vez mais afetada por fatores geográficos: a localização geográfica dos recursos financeiros e materiais, dos recursos de conhecimento e produção, junto à proximidade ou ao afastamento dos principais mercados, conduz às estratégias econômicas e táticas dos países no cenário mundial. A geoeconomia é frequentemente associada à geopolítica, no que se refere aos princípios básicos da teoria das relações internacionais, que define o papel e as formas históricas específicas e que influenciam as diferentes situações ou barreiras internacionais dos processos regionais, continentais ou globais (ZHIZNIN, 2008).

Como destaca Krugman (1993; 1997) bem como Fujita e outros (2001), as abordagens geoeconômicas e geopolíticas incluem um número considerável de ferramentas teóricas, empíricas e instrumentos para detectar diferentes aspectos espaciais, situações temporais e políticas das economias e dos recursos produtivos. Entre esses há temas como relações centro-periferia, processos cumulativos, fontes de localização industrial, transportes redes, *spillovers* tecnológicos, ligações e causação circular e outros fenômenos que podem explicar as relações geoeconômicas internacionais entre as economias mundiais. No que diz respeito ao comércio internacional, outros aspectos relevantes devem ser investigados, como a especialização internacional, agrupamentos industriais, relações entre comércio externo e geografia interna, evolução e diferenças tarifárias, bem como os diversos ins-

94 • Economia Industrial | Teoria e Estratégias

trumentos diferentes do comércio legal dos países, entre outros. Além disso, a inevitável globalização acompanhada de livre comércio traz conflitos entre economia e geopolítica, devido às limitações das realidades políticas de diversos países.

As transformações na estrutura produtiva que então ocorreram não se deram apenas no montante de produtos gerados ou nos processos tecnológicos. Em anos mais recentes, particularmente após a década de 1980, a economia mundial se caracterizou por mudanças substanciais na natureza da produção e as demandas por bens e serviços começaram a ser atendidas por uma economia mundial ou transnacional. Junto ao aumento da integração vertical das empresas multinacionais ocorreu a expansão das zonas de processamento, o que levou a mudanças significativas nos padrões do comércio. Com base nas indústrias manufatureiras, uma das características dessa evolução, representada pelo aumento do comércio de insumos intermediários, expandiu-se posteriormente para outros setores, como para a indústria de serviços. Esses insumos intermediários são intensamente trocados no espaço de cadeias internacionais de produção e importados no processamento dessas zonas geoeconômicas para fins de produção e posterior exportação.

Essa crescente globalização dos negócios e a fragmentação cada vez maior dos diferentes estágios do processo de produção das empresas entre os países, associadas à integração vertical das multinacionais e intensificada nos anos de 1980, têm aumentado a importância do comércio intrafirma também no domínio dos serviços, desde a década de 1990.

Como salienta Castells (1999, p. 419):

> O novo espaço industrial é organizado em torno de fluxos da informação que, ao mesmo tempo, reúnem e separam — dependendo dos ciclos das empresas — seus componentes territoriais. (...) a nova lógica espacial se expande criando uma multiplicidade de redes industriais globais, cujas intersecções e exclusões mudam o próprio conceito de localização industrial de fábricas para fluxos industriais?

Desde então, a internacionalização de capital, que vinha aumentando lentamente desde o início do século, passou a se desenvolver mais intensamente com as empresas multinacionais e posteriormente transnacionais, o que resultou na globalização mundial das atividades econômicas. Para esse processo de maior integração, a contribuição dos serviços foi fundamental no campo dos transportes e das comunicações, facilitando as configurações das instalações de produção das empresas multinacionais. Além do mais, essas configurações são sustentadas por meio de serviços sofisticados de planejamento e também por serviços financeiros internacionais, que asseguram inter-relacionamentos nos canais de produção e distribuição, desempenhando o papel relevante no fluxo da economia internacional. Dessa forma, grupos sofisticados de serviços estão substituindo as atividades manufatureiras tradicionais enquanto setores líderes de economias avançadas e possivelmente das economias em desenvolvimento (KON, 2016b).

Castells (2007) observa que o novo espaço industrial é organizado em torno dos fluxos de informações que, simultaneamente, reúnem e separam as parcerias regionais, dependendo das fases dos ciclos de negócios dos vários países. A nova lógica espacial da globalização se expande, criando uma multiplicidade de redes industriais globais de bens e de serviços, em que suas interseções e exclusões mudam o próprio conceito de localização industrial, anteriormente focado em plantas industriais, para o conceito de fluxos industriais e serviços, não necessariamente ligados espacialmente a uma só planta.

Especialmente com o início do período da denominada Economia da Informação, a partir dos anos de 1990, as mudanças tecnológicas ligadas a esta nova fase econômica mundial, impulsionadas pela difusão da microeletrônica, tiveram como resultado direto uma integração cada vez maior de serviços e bens nos processos produtivos. Dessa forma, concomitantemente à distribuição eficaz internacional de mercadorias, a disseminação de serviços ligados ao conhecimento e à informação tem tido um papel significativo no sistema econômico global. Além disso, naquela década, no percurso para o desenvolvimento tecnológico e para a intensificação da globalização das economias, foram gradativamente forjados novos sistemas de produção, distribuição e acesso ao consumo das economias, bem como novas formas de concorrência entre as empresas que prevaleceram em diferentes áreas geoeconômicas. Observou-se uma integração financeira internacional, com maiores volumes e velocidade de circulação dos recursos disponíveis.

Do ponto de vista empresarial, a globalização implicou o desenvolvimento de semelhanças na estrutura da demanda e uma estrutura da oferta homogênea entre os diferentes países. Porém, não só o produto diferenciado, mas também, e acima de tudo, a tecnologia dos processos produtivos impulsionou a concorrência entre as empresas. A competitividade tecnológica passou a implicar também na elevação dos custos de pesquisa para desenvolver produtos existentes e criar novos produtos e serviços, sendo uma maneira mais sofisticada de satisfazer a demanda e prestação de serviços técnicos. As empresas passaram paralelamente por uma reestruturação geográfica, com o objetivo de competir em nível mundial, em busca de vantagens comparativas de cada país (SVETLICIC, 1993).

Algumas pesquisas mundiais (UN, 2002) mostram que, em tais condições, muitas vezes a oferta de produtos está interligada em nível mundial, com a crescente cooperação entre as empresas que chegam a um acordo sobre distribuição dos mercados e troca de *know-how* tecnológico, partilha dos riscos e custos financeiros. O crescente número de fusões em todo o mundo confirma a elevação da atividade das empresas transnacionais que atuam dessa forma e que mostram um padrão de concentração espacial, a fim de servir os grandes blocos econômicos regionais criados.

96 • Economia Industrial | Teoria e Estratégias

Por outro lado, com a mundialização acelerada, as políticas econômicas de cada país tornam-se consideravelmente condicionadas por fatores externos, em uma tentativa de alcançar os objetivos de competitividade internacional e participação ativa no processo de inter-relação mundial. Em cada economia local, o ritmo de internacionalização das atividades é influenciado, em grande medida na atualidade, por políticas públicas internas que buscam a compatibilidade com as exigências de aumento dos fluxos de trocas comerciais entre os países. Nesse contexto, os reflexos do progresso tecnológico acelerado das últimas décadas e do processo de globalização econômica foram marcantes sobre a natureza do trabalho e da sua distribuição nacional e internacional, bem como, particularmente, sobre as condições de internacionalização de serviços.

As consequentes mudanças na estrutura de produção não dizem respeito apenas à quantidade de produtos gerados ou de processos tecnológicos criados. Nos últimos anos, a economia mundial foi marcada por mudanças substanciais na natureza da produção, e a formação da infraestrutura econômica mundial sistêmica, como já mencionado, buscou adaptar-se à demanda diferenciada por novos bens e serviços. Desde então, o aumento da internacionalização do capital, que partiu de uma etapa de multinacionalização da produção de firmas específicas, passou para a emergência de um produto transnacional elaborado por meio de uma multiplicidade de empresas transnacionais, ou seja, levou ao crescimento gradual da mundialização da produção econômica com a distribuição de etapas do processo produtivo de um produto por vários países (MAURER; DEGAIN, 2010).

Outro fenômeno verificado com o processo de mundialização diz respeito a alguns padrões do comércio internacional que têm mudado favoravelmente em direção à comercialização entre países desenvolvidos e em desenvolvimento. Nesse processo de comércio global em transformação, alguns preços de bens primários caíram ou se elevaram de acordo com a demanda internacional globalizada, seja em momentos de crise ou de desenvolvimento. Como consequência, o papel dos países em desenvolvimento no comércio global também está mudando, de acordo com sua especialização ou vantagens comparativas nessas mercadorias. Ampliam-se na atualidade o debate sobre a possibilidade de o declínio relativo dos preços das *commodities* ser permanente ou transitório, pois os países em desenvolvimento que dependem dessas exportações já sofreram pesadas perdas econômicas e poderão continuar retardando o seu crescimento e desenvolvimento econômico. Em resposta a essas mudanças em seus termos de comércio, muitos países em desenvolvimento estão procurando aumentar a parcela de bens manufaturados e também de serviços comerciais em suas exportações, incluindo as exportações para os países desenvolvidos (OCDE, 2009; WORLD BANK, 2008).

Assim, na atualidade, alguns serviços, como de Pesquisa e Desenvolvimento, transportes, seguros, bem como os direitos de propriedade intelectual, adquiriram uma participação muito maior no conteúdo nacional de um produto manufaturado do que a fabricação do produto propriamente dita (MAURER; DEGAIN, 2010). Outro fator que tem um impacto relevante sobre o sistema multilateral de comércio internacional em geral e, consequentemente, sobre a tomada de decisão das empresas são os Acordos Comerciais Regionais (ACR), que são frequentemente analisados a partir de perspectivas jurídicas e econômicas, mas também por meio do ponto de vista da economia política. Esses acordos são considerados os instrumentos mais eficazes entre as relações de políticas comerciais convencionais, devido tanto às motivações que lhes dão origem como aos efeitos que eles exercem sobre as partes excluídas da comercialização. Os analistas observam que nenhum conjunto de dados objetivos consegue captar todas as considerações subjetivas que afetam as decisões dos países de entrarem nessas negociações ou, ainda, a sua conduta no contexto desses acordos. No entanto, a análise que leva a essas decisões é realizada com o pleno reconhecimento do fato de que as negociações econômicas internacionais são empreendidas de modo multifacetado para cada condição e momento específico (VANGRASSTEK, 2008).

Como resume Michalet (2002), essas transformações apresentam, particularmente, quatro dimensões: a mudança de escala e de extensão dos espaços de produção (dimensão mundial ou planetária, a multiplicação de interdependências entre empresas (globalização), o aparecimento de referências culturais e informacionais mundializadas e, também, o movimento orgânico que engloba o capital (capitalismo mundial). O autor salienta que a transnacionalização cria fortes diferenciações e desigualdades mundiais. Não mais é observada a integração do mercado cujo preço único estabelece as condições de equilíbrio, que dão lugar à concorrência exacerbada que é representada pela capacidade de algumas economias se sobressaírem a outras, embora interconectadas.

O autor mostra também como a governança e o conjunto de regulações produzidos por uma pluralidade de atores independentes podem servir de base para o funcionamento de um sistema complexo que não leva automaticamente a um mecanismo de equilíbrio. Considera que se observa o fim da coerência entre território e poder que formam o Estado-nação, o que leva a novos territórios e espaços de regulação mundiais, ou seja, regiões transnacionais e distritos industriais marshallianos (globais).

Outros autores estudam a relação entre a globalização econômica e financeira, o papel das empresas e o Estado-nação enquanto fenômeno econômico, político, jurídico, geográfico e social. Mostram a diminuição do papel do Estado-nação nesse contexto global e salientam que não mais é possível o raciocínio em termos de eficácia econômica ou lucrativa de uma classe de agentes produtores, pois estão em jogo também os efeitos sobre outros aspectos políticos e sociais que levam às desigualdades (STIGLITZ, 2002; AKTOUF, 2013; BELGAID, 2014).

Dessa forma, são destacados alguns fatores que influenciam cada vez mais as condições da internacionalização do capital e as decisões das empresas: os laços entre a economia e a política, as questões migratórias que levam a modificações na repartição da população mundial, a dimensão mundial e regional específica do conhecimento e das competências associadas a aspectos do desenvolvimento das tecnologias de informação e comunicação, bem como a dimensão de aspectos ilícitos ou criminosos que caracterizam zonas de não governança na economia mundial (MICHALET, 2002).

O fenômeno da fragmentação internacional da produção originou a formação de cadeias de valor, particularmente em setores industriais em que as técnicas específicas da produção permitem a separação do processo produtivo em etapas distintas no tempo e no espaço (UNCTAD, 2013a). As cadeias de valor são definidas como o conjunto de atividades necessárias à produção e entrega do produto ao consumidor final. A característica básica consiste em que a produção se dá em estágios que agregam valores adicionados, ou seja, em cada estágio do processo produtivo o produtor adquire insumos e emprega fatores de produção (capital, terra e trabalho), cujas remunerações irão compor o valor adicionado. Esse mecanismo se repete nos próximos estágios, de modo que o valor anteriormente adicionado se transforma em custo para o próximo produtor.

Assim, a origem de cadeias internacionais de valor está ligada a dois processos estreitamente inter-relacionados, representados de um lado pela fragmentação das atividades produtivas que são distribuídas em diferentes países e regiões e, de outro lado, pelo desenvolvimento de diferentes modelos de coordenação da produção fragmentada. Os dois processos foram possibilitados por avanços na tecnologia de informação e conhecimento e resultaram em ruptura com os modelos de comércio tradicional, em que os produtores vendem espontaneamente para compradores desconhecidos, bem como com o modelo da integração vertical das transnacionais das décadas de 1960 e 1970 e, dessa forma, substituíram as formas de relações de troca estruturadas entre empresas de diferentes países (ALTENBURG, 2007; VEIGA; RIOS, 2014).

No entanto, as formas de coordenação anteriores exclusivamente por meio do mercado não desapareceram, mas assumiram o desenvolvimento de formas de organização razoavelmente estáveis entre as empresas, combinando, em distintos graus, componentes de hierarquia e *networking*. Paralelamente às novas tecnologias de "numerização" que facilitaram a modularização do desenho e da produção, a acumulação de experiência em produção manufatureira pelos países em desenvolvimento possibilitou que essas economias pudessem absorver atividades e funções das cadeias que antes se concentravam em países desenvolvidos (VEIGA; RIOS, 2014).

As cadeias de valor que, de um modo inicial, se circunscreviam apenas ao contexto econômico interno de um país não são um fenômeno novo, mas a sua velocidade e escala, bem como sua complexidade, aprofundaram a globalização econômica geograficamente por meio da inclusão de mais países, tanto setorialmente — ao afetar os resultados da produção e afetar a estrutura produtiva — quanto funcionalmente, pois inclui não apenas as etapas de produção e distribuição das empresas, mas também de

P&D e inovação. A cadeia de valor de um bem é composta por um conjunto de atividades inter-relacionadas no ciclo produtivo — desde a pesquisa e o desenvolvimento, *design* e fabricação, até a fase de distribuição final e outros serviços pós-vendas — que envolve a criação de valor do referido bem. O conjunto de etapas pode ser desempenhado dentro de uma mesma firma ou por mais de uma firma; se esse conjunto de firmas encadeadas se alocar em mais de um país, então estará formada uma cadeia de valor que é global (ZHANG; SCHIMANSKI, 2014).

O significado de Cadeias Globais de Valor (CGV) pode, então, ser compreendido como um desenvolvimento no processo da gestão global da cadeia de suprimentos das empresas (*supply chain management*), em relação ao modelo anterior de gerenciamento do fluxo total de bens entre fornecedores e os usuários finais, e seu foco principal recai sobre os custos e a excelência operacional do abastecimento. Em CGVs, os bens são produzidos com insumos provenientes de diferentes países e, consequentemente, as exportações de um país dependem cada vez mais do valor acrescentado pelas indústrias fornecedoras (ZHANG; SCHIMANSKI , 2014).

A dinâmica de funcionamento das CGVs tem como base as competências específicas das firmas líderes lhes dando vantagem competitiva e permitindo obter taxas de lucro acima da média. Como contrapartida, as firmas subordinadas na cadeia ficam em posição negociadora mais fraca e sua participação ocorre em espaços da cadeia em que as barreiras à entrada de novos competidores são mais baixas e estão permanentemente sujeitas a serem substituídas por outras fornecedoras. Nesse sentido, a posição de uma empresa na rede das relações que compõem a cadeia definirá os benefícios que esta retira de sua participação na cadeia, de modo que as firmas que detêm posição central nas cadeias são as que conseguiram gerar e reter competências e recursos que dificilmente serão replicados por seus competidores e outros que lhes permitem coordenar atividades e funções diversas, mas que concorrem para um mesmo objetivo de redução dos custos (VEIGA; RIOS, 2014).

Esse novo paradigma produtivo ganhou relevância porque se intensificaram os fluxos de comércio decorrentes da terceirização de estágios produtivos e, por outro lado, tais fluxos vêm se desenvolvendo entre países pobres e ricos. A partir disso, algumas pesquisas mostram que essa nova relação pode ser benéfica aos países menos pobres, pois se observa um aumento na participação na renda e nas exportações mundiais auferidas pelos emergentes nas últimas décadas (UNCTAD, 2013b; ZHANG; SCHIMANSKI, 2014; VEIGA; RIOS, 2014; OLIVEIRA, 2014; CEBRI, 2014).

Por outro lado, entre as causas da intensificação dos fluxos das CGVs estão a considerável redução dos custos de comércio desde 1990 acompanhadas do aumento dos investimentos em liberalização comercial no período. Nesse contexto, as exportações mais competitivas dependem do fornecimento eficiente de insumos e do acesso a produtores e consumidores que compõem a cadeia de valor. Muitos países, então, se especializam no fornecimento de funções comerciais e de serviços, em vez de focarem em produtos tangíveis (KON, 2016b).

Liping Zhang e Silvana Schimanski mostram que, particularmente em países em desenvolvimento, são observados diversos impactos potenciais na formulação de políticas comerciais, industriais e macroeconômicas sobre a possibilidade das empresas de concorrer nesse processo internacional de produção. Dessa forma, além de voltar-se para a análise de relações entre empresas que operam em determinados setores ou linhas de produção, o enfoque das CGVs desde meados dos anos 2000 tem sido gradualmente ampliado para a observação do contexto nacional das discussões sobre as estratégias de inserção internacional e desenvolvimento, com vistas ao planejamento e à implementação de políticas mais adequadas para viabilizar a maior inserção das economias em desenvolvimento nessas cadeias globais de valor.

Esses autores concluem que o interesse na formulação de políticas para inserção dos países em desenvolvimento nas cadeias de valor tem como estímulo a possibilidade de que a fragmentação internacional da produção possa abrir espaço para que essas pequenas economias possam capturar um espaço próprio nas etapas ou tarefas produtivas específicas, no sentido de viabilizar um caminho mais direto e rápido para sua industrialização e crescimento. Dessa forma, seria configurada a estratégia de industrialização baseada na maior abertura da economia e inserção internacional, em contraste às políticas de substituição de importações, que visavam promover a implantação de parques industriais integrados nas economias em desenvolvimento.

Na atualidade, observa-se que, com a dispersão do processo produtivo, as exportações de um país contêm cada vez mais valor estrangeiro adicionado por meio de importações de insumos ou produtos intermediários e, dessa forma, o valor agregado por um bem exportado é composto tanto pelo valor adicionado domesticamente quanto pelo valor agregado de conteúdo estrangeiro. Assim, a taxa de participação nas CGVs é resultante desses dois fluxos, que incluem o valor importado de outros países (perspectiva produtiva montante) e o valor exportado para outras economias (perspectiva produtiva jusante). Um indicador relevante para a verificação do nível de integração de uma economia em redes internacionais de produção é dado pela divisão do valor dessas duas variáveis pelo total das exportações (UNCTAD, 2013b).

Em suma, o novo paradigma com a ascensão das CGVs está reformulando não apenas a estrutura e os processos de produção das empresas, mas também a dinâmica dos fluxos comerciais em todo o mundo. Os bens de um país, produzidos e exportados com insumos provenientes de diferentes países, dependem cada vez mais do valor acrescentado por diferentes fornecedores, e a inclusão e o nível de participação dos países em desenvolvimento nas CGVs estão atrelados às dificuldades oriundas de condições de disponibilidade de recursos naturais e produtivos ao nível de desenvolvimento industrial, bem como de sua posição geográfica que possibilite sua integração a cadeias regionais de valor.

CAPÍTULO 7

As Mudanças de Paradigma: As Contribuições de Schumpeter e Coase

• • •

7.1 Introdução

A aceleração no desenvolvimento e na diversificação das atividades manufatureiras na primeira metade do século XX motivou a nova visão sobre as características, o comportamento e o papel dessas atividades como indutoras do desenvolvimento econômico. As escolas de pensamento que se desenvolveram então resultaram das críticas ao equilíbrio neoclássico e enfatizam especialmente o comportamento individual das empresas e dos mercados, durante os processos de crescimento, as transformações tecnológicas, a concentração e diversificação de produtos, onde não se aplicam as condições de concorrência perfeita e onde as condições institucionais específicas interferem no sistema econômico. Nesse contexto, o progresso tecnológico não é exógeno ao modelo de produção da empresa e torna-se endogenamente incorporado às decisões dos agentes de crescimento.

Este capítulo visa analisar a reconstrução teórica do comportamento das empresas, introduzido por Ronald Coase e Joseph Alois Schumpeter, que influenciaram as análises posteriores conhecidas como visão neoschumpeteriana ou evolucionista. Essa nova linha de pensamento a respeito das decisões da empresa surgiu da necessidade de uma abordagem metodológica diferente para explicar algumas situações novas com as quais a teoria tradicional não poderia lidar. Discute-se que o novo método inclui uma mudança de perspectiva teórica sobre uma vasta gama de questões, abordando as ideias evolucionistas. É observada a forma como os teóricos explicam as mudanças evolutivas nas premissas teóricas ortodoxas — que apresentam um sentido descritivo sobre a condição "ideal" da estrutura de equilíbrio da empresa e da economia — em direção às premissas evolucionárias, que mostram uma perspectiva evolutiva a partir da observação da realidade econômica, que apresenta um dinamismo e desequilíbrio constantes, resultantes das capacitações diferenciadas das firmas e dos comportamentos diferentes dos tomadores de decisão.

De uma maneira diferente da teoria econômica neoclássica, a preocupação da Teoria Evolucionista se volta especialmente ao comportamento das instituições e organizações em um ambiente de mercado e com os diversificados processos produtivos e regras de decisão, em curto e longo prazos, que conduzem ao desenvolvimento econômico. Enquanto a teoria neoclássica tradicional desenvolve uma análise do equilíbrio geral, em que as empresas buscam a maximização do lucro a partir de um dado conjunto de escolhas bem definido e exógeno, o pensamento evolutivo visa lidar principalmente com algumas questões, como a competição dinâmica e os efeitos do progresso técnico incorporado ao processo produtivo.

Como salientado por Richard Nelson e Sidney Winter (1982), a empresa teórica não é apenas uma "caixa preta", onde o equilíbrio é procurado, mas suas entradas e saídas de canais podem ser modificadas por diferentes conjuntos de ações. A proposta dos analistas evolucionistas é reconstruir os fundamentos teóricos do comportamento das empresas, ao criticar o chamado pensamento "ortodoxo" e incluir novas variáveis relevantes observadas sobre a competição econômica dinâmica atual.

Essas diferenças metodológicas entre os dois pressupostos teóricos quanto ao comportamento da empresa tem explicações históricas. A Microeconomia clássica tradicional origina-se da chamada Escola Inglesa de análise econômica, fundada no século XIX, que era tida como a única aceita até o início do século XX e enfatiza a característica dedutiva da ciência econômica. Em contraste, a nova visão sobre as características da empresa e sobre as aptidões e decisões diversificadas das empresas foi derivada, no início do século XX, a partir das escolas institucionais e históricas com origem na Alemanha e nos Estados Unidos, herdando uma tradição que enfatiza o comportamento dinâmico e econômico da firma.

Esse comportamento reflete diferentes capacidades da empresa e estrutura institucional da sociedade, sob a influência das forças econômicas que causam as mudanças na organização institucional existente (WILLIAMSON, 1998; ARROW, 1982). Assim, caracteriza-se como uma disciplina indutiva, que observa o comportamento empírico da empresa para construir uma teoria geral mais conectada com a realidade.

Dessa forma, o capítulo analisa o processo de transformação metodológica na construção da Teoria Evolucionista, analisando a forma como seus autores explicam a insuficiência da teoria ortodoxa para explicar a nova realidade econômica, a partir do início da segunda metade do século XX, como um resumo dos debates iniciados pelos críticos da abordagem de equilíbrio.

As duas primeiras seções analisam os antecedentes teóricos das reformulações metodológicas e as ideias de Ronald Coase e Schumpeter sobre as decisões da empresa no processo de produção, desde que o pensamento evolucionista gerou conceitos reformulados no comportamento e na estrutura da empresa no contexto de uma nova forma de concorrência e desenvolvimento econômico.

7.2 Schumpeter, inovação e desenvolvimento econômico

As discussões teóricas apontadas anteriormente mostram as primeiras manifestações das transformações metodológicas que posteriormente inspiraram as ideias dos estudiosos que definiram um novo conjunto de conceitos que fazem parte do corpo teórico da economia evolucionista. No início das discussões, desde a década de 1920, dois autores relevantes, Joseph Alois Schumpeter e Ronald Coase, se destacaram neste debate devido à sua contribuição particular para a elaboração das premissas básicas sobre esta nova visão evolucionista a respeito do comportamento da empresa, mercado e tecnologia, que levou a uma quebra do paradigma neoclássico anterior.

Schumpeter já havia desenvolvido suas primeiras ideias sobre o sistema econômico, na primeira década do século XX, publicando seu primeiro livro em 1908, quando tinha 25 anos, *A Natureza e a Essência da Economia Política*, e, em 1912, *Teoria do Desenvolvimento Econômico*, cujo objetivo foi determinar as características básicas dos fluxos de atividades econômicas no tempo. Mais tarde, escreveu uma síntese da evolução da ciência econômica e seus métodos, reunindo as ideias dos economistas fisiocratas, clássicos e neoclássicos. Vivendo no mesmo período e no mesmo ambiente europeu de Keynes e Bohm-Bawerk, com quem trocou textos e debateu, Schumpeter salientou a necessidade de mudanças nos conceitos teóricos da economia, juntando-se aos debates pós-marginalistas no período, na defesa de algumas visões de Marx e Walras. Dessa forma, ele usou os métodos de análise histórica e matemático-econométricos.

Sua principal contribuição para a formulação das premissas evolucionárias refere-se à visão dinâmica do processo capitalista que incorporou à ideia do modelo de equilíbrio estacionário geral concebida por Walras. Este descrevia o fluxo circular da vida econômica, que constantemente se repete, analogamente ao fluxo circular do sangue em um organismo animal, porém conservando as mesmas condições estruturais e lucros normais. Nesta visão walrasiana, o crescimento é equilibrado devido ao ritmo de expansão demográfica; os consumidores e produtores ajustam-se às quantidades de demanda e oferta e aos preços de mercado, e não há investimentos além daqueles necessários para manter o crescimento econômico no mesmo nível do demográfico. A concepção mais simples do sistema econômico como um fluxo circular em que todos os produtos produzidos encontram um mercado implicava que a demanda está sempre pronta à espera da oferta, não há defasagem entre receitas e despesas e o dinheiro tem apenas o papel de facilitar a circulação de bens e serviços. A tendência de equilíbrio do sistema fornece os meios para a determinação dos preços e quantidades dos bens e serviços, de modo a se adaptarem às condições prevalecentes em cada momento de maneira contínua.

104 • Economia Industrial | Teoria e Estratégias

Schumpeter (1934, p. 61) iniciou sua concepção própria da vida econômica por meio da percepção da ideia de que o fluxo circular e seus canais de circulação se alteram no tempo e que deve ser abandonada a analogia com o sistema de circulação do sangue, pois, neste último, as alterações são pequenas, de modo que não alteram consideravelmente a estrutura do sistema. Schumpeter admite mudanças estruturais significativas nas experiências da vida econômica que não são explicadas pelo fluxo circular estático. Fatores exógenos podem ocasionar choques que causam distúrbios neste fluxo circular estacionário, podendo conduzir a flutuações cíclicas. Para o autor, a análise tradicional não é capaz de predizer as consequências dinâmicas das mudanças descontínuas que ocorrem na observação da realidade. Não consegue também explicar a ocorrência de revoluções produtivas determinadas pela tecnologia e os fenômenos que as acompanham que não conduzem ao equilíbrio. Assim, na visão do autor, o desenvolvimento econômico deve ser visto como uma sucessão de mudanças estruturais descontínuas nos canais do fluxo circular devido a mutações endógenas de fatores internos às empresas. A mudança tecnológica, portanto, deve ser entendida como um distúrbio espontâneo e interno que produz uma resposta complexa e não adaptativa às condições vigentes, que deslocará a configuração de equilíbrio prevalecente, de modo descontínuo e permanente (SCHUMPETER, 1934, p. 62-63).

A visão dinâmica de Schumpeter, a partir disso, destaca o papel do empresário, que tem a capacidade de visualizar novas oportunidades, novos métodos, novas organizações e novos mercados, agindo por meio de inovações. Esses projetos ocorrem por meio da realização de ações, como novas combinações de recursos existentes, novos métodos, novas fontes de matérias-primas, nova organização das empresas e dos mercados, novos produtos com melhor qualidade e menor custo. Essas ações têm, como resultado final, transformações estruturais relevantes no sistema econômico que levam não ao crescimento estático, mas ao desenvolvimento, ou seja, a produção *per capita* e os níveis de bem-estar não repetem apenas as condições do período, mas a função de produção agregada passa por mudanças estruturais irreversíveis que conduzem ao desenvolvimento.

O dinamismo econômico é mantido por novas empresas que são criadas e crescem por meio de novas oportunidades, enquanto as empresas antigas, que não podem segui-las, se retraem. O consumo segue o crescimento, e o sistema econômico é conduzido a um desequilíbrio até que a economia passe por um processo de ajustamento para se adaptar à nova situação, que a conduz à modernização das empresas, à expansão de novos mercados e, finalmente, à racionalização e reconstrução de novas estruturas (SCHUMPETER, 1934).

A relação entre desenvolvimento capitalista e flutuações cíclicas faz parte dessa nova visão, que define os ciclos de desenvolvimento motivados por ondas de inovações que se sucedem. Esses ciclos são causados, entre outros motivos, pelo uso do crédito por parte do empresário para a efetivação de novas empresas, que é seguido por um aumento dos juros (que eram zero no sistema estacionário), o que estimula a atividade especulativa e a expansão monetária, paralelamente ao crescimento explosivo (*boom*) das atividades produtivas. Em alguns casos, com o pagamento de empréstimos, novas ondas de inovação chegam a perder sua própria força, o que dá lugar à liquidação de empresas que não podem se manter, à autodeflação, contração, depressão e até a recuperação, quando um novo ciclo é iniciado com o surgimento de uma outra onda de inovação.

Assim, a essência do desenvolvimento econômico é moldada por meio de uma estrutura dinâmica, transformadora, desequilibrada e constantemente em evolução, conceito que foi adotado como base para as novas premissas evolucionárias e neoschumpeterianas, em que persiste a ideia darwiniana de sobrevivência das empresas que são mais capazes de se ajustarem a esse dinamismo.

7.3 O papel da inovação na interpretação de Schumpeter

Nos textos de Schumpeter estão implícita ou explicitamente suas ideias sobe o papel da inovação no processo de desenvolvimento econômico das empresas e das economias. Como visto, para o autor, as empresas, no ambiente competitivo em que atuam, não devem basear suas estratégias empresariais de crescimento e maximização dos lucros apenas na variável preço, mas devem tornar-se competitivas:

> ... através de novas mercadorias, novas tecnologias, novas fontes de oferta, novos tipos de organização (a grande unidade de controle em larga escala) — concorrência que comanda uma vantagem decisiva de custo ou qualidade e que atinge não a fímbria dos lucros e das produções das firmas existentes, mas suas fundações e suas próprias vidas. A eficiência desse tipo de concorrência, perto do outro, é assim como um bombardeio comparado a se forçar uma porta — e é tão mais importante que passa a ser relativamente indiferente saber se a concorrência no sentido comum funciona mais ou menos prontamente; em qualquer dos casos, a poderosa alavanca que, no longo prazo, expande a produção e reduz os preços é feita de outro material (SCHUMPETER, 1978, p. 114).

Dessa forma, o entendimento de como a tecnologia afeta a economia é, para ele, vital para a compreensão da dinâmica das sociedades contemporâneas, desde que a implementação de novos processos de produção exige a realização de investimentos na esfera da produção por meio da renovação tecnológica e das inovações. Schumpeter considera o processo de mudança tecnológica como o impulsionador prioritário do desenvolvimento capitalista (SCHUMPETER, 1939, p. 106).

Ao longo do tempo, a cada onda de investimentos em tecnologia, uma nova onda de inovação é gerada, embora o comportamento dos investimentos tecnológicos não seja linear, mas há uma tendência de crescimento no longo prazo. A visão tradicional, anterior a Schumpeter, sobre o papel exógeno da tecnologia no processo produtivo, considera a indústria manufatureira como a força impulsionadora da economia pelo fato de serem o *locus* das inovações tecnológicas, enquanto os serviços são passivos, já que os avanços tecnológicos nestas atividades de serviços são dominados e induzidos pelas manufaturas e apenas adotam aquelas inovações, e não as induzem (KON, 2016b). De modo contrário, Schumpeter tinha uma visão ampla do que seriam mudanças tecnológicas e inovações ao identificar cinco espécies diferenciadas: inovação no produto, inovação no processo, inovação no mercado, inovação em um novo insumo e inovação organizacional (SCHUMPETER, 1934, p. 66).

A ideia tradicional, portanto, é refutada pelo autor, quando este define a noção de ondas de destruição criativa, em que a redefinição estrutural das empresas e das economias pode tomar várias formas não usuais. Nesse sentido, a ideia de tecnologia tangível ou de mudanças físicas no produto e nos processos é apenas parte da inovação e são identificadas inovações intensas em atividades de serviços, que induzem o crescimento das manufaturas. O processo empreendedor, na concepção de Schumpeter, é observado como uma continuidade que, ao criar novos processos, novos produtos manufaturados, mas, principalmente, de serviços, destrói a firma que não se submete à nova dinâmica, que perde importância no mercado, pois as empresas inovadoras é que impulsionam as novas solicitações do mercado e, ao mesmo tempo, orientam os demais agentes econômicos para as novas preferências dos clientes. Este processo, na concepção de Schumpeter, é tratado como "destruição criativa".

A forma pela qual Schumpeter trata a questão da destruição criadora, como decorrente da introdução no mercado de novos produtos, novos processos, novas formas de administração da produção, mostra que a motivação do processo está na visão do empresário sobre a possibilidade de auferir lucros monopolistas associados à inovação. Mesmo que temporários, esses lucros estimulam os investimentos em bens de capital, bem como a introdução de novos produtos ou serviços, contribuindo não apenas para o crescimento mas ainda para o desenvolvimento econômico. A dinâmica produtiva explicada pelo autor por meio da inovação, além de referir-se a processos e formas de produção tecnologicamente novos introduzidos por meio de máquinas e equipamentos, inclui, particularmente, investimentos em produtos intangíveis que, como visto nesse processo, estão relacionados à inovação do processo, do mercado e organizacional.

Nesse contexto, o empreendedor é o responsável pela realização das novas combinações, ou seja, pela inovação, e, segundo Schumpeter, esses novos processos criados podem

As Mudanças de Paradigma: As Contribuições de Schumpeter e Coase • 107

trazer o estímulo para a geração de outras inovações. O autor salienta que a inovação apresenta uma característica essencial inusitada que é posta em prática e que, posteriormente, será levada pelo empresário a outros empreendedores do mesmo ramo, ou seja, a inovação se difunde através da imitação (SCHUMPETER, 1934, p. 88-89).

Como salienta Schumpeter (1934), a difusão da inovação e a imitação requerem competência e aprendizado ou conhecimento pelos agentes para absorver os novos códigos introduzidos, para que seja possível a percepção de que os princípios básicos da inovação podem ter mais de uma aplicação específica da forma pela qual a inovação poderá ser aplicada a novas soluções para situações diversas. Drejer (2002, p. 11) discute que o aprendizado ocorre no processo de inovação e difusão e que esse aprendizado potencializa o potencial para futuras inovações. No entanto, o aprendizado não é um conceito que foi discutido por Schumpeter, embora ele fale sobre a criação de novo conhecimento em relação à invenção e inovação considerando que esse novo conhecimento não é economicamente relevante se a invenção não é levada à utilização na prática

Assim, as contribuições dos empreendedores são fundamentais, não como tomadores de decisão que buscam o equilíbrio da empresa pela maximização do lucro, mas sim, de acordo com a análise do desenvolvimento econômico feita pelo autor, como indivíduos com visão ampla, dispostos a arriscar na incerteza e como investidores em novos produtos de serviços. Essa disposição do empresário para desafiar o sistema anterior de tomada de decisão objetiva conseguir a implementação de melhorias nos processos operacionais, criando simultaneamente um novo conjunto de valores para todos os agentes envolvidos, inclusive consumidores.

O autor considera que a análise tradicional pode lidar com as consequências das mudanças nas condições naturais ou nas condições sociais não econômicas, porém não consegue lidar com as condições em que o sistema econômico passa por mudanças em suas próprias condições econômicas, ou seja, a análise tradicional não é capaz de predizer as consequências dinâmicas das mudanças descontínuas por meio da forma tradicional de tomada de decisões; não consegue explicar também a ocorrência de revoluções produtivas nem os reflexos que as acompanham (SCHUMPETER, 1934, p. 62-43).

Um dos pontos principais de referência na avaliação do papel da inovação no contexto da transformação econômica, portanto, parte da noção original schumpeteriana sobre as cinco espécies de inovação. Para ele, a inovação é fortemente relacionada ao desenvolvimento econômico que é impulsionado pela emergência descontínua de novas combinações que são economicamente mais viáveis do que a maneira anterior de conduzir a produção (DREJER, 2002, p. 8). A análise do desenvolvimento econômico de Schumpeter mostra em que ponto o sistema Walrasiano de equilíbrio neoclássico não consegue explicar a tendência ao desenvolvimento econômico, limitação esta originada pelo fato de que a tecnologia é considerada exógena ao processo produtivo. A nova visão dinâmica do processo produtivo é explicada por meio da atividade empresarial que resulta em inovação endógena.

Entre as atividades que desenvolvem a dinâmica das mudanças estruturais que levam ao desenvolvimento econômico, Schumpeter concede especial importância aos serviços financeiros, particularmente aos creditícios, que exercem um papel fundamental para a criação de novas combinações ou inovações, tendo em vista que o crédito efetiva a rápida distribuição de recursos necessários aos inovadores, possibilitando-lhes mover estes recursos de aplicações menos rentáveis para financiar inovações mais dinâmicas. Sendo a inovação descontínua, envolvendo mudança considerável e sendo, no capitalismo competitivo, incorporada em novas firmas, requer grandes gastos prévios à emergência de qualquer renda, e o crédito torna-se um elemento essencial no início do processo. Apenas em uma segunda fase, a grande quantidade de meios de pagamentos demandada para o processo de desenvolvimento capitalista será coberta pelos retornos da nova produção, congregada nas instituições financeiras (SCHUMPETER, 1934, p. 69).

O conceito original de que existe inovação organizacional está estreitamente relacionado com a necessidade da criação de relacionamentos particulares com sócios, fornecedores, consumidores, autoridades públicas e mesmo competidores. Essas ligações requerem o desenvolvimento de novos serviços que permitam o relacionamento entre agentes internos e externos à firma. Embora a ideia original de Schumpeter se refira à organização industrial (manufatureira), esse conceito foi posteriormente ampliado para explicar os processos de concentração, gerenciamento e uso da informação, que resultaram na criação de setores e indústrias de serviços. No entanto, sua ideia menciona que existem formas de gerenciamento desatualizadas no contexto dos métodos antigos de produção, que são fatores que impedem que os agentes econômicos partam para o processo de desenvolvimento. Portanto, ao menos indiretamente, Schumpeter amplia o conceito de inovação organizacional para abranger outras atividades além da organização industrial manufatureira (DREJER, 2002; KON, 2016b).

Drejer expõe as ideias de uma série de autores que consideram muito estreita a perspectiva schumpeteriana sobre inovação, já que ela não abarca diretamente as especificidades da inovação em serviços em sua teoria sobre desenvolvimento. As críticas mostram outros estudos autônomos, em sua definição sobre inovação, ao incluir atividades que requerem ou resultem em aprendizado, mas que não resultam em novos produtos, processos, mercados nem estruturas organizacionais e tendem a negligenciar os conceitos schumpeterianos de inovação em serviços. Inovações em serviços se, por um lado, são demandadas como insumos da produção manufatureira (sistemas de telecomunicação ou de informação, assessoria técnica, entre outros), por outro, para seu funcionamento demandam produtos manufaturados (redes físicas de telecomunicações, de informática, entre outros produtos) e, dessa forma, é constatada a relevância da indução do desenvolvimento econômico impulsionada pelos serviços (KON, 2016b).

Na atualidade, o conceito schumpeteriano de inovação, entre as inovações não tangíveis introduzidas pelo empresário inovador, que representam mudanças na organização da produção, configura novos tipos de contratos de transações, contratos de transferência de tecnologia e instrumentos financeiros ou outros (licenças e patentes), instrumentos de pesquisa e desenvolvimento, criação de áreas de conhecimento com especialização legal ou metodológica, *layout* otimizado, sistemas integrados de informação, métodos novos ou substancialmente aprimorados de manuseio e entrega de produtos.

Por sua vez, as mudanças schumpeterianas que ocorrem especificamente na estrutura gerencial dizem respeito à forma de articulação entre suas diferentes áreas ou departamentos, nas normas trabalhistas e na conduta de RH, em técnicas reformuladas de organização dos processos de negociação e na divulgação interna do conhecimento sobre a firma, por exemplo. A inovação em mercados diz respeito a serviços destinados ao relacionamento com fornecedores e clientes, como serviços de informação, de manutenção, desenvolvimento de novas aplicações de produtos, entre outros.

No que se refere às propaladas inovações em insumos, a anterior visão de insumos físicos, na forma de matérias-primas, máquinas, equipamentos e outras, é complementada pela percepção das atividades inovativas de serviços que integram o processo produtivo, imprescindíveis para a reformulação estrutural que conduz a maior produtividade, maior retorno aos investimentos e melhor capacidade de sobreviver à competição do mercado. Nesse sentido, esses insumos de serviços são exemplificados como a criação e ampliação do conhecimento incorporado em universidades e centros de pesquisa para o fornecimento de assessoria, desenvolvimento de produtos e outras consultorias, bem como conhecimento agregado em livros, manuais, internet, *softwares*, cursos, informações de clientes e fornecedores. Deve ser destacado que essas formas de inovações em serviços acabam por modelar novos agrupamentos produtivos por meio da agregação de atividades produtivas afins que resultam na criação de setores de serviços com novos conceitos funcionais em áreas de comércio, turismo, lazer e outras (KON, 2016b).

7.4 Ronald Coase: a firma e os custos de transação

Ronald Coase, em seu clássico artigo *The Nature of Firm*, escrito em 1937 quando ainda era universitário, procurou responder ao questionamento sobre a origem do crescimento das firmas. Estabelece conceitos sobre a firma que se diferenciam da visão neoclássica, chamando atenção para diferentes aspectos encontrados na teoria tradicional. Destaca a necessidade de diferenciar entre a situação da firma e a da indústria, na teoria e no mundo real. Citando Joan Robinson, enfatiza as questões que deveriam ser formuladas a este respeito: seriam os pressupostos teóricos neoclássicos tratáveis?

110 • Economia Industrial | Teoria e Estratégias

Correspondem ao mundo real? O autor concorda com a resposta de Robinson de que "muitas vezes um grupo de hipóteses será apenas tratável e outro será mais realista" (COASE, 1996, p. 89) e acrescenta que haverá grupos em que as premissas podem adquirir ambas as conotações.

Dessa maneira, Coase pretende definir no artigo o conceito da firma de uma forma em que a teoria seria viável e realista. A fim de definir a firma, o autor critica o conceito usual da teoria tradicional — tal como expresso pelo político e acadêmico britânico Arthur Salter — de que o sistema econômico normal trabalha por si mesmo e as operações correntes não estão sob algum controle ou inspeção central. Nesse sentido, a oferta se ajusta à demanda e a produção ao consumo, em um processo automático e elástico, que reage como resposta em toda a gama de atividades humanas e necessidades. De acordo com essa ideia tradicional, os economistas consideram que o sistema econômico é coordenado pelo sistema do mecanismo de preços, e a sociedade é vista como um organismo (COASE, 1990, p. 90).

Como crítico da ideia de Salter, Coase destaca que esta visão tradicional não está adaptada à realidade, devido ao caráter do sistema econômico que é uma organização, e não um organismo, e existe um planejamento de ações por parte dos indivíduos, bem como alguma escolha entre diferentes alternativas de ação. Portanto, o sistema não funciona apenas por si próprio e, na realidade, a alocação de recursos, no sistema e na firma, nem sempre segue o sistema de preços e o planejamento transforma a organização em um quarto fator de produção. Nesse sentido, ele concorda com teóricos como Alfred Marshall, John Bates Clark, Dennis Holme Robertson e Frank Knight, que consideram muito importante o papel do administrador, do empresário e do tomador de decisão, pois se fora das empresas os movimentos dos preços dirigem a produção direta, em seu interior as operações de mercado são substituídas pelo coordenador que dirige a produção.

Dessa forma, Coase explica a ideia de que diferentes fatores da produção são diferentemente regulados pelos preços, e a organização no interior da empresa assume o papel de integrar verticalmente os diferentes elementos, suprimindo a atuação do mecanismo nesse contexto. Assim, a organização varia muito de firma para firma e de indústria para indústria por meio da forma de tratamento dada ao mecanismo de preços e aos custos relativos e alternativos.

Uma contribuição excelente e central deste autor para a compreensão da introdução da mudança metodológica na teoria tradicional, que mais tarde foi adotada pela Teoria Evolucionista, refere-se à ideia de que existem muitos outros elementos envolvidos, internamente à firma, que afetam a decisão do produtor, o que está diretamente ligado ao motivo pelo qual existem as firmas. Salienta que as firmas são como economias centralmente planejadas, mas, diferente dessas, elas são formadas devido às escolhas voluntárias das pessoas. As pessoas fazem essas escolhas porque existem os "custos de transação" (*marketing costs*, segundo sua expressão na época). Referem-

-se a gastos incorridos pelos agentes econômicos sempre que recorrem ao mercado, isto é, são os custos de negociar, redigir contratos e garantir seu cumprimento. Esses custos de transação assumem papel primordial na tomada de decisão dos agentes econômicos sobre como distribuirão seus recursos na economia. Os custos de usar o mercado impedem os indivíduos de fazerem apenas transações diretas e, com estes custos, o processo de produção mais eficiente às vezes ocorre dentro de uma firma. Essa explicação sobre a razão da existência das firmas é atualmente muito aceita e deu origem a todo um corpo de estudos sobre o assunto.

O contrato, então, é visto como a maneira pela qual o acordo entre o produtor e o comprador do fator de produção é estabelecido dentro de certos limites. Esses contratos facilitam as transações quando a oferta de um bem ou serviço enfrenta algumas dificuldades no longo prazo, quando não é possível a previsão exata de preços e da disponibilidade de insumos e, neste caso, o contrato pode ser feito deixando algumas alternativas para decisão posterior. Os autores evolucionistas aprofundaram posteriormente as ideias sobre os impactos dos custos de transação e da formulação específica das relações econômicas expressas no contrato, bem como das relações intra e extrafirma.

Outro artigo de Coase, *The Problem of Social Cost*, de 1960, teve fundamental importância para a nova visão sobre a firma e deu origem à disciplina denominada Direito e Economia. O artigo se dedica a examinar as ações das empresas que exercem efeitos nocivos sobre outras, as chamadas externalidades negativas, contesta Pigou (COASE, 1960, p. 1), que apoiava a visão tradicional de que a análise econômica dessa situação deveria ser efetuada em termos das divergências entre o produto privado e social da firma. As conclusões de Pigou salientavam que seria desejável fazer com que o proprietário da empresa recompensasse os demais pelos prejuízos causados, ou deveria ser-lhe atribuído um imposto na medida do prejuízo causado ou ainda a firma deveria ser excluída dos distritos residenciais. Coase considerou não apropriadas essas ações, pois os resultados alcançados poderiam não ser os desejáveis, já que a abordagem tradicional tendia a obscurecer a natureza da escolha que deve ser feita, pois, para beneficiar os que são prejudicados, as ações prejudicam o produtor causador. Qual seria a escolha da melhor ação de modo a ser obtido reciprocamente o menor custo econômico e social? Salienta que, se não existissem obrigações legais para o causador do prejuízo e se os custos de transação fossem zero, os dois empresários poderiam chegar num acordo mutuamente benéfico.

Essa visão deu origem ao "Teorema de Coase", que constata que as externalidades ou ineficiências econômicas em determinadas circunstâncias — quando a possibilidade de negociação sem custos de transação e a existência de direitos de propriedade garantidos e bem definidos — podem ser corrigidas e internalizadas pela negociação entre as partes afetadas sem necessidade de intervenção de uma entidade reguladora. A linha de raciocínio do autor foi primeiramente contestada, mas posteriormente aceita e seguida por economistas influentes da época, como Milton Friedman, entre

112 • Economia Industrial | Teoria e Estratégias

outros, e acabou por influenciar outras áreas de estudo que tratavam de conflitos entre partes envolvidas em um contexto social.

> It is my belief that the failure of economists to reach correct conclusions about the treatment of harmful effects cannot be ascribed simply to a few slips in analysis. It stems from basic defects in the current approach to problems of welfare economics. What is needed is a change of approach (COASE, 1960, p. 21).

Dessa forma, Coase propõe a busca de outra abordagem para a resolução dos problemas observados na caracterização da tomada de decisão nas firmas.

7.5 O papel dos custos de transação em empresas a partir das premissas de Coase

Como visto, Coase ressalta que as firmas são organizadas para atuarem nos mercados, com o objetivo de diminuir os custos de transação que, durante as negociações econômicas, são incorporados por terceiros: *"Perhaps the most important adaptation to the existence of transaction costs* (COASE, 1990a, p. 40)". Em seu artigo *The Nature of Firm*, de 1937, propõe que as firmas crescerão enquanto for mais barato racionalizar os custos de transação de um determinado produto internamente do que adquiri-lo diretamente no mercado. Para superar as dificuldades e reduzir riscos e custos inerentes à produção de bens e serviços destinados a mercados, os agentes optam por criar outra forma de facilitar o tráfico negocial, organização essa que é a empresa, que consiste em uma estrutura hierárquica em que se procura harmonizar diversos interesses, ao mesmo tempo em que se diminuem custos de transação. Entre as diferentes técnicas instituídas pelos negociadores com esse intuito, alguns serviços ganham relevância considerável, como particularmente as atividades de informação e conhecimento e instrumentos contratuais (SZTAJN, 2004, p. 72).

Sob esse ponto de vista, a firma moderna é visualizada como um conjunto de contratos entre agentes especializados que trocarão informações e serviços entre si de modo a produzir um bem final. A atuação dos agentes, que ocorre interna e externamente à firma, é coordenada e motivada por menores custos de transação, pois a relação contratual exige coordenação. Tanto a coordenação do empresário como a do agente responsável internamente à firma quanto as relações entre firmas exigem mecanismo para resolver a questão da divisão dos resultados, bem como a respeito dos direitos de propriedade sobre os resíduos, que são parcialmente definidos contratualmente entre os empregados e os acionistas.

As Mudanças de Paradigma: As Contribuições de Schumpeter e Coase • 113

Essa estrutura criada para facilitar a negociação e diminuir custos em sua maior parte é representada por atividades intangíveis de serviços, seja pela criação pela firma produtora de equipes organizadas (prestadores de serviços e fornecedores de recursos) sob o controle de gestão do empresário, seja porque as organizações econômicas relacionadas estarão centradas em contratos de longo prazo, o que gera uma maior estabilidade da produção e sua distribuição (KON, 2016b). A visão da firma Coasiana levou posteriormente Williamson (1998) a teorizar sobre a formatação eficiente dos contratos, de tal modo que a arquitetura da empresa reflita um arranjo que induza os agentes a cooperarem visando à maximização do valor da empresa. São criadas e difundidas atividades de serviços voltadas para a compreensão dos elementos associados à formatação e ao desenho dos contratos e outros quesitos ligados à definição de direitos de propriedade sobre os resíduos, formas de monitoramento e cláusulas de ruptura contratual, determinação dos custos de avaliação dos preços relevantes, bem como outros custos de desenho, estruturação, monitoramento e garantia da implementação dos contratos. A Teoria dos Contratos estabelece quais são os elementos relevantes que permitem a busca de um desenho da arquitetura das organizações.

Os custos de transação, por outro lado, podem acarretar prejuízos não só para as partes envolvidas, com reflexos para outras áreas e outros setores da economia que, embora alheios à relação, podem arcar com tais prejuízos de forma indireta. Rodrigues exemplifica essa questão mostrando uma situação em que um alto custo de transação pode gerar a não execução de um contrato e acarretar efeitos não calculados: "... se uma grande empresa não firma um contrato com outra para a prestação de serviços de informática, por exemplo, os prejuízos são evidentes para as partes" (RODRIGUES, 2007, p. 1). Se a grande empresa não conseguiu obter o serviço que precisava e a pequena empresa não conseguiu obter a remuneração pela prestação do serviço, como efeito indireto, funcionários que eventualmente seriam contratados não mais o serão.

Segundo a ideia de Coase, esses efeitos dos custos de transação, sejam positivos ou negativos, são disseminados pelas cadeias produtivas, a partir dos inter-relacionamentos mútuos entre firmas, repercutindo na economia com maior ou menor intensidade. As relações que envolvem uma cadeia produtiva poderiam ser identificadas como fonte de custos de transação, relacionados com a preparação, o desenvolvimento e a execução desses vários contratos que necessitariam ser firmados para o desenvolvimento da atividade. As cadeias produtivas organizam suas atividades em forma de redes que oferecem seus produtos buscando sinergias interorganizacionais e também visando a transferência de tecnologia e de melhoria da qualificação dos diversos elos da cadeia.

Dessa forma, a difusão dos custos de transação na cadeia multiplica a necessidade da criação de atividades de serviços que permitam efeitos positivos em cadeia; esses serviços abrangem todos os aspectos de funcionamento de cada firma da cadeia, desde a estrutura para a contratação dos funcionários (seleção, treinamento, contratação, entre outros), passando pelos contratos com fornecedores de insumos e investimentos em

114 • Economia Industrial | Teoria e Estratégias

capital fixo, de aluguel ou aquisição de imóveis até eventuais contratos de marketing e de parceria com outras firmas da cadeia. Nesses casos o comportamento cooperativo para o desenvolvimento dessa infraestrutura de serviços, que determina economias de escala na produção desses setores intangíveis, também acarreta diminuição dos custos de transação, como conceituado pelo autor. Pesquisas empíricas (SARMENTO, 2006) confirmam que as experiências dessas relações interorganizacionais intensas diminuíram custos de relacionamento na cadeia e trouxeram confiança aos agentes.

Como enfatizado por Coase (1937), as mudanças tecnológicas modernas alteram consideravelmente os custos de transação, o que resulta no surgimento de uma nova tipologia de empresas, mais focadas no seu negócio típico. Nesse contexto, a adoção da prática de terceirização, que teve maior intensificação após os anos de 1980, baseou-se na necessidade da diminuição de custos de transação. Entre os objetivos prioritários da decisão de terceirizar serviços antes produzidos internamente na firma está o de direcionar a organização da empresa para a execução de atividades que representam especificamente seu *core business*.

Esse procedimento visa garantir à organização a preservação de seu domínio sobre o *know-how* que a torna única perante o mercado e seus concorrentes, bem como definir seu posicionamento de mercado, com foco na geração de valor e de vantagens competitivas no mercado. Para tanto, faz-se necessária a constituição de uma estrutura de gerenciamento de forma a administrar os custos de transação da empresa que terceiriza e da atividade terceirizada incorrida no processo, estrutura esta de serviços definida a partir de critérios preestabelecidos e compartilhados pela direção das partes envolvidas. Esses processos de terceirização muitas vezes levam a rede empresarial composta pela cadeia produtiva a concentrar determinados serviços em uma única empresa, como fornecedora a todas as demais. A rede formada por fornecedores, produtores e terceiros demanda um gerenciamento coordenado em função das transações que advêm da constituição desta cadei, para lidar com os custos resultantes (SARMENTO, 2006).

A contribuição de Coase por meio de suas definições sobre as características desses custos tem inspirado o comportamento efetivo das empresas na tomada de decisão na atualidade e ainda vem estimulando pesquisas que permitam a determinação e a mensuração dos custos de transação. Uma pesquisa realizada por Sarmento (2006) junto a uma série de empresas, em um estudo de caso sobre o setor de Tecnologia de Informação, exemplifica a necessidade da ampliação de determinadas funções de serviços já existentes ou da criação de serviços adicionais para a diminuição desses custos. Pesquisas recentes indicam que os serviços da natureza dos fornecidos por esse setor tendem à externalização, seja por processos de *insourcing* (empresa terceirizada sob controle acionário da empresa-mãe) ou *outsourcing* (designa a ação que existe por parte de uma organização em obter mão de obra fora da empresa, ou seja, mão de obra terceirizada, estando fortemente ligado à ideia de subcontratação de serviços).

Os resultados dessa pesquisa salientam alguns aspectos relacionados aos custos de transação — seja para o fornecedor dos produtos do setor, seja para o tomador ou demandante — incorridos pela inovação tecnológica, pela obsolescência rápida de equipamentos, pela renovação do conhecimento e da capacitação, pela gestão do contrato, bem como pela transparência e acuidade das informações. O estudo investiga ainda os componentes mais relevantes dos custos de transação, definindo suas características, impactos e custos relacionados. A autora define as principais origens dos custos de transação relacionados a esses aspectos como (SARMENTO, 2006, p. 102;104):

(i) com relação à inovação tecnológica, a pesquisa mostra que, para o prestador ou produtor, os custos de transação advêm da busca de novas ferramentas e novos processos para maior otimização da produção e da necessidade de reciclagem e treinamento da mão de obra. Por sua vez, para o tomador, resultam da falta de percepção da necessidade de atualização sobre novos processos;

(ii) a obsolescência rápida dos equipamentos nas condições de competitividade schumpeteriana exige, por parte do prestador, a necessidade contínua de adequação e gastos com infraestrutura e falta de padronização, enquanto que o tomador tem custos devidos a pouca percepção da necessidade de conhecer o parque atualizado e a padronização;

(iii) a requisição permanente de renovação do conhecimento e da capacitação internamente à firma produtora incorre em custos devidos à necessidade contínua de um quadro de profissionais com expertise na área e adequados às exigências do mercado, que requer altos níveis salariais e investimentos em treinamento. Esses custos são exemplificados pela maior incidência de taxas tributárias sobre salário-base, por determinadas restrições ao aumento do quadro efetivo de pessoal, bem como pela sazonalidade de projetos para o fornecimento dos produtos. Por sua vez, os tomadores não sentem a premência de renovação de seus quadros e os custos resultam da necessidade de haver um interlocutor externo para concretizar a transação;

(iv) com relação à gestão do contrato, para o provedor os custos advêm do estudo sobre a clara definição do escopo dos serviços contratados, quer pela falta de formalização do escopo do serviço, quer pela mudança do escopo do serviço contratado, bem como sobre as garantias e salvaguardas a serem instituídas no contrato. Esses custos são originados quando é constatada a falta de um padrão de gerenciamento dos resultados dos contratos e, ainda, a falta de uma relação de confiança que gera uma má gestão do contrato. Para o tomador, o que importa não são os custos gerados pela preocupação com escopo, mas sim pela necessidade de soluções contratuais imediatas e de potenciais mudanças ao longo do projeto contratado.

(v) os custos gerados pela transparência e acuidade das informações, tanto para o provedor quanto para o tomador, são provenientes da adoção das estratégias de governança corporativa da empresa ou do grupo empresarial.

116 • Economia Industrial | Teoria e Estratégias

Na atualidade, a contribuição de Coase relacionada à identificação dos custos de transação para a tomada de decisão nas firmas passou do campo da teoria para a consideração empírica. Adquire relevância não apenas por meio da aplicação efetiva da caracterização destes custos, relacionada às especificidades de cada firma, mas também com relação aos estudos voltados para a mensuração contábil, que permita a avaliação financeira desta variável no contexto do processo produtivo e concorrencial. Instituições específicas para a compatibilização dos conceitos contábeis foram instituídas em vários países com o intuito da regulação e do estímulo à concorrência econômica.

Um exemplo significativo sobre a adequação específica desta caracterização para cada espécie de transação econômica é aqui apresentado através das Normas Brasileiras de Contabilidade, que incorpora a resolução *NBC T 19.14 — Custos de Transação e Prêmios na Emissão de Títulos e Valores Mobiliários*. Essa resolução objetiva estabelecer o "tratamento contábil aplicável ao reconhecimento, mensuração e divulgação dos custos de transação incorridos e dos prêmios recebidos no processo de captação de recursos por intermédio da emissão de títulos patrimoniais e/ou de dívida" (NBC, 2008, p. 01).

Esses custos são, então, definidos como sendo, por natureza, gastos incrementais, já que não existiriam ou teriam sido evitados se essas transações não ocorressem, como: i) gastos com elaboração de prospectos e relatórios; ii) remuneração de serviços profissionais de terceiros (advogados, contadores, auditores, consultores, profissionais de bancos de investimento, corretores, etc.); iii) gastos com publicidade (inclusive os incorridos nos processos de *road-shows*); iv) taxas e comissões; v) custos de transferência; vi) custos de registro, etc. O texto da resolução segue com a determinação da metodologia pela qual esses custos devem ser mensurados, bem como pela forma de representação, em valores monetários, nos balanços contábeis dessas transações.

Os impactos das ideias de Schumpeter e Coase são observados no que se refere à reformulação de conceitos sobre a tomada de decisão na empresa. É observado o contexto de um novo tipo de concorrência em que predomina a constante inovação tecnológica, bem como o ambiente reestruturado do desenvolvimento econômico, que resultou na reformulação de conceitos teóricos e em classificações para as atividades de serviços.

Os autores mostram que a empresa teórica não é apenas uma "caixa preta" (NELSON; WINTER, 1982), onde o equilíbrio é procurado — como nas premissas neoclássicas —, mas suas entradas e saídas de canais podem ser modificadas por diferentes conjuntos de ações. Essas ideias acabaram por moldar um novo corpo teórico evolucionista, que constitui uma mudança no pensamento tradicional. A proposta dos analistas evolucionistas é reconstruir os fundamentos teóricos do comportamento das empresas ao criticar o chamado pensamento "ortodoxo" e incluir novas variáveis relevantes observadas sobre a competição econômica dinâmica atual.

CAPÍTULO 8

Teorias Evolucionárias ou Neoschumpeterianas: Mudanças da Dinâmica Econômica

• • •

8.1 Introdução

As teorias mais recentes explicam o crescimento das economias a partir da transição para uma economia da informação, como premissas de uma visão evolucionista (NELSON; WINTER, 1982; DANIELS, 1993, p. 34). A tecnologia da informação e das comunicações passa a ter uma relevância particular e sua contribuição ao desenvolvimento econômico e à economia mundial transformou-se e elevou-se desde a convergência dos computadores e das telecomunicações a partir de meados da década de setenta, transformando as economias de muitas maneiras (OCHEL; WEGNER, 1987; KON, 2016b).

Como salientado anteriormente, as mudanças teóricas gradativas, desde as primeiras décadas do século XX, que criticavam a visão teórica neoclássica sobre a firma, repercutiram consideravelmente para a formação de uma nova metodologia de elaboração teórica sobre a Microeconomia, baseada não mais na visão de um modelo ideal de equilíbrio da firma, mas sim na observação da realidade efetiva para a elaboração de novas premissas teóricas. Essa transformação metodológica na análise econômica estimulou a formação de grupos de discussões, que debatiam as novas ideias sobre a tomada de decisão da firma e sua relação com o desenvolvimento econômico, com base nas ideias de Coase e Schumpeter.

As primeiras tentativas articuladas de criar o novo corpo teórico para o estudo da firma surgiram primeiramente com Freeman (1974) e com Nelson e Winter (1982).

Christopher Freeman salientou a relevante contribuição de Schumpeter ao incorporar o progresso técnico como variável-chave do processo evolucionário da firma e do mercado. Recuperando e aperfeiçoando a teoria dos ciclos longos de Schumpeter, mostra como, no centro dos movimentos cíclicos da economia mundial, está a difusão de inovações. Posteriormente, Richard Nelson e Sidney Winter, apoiados em Schumpeter, mas também em Herbert Simon (1960), desenvolvem ideias então amplamente discutidas da biologia evolucionista, adaptando-as para as teorias econômicas da firma. Como mostra Tigre (2005, p. 15), a transposição de conceitos derivados das "ciências duras", como a física e a biologia, para a economia foi inicialmente proposta por Marshall que, no entanto, considerava de muita dificuldade a adaptação desta ciência para a economia, desde que seus conceitos são muito mais complexos do que a mecânica newtoniana, que era a opção de Marshall.

No caminho da crítica ao pensamento teórico neoclássico, um ambiente de debates foi inicialmente desenvolvido nos anos de 1950 e 1960, aprofundando a nova visão da firma, do sistema econômico e da competição das empresas, que moldaram o marco teórico das premissas neoschumpeterianas ou evolucionistas. Esse marco inspirou posteriormente também as novas ideias da Nova Economia Institucional e da Teoria da Informação. A mudança metodológica mais relevante para a elaboração desse novo pensamento teórico refere-se à observação da realidade como ponto de partida da observação do comportamento econômico, a fim de determinar os traços comuns e os fatores determinantes que compõem as premissas teóricas.

As ideias de Schumpeter ofereceram elementos conceituais inovadores que melhor explicavam a realidade observada e possibilitaram novas condições de investigação sobre o comportamento da firma, que foram moldando um novo corpo teórico que coloca a inovação tecnológica no centro da dinâmica do capitalismo, como preconizava este autor.

Essa inovadora teorização neoschumpeteriana envolveu um imenso esforço de diálogo e de síntese ao utilizar Schumpeter como um ponto de partida para uma visão mais dinâmica de desenvolvimento econômico, em contraposição ao crescimento econômico equilibrado. Em um primeiro momento, a partir dos anos de 1970, os argumentos fundamentais desta abordagem recuperaram elementos sobre o funcionamento da economia construídos com base em analogias biológicas para a compreensão do caráter evolutivo do desenvolvimento capitalista e do processo de mudança tecnológica, com a concepção evolutiva das Ciências Biológicas, como já observado. Em um momento posterior, o esforço para incorporar as contribuições recentes dos teóricos econômicos que criticavam a teoria neoclássica, sob inspiração dos trabalhos de Schumpeter, resultou no pensamento neoschumpeteriano que se desenvolve para além dessas primeiras analogias biológicas, incorporando o conceito de auto-organização como elemento explicativo do caráter dinâmico e evolutivo dos sistemas econômicos. Essa abordagem foi teoricamente constituída em contraposição às representações neoclássicas da tecnologia e do progresso técnico como endógenas ao modelo de equilíbrio e ofereceu uma análise da tecnologia que coloca a dinâmica tecnológica como motor do desenvolvimento das economias capitalistas (PAULA; CERQUEIRA; ALBUQUERQUE, 2002; CORAZZA; FRACALANZA, 2004).

Alguns elementos da Biologia, como os genes que determinam a *permanência ou hereditariedade,* têm papel semelhante em Economia, segundo a perspectiva neoschumpeteriana, assumindo a forma de *rotinas* seguidas pelos agentes econômicos e da *coleção de ativos* de que uma firma dispõe. A nova linguagem evolucionista ou desenvolvimentista passou a ser muito usada nas análises econômicas para descrever as mudanças da estrutura de uma economia ao longo do tempo, caracterizando algumas indústrias como "jovens" e outras como "maduras", termos que mais caracterizam uma linguagem evolutiva do que biológica.

Nas novas premissas, permanecem conotações fortemente schumpeterianas com relação às inovações:

> a inovação e difusão tecnológica ocupam o lugar central na periodização da história capitalista e na determinação, em última instância, do processo histórico de hierarquização ou dualização do sistema econômico mundial, ou seja, a inovação (ou progresso técnico) está no centro da determinação do desenvolvimento econômico das nações e portanto da diferenciação de nações ricas e pobres (CORAZZA; FRACALANZA, 2004, p. 1).

Dessa forma, este capítulo traz reflexões acerca da construção teórica da abordagem neoschumpeteriana sobre as mudanças técnica e econômica das empresas e sua relação com as considerações sobre a reestruturação produtiva e ocupacional dos países e suas implicações para o mercado de trabalho.

8.2 Mudanças metodológicas: desvendando a "caixa preta"

As transformações metodológicas na análise econômica que estimularam a formação de grupos de discussões que debatiam as novas ideias sobre a tomada de decisão da firma e sua relação com o desenvolvimento econômico, baseadas no pensamento de Schumpeter, foram pela primeira vez sintetizadas no livro de Richard R. Nelson e Sidney G. Winter, *An Evolutionary Theory of Economic Change,* elaborado desde o início da década de 1970 e publicado em 1982.

Essa publicação trouxe para a literatura econômica os conceitos básicos da Teoria Evolucionista ou neoschumpeteriana por meio dos quais é possível analisar o conteú-

120 • Economia Industrial | Teoria e Estratégias

do das alterações metodológicas na Teoria Microeconômica tradicional. Ao reunir os debates da década anterior pelos autores e outros estudiosos[18], agregou as críticas às ideias do pensamento neoclássico (que os autores chamaram de "ortodoxo") ao modelo evolucionista da mudança econômica e das diferentes capacidades e comportamentos das firmas. O texto aprofunda essas críticas, enfatizando que a teoria ortodoxa prioriza o conhecimento dos comportamentos de grandes sistemas, como indústrias e setores econômicos, em uma visão global e nacional, em que a organização individual (firma) é tratada em termos altamente estilizados e generalizados.

O próprio termo "teoria evolucionária", utilizado pelos autores, que deu nome a esta nova linha de pensamento alternativo à ortodoxia, traz a ideia de "seleção natural", emprestada de Malthus, que baseava-se em Darwin (NELSON; WINTER, 1982, p. 9). Contém também a premissa de constante evolução e transformações nos agregados econômicos como um reflexo de padrões diferenciados de comportamento das firmas na busca de crescimento e sobrevivência, de uma forma diferente da tomada de decisão generalizada padrão, que é encontrada no pensamento neoclássico tradicional.

Como os próprios autores salientam em seu Prefácio, suas orientações iniciais na direção de suas pesquisas eram diferentes, porém as discussões levaram à síntese que compõe o texto. Para Nelson, o ponto de partida da análise era a preocupação com os processos de desenvolvimento econômico em longo prazo, que se focalizavam na mudança tecnológica como a força propulsora e no papel da política pública com influente na direção e na intensidade desta força. Para Winter, o foco inicial estava no poder e nas limitações dos argumentos evolucionários, que haviam sido colocados pelos outros autores como visões padronizadas sobre o comportamento da firma. Esses dois enfoques encontraram inter-relações significantes que acabaram por definir o propósito do texto (NELSON; WINTER, 1982, p. vii).

Os autores salientam que, embora tenham rompido com a ortodoxia tradicional em uma série de aspectos, é necessário ressaltar que esta nova teoria evolucionista é compatível, ou mesmo é uma extensão natural, da linha de pensamento econômico que antecede Marshall, até os clássicos, ou seja, desde a época de Adam Smith até o período da Segunda Guerra Mundial. Consideram que, na atualidade, o pensamento da ortodoxia representa, acima de tudo, um refinamento e elaboração das ideias centrais das teorias tradicionais relacionadas ao funcionamento do mercado e ao comportamento das firmas; esse refinamento pagou o preço de ser considerado uma focalização estreita e que eliminou do corpo teórico tradicional algumas questões

---

[18] Além de Nelson e Winter, foram importantes as contribuições de Robert Solow (1957), Andrew Schmookler (1952), Moses Abramovitz (1956), Herbert Simon (1959), Edwin Mansfield (1968), Christofer Freeman (1974), Kenneth Arrow (1982), Nathan Rosemberg (1976), E.W. Constant (1980), entre outros.

relevantes para as quais a teoria refinada não conseguiu fornecer análises consistentes (NELSON; WINTER, 1982, p. 43).

Com relação às contribuições de Marx, ressaltam ainda que grande parte de sua teoria econômica é evolucionária, porém muitas análises marxistas atuais permaneceram fortemente ligadas aos instrumentos analíticos da ortodoxia contemporânea e, como resultado, não tiveram sucesso em fazer justiça às suas noções sobre as leis da mudança econômica. As ideias de Nelson e Winter são, em parte, compatíveis com as de Marx, tanto no que se refere ao fato de que a organização capitalista de produção define um sistema dinâmico evolucionário quanto à verificação de que a distribuição dos tamanhos e lucros das firmas também deve ser entendida em termos de um sistema evolucionário. Por outro lado, enquanto em algumas análises desses autores a repartição entre trabalho e capital é endógena, a visão marxista focaliza a divisão entre lucros e salários a partir do poder político exercido pelas classes sociais diferenciadas e suas contradições, que modela o sistema evolucionário (NELSON; WINTER, 1982, p. 44).

No que se refere à escola neoclássica, os autores consideram que a teoria evolucionária está mais próxima à doutrina original marshallina que da ortodoxia contemporânea, particularmente quando Marshall afronta a lógica da análise puramente estática dos retornos crescentes de escala e a distingue do que atualmente é denominada de mudança técnica induzida no aumento da escala. A ortodoxia contemporânea critica seus princípios quando enfatizam o papel dos retornos crescentes da informação como um mecanismo econômico de mudanças irreversíveis. Da mesma forma Pigou, seguidor de Marshall, iniciador das análises sobre a economia contemporânea do bem-estar, considera a mudança econômica e a lentidão das instituições econômicas para responder efetivamente a essas transformações como razões principais para a resolução dos problemas advindos de distribuição de retornos econômicos (NELSON; WINTER, 1982, p. 45).

No entanto, o livro pode ser entendido como uma crítica frontal às premissas centrais de maximização do método neoclássico e como uma sugestão de uma alternativa neoschumpeteriana ou evolucionista em que o sistema econômico apresenta um caráter dinâmico formado por processos dinâmicos (e não estáticos), que são inerentemente incertos com relação aos seus resultados.

Assim, o entendimento das novas premissas sobre o comportamento evolucionistas se inicia com a verificação das diferenças entre esta visão e a neoclássica, na conotação da firma enquanto foco do processo produtivo microeconômico. Para Nelson e Winter (1982, p. 51), a firma na teoria tradicional neoclássica é uma "caixa preta", onde são introduzidos fatores produtivos e de onde é extraída a produção prevista. Para explicar os aspectos do comportamento humano no que refere-se à ação econômica, a Teoria Microeconômica neoclássica parte da abstração do mundo real para chegar a uma simplicidade lógica que comandará os fatos econômicos das ações do ser humano. Procurando manter as características essenciais dos problemas do mundo real, a análise teórica é processada por meio de modelos lógicos que representam a realidade simplificada para explicar um fenômeno econômico utilizando o argumento lógico, ou seja, a dedução para interpretar as conclusões abstratas sobre o mundo econômico real (FERGUSON, 1980).

Nesse sentido, Nelson e Winter (2002) mostram que as inovações como variáveis endógenas ao processo produtivo, no que diz respeito ao novo conhecimento das capacidades e condutas das firmas, bem como à percepção do papel dos avanços tecnológicos sobre o crescimento econômico resultante, moldaram os novos pensamentos e as novas linguagens evolucionários[19].

Se para Nelson e Winter, como já salientado, a firma na teoria tradicional é uma "caixa preta", onde são introduzidos fatores produtivos e de onde é extraída a produção prevista, para os evolucionistas, os elementos e as dinâmicas no interior da "caixa preta" devem ser amplamente conhecidos e analisados em detalhe, já que incluem as condições de funcionamento eficaz da empresa, que são observadas na realidade econômica. As entradas (*inputs*) e os canais produtivos da "caixa preta" podem ser alterados de acordo com suas características e capacidades específicas, que resultam em produtos (*outputs*) diferenciados.

A teoria neoclássica salienta que o funcionamento interno da firma (caixa preta) é realizado em conformidade com um conjunto raciocínio linear, expresso em regras de decisões comuns a determinada indústria, que determina as ações a serem realizadas que levam ao equilíbrio, de acordo com as condições do mercado externo e a disponibilidade de capital interno. As regras são utilizadas com o objetivo de maximização do lucro ou do valor atual e existem especificações sobre um conjunto de atividades e técnicas a serem seguidas, expressas na função de produção (NELSON; WINTER, 1982, p. 12).

No que se refere aos objetivos das firmas descritas pela teoria tradicional, a crítica evolucionista chama atenção para a insuficiência da sua representação por meio de uma função de valor escalar e da busca de maximização do lucro. Os autores ressaltam que existem outros elementos institucionais envolvidos que intervêm na consecução dos objetivos, como o número de pessoas envolvidas com diversidade de papéis e de formas de ação, bem como com uma complexidade de relações. Esees agentes produtivos introduzem seus próprios objetivos em conformidade

---

[19] Desenvolvidos em publicações de Giovanni Dosi (1988), George Basalla (1988), Joel Mokyr (1990), Douglass North (1990), W. G. Vicenti (1990), Goce Petreski (1992), Bengt-Ake Ludvall (1992), Oliver Williamson (1995), Carlsson (1995), Keith Pavitt (1999), David C. Mowery (1999) e Geffrey M. Hodgson (1999), entre outros.

Teorias Evolucionárias ou Neoschumpeterianas • 123

com o funcionamento da sua atividade e também conforme sua função enquanto empregado, ou executivo, e com interesses particulares que podem ser conflitantes com outros, conforme citado nas teorias comportamentais e gerenciais elaboradas por autores como Herbert Simon (1959) e Richard Cyert e James March (1956), entre outros (KON, 1993, p. 76; 2016b).

Além disso, os modelos de maximização adotam a ideia de racionalidade ilimitada na tomada de decisão (relacionada ao acesso total à disponibilidade de informações). Essa visão considera a racionalidade como sendo não diferenciada e inerente nos agentes, em um nível altamente uniforme, independentemente da situação em que o agente é confrontado. Essa espécie de racionalidade implica em deliberação cuidadosa e tentativa de previsão. No entanto, na realidade, os agentes simplesmente não têm os poderosos instrumentos computacionais e cognitivos que são necessários pelas teorias baseadas na otimização. Os processos de decisão organizacionais frequentemente mostram características que desafiam esses princípios de racionalidade (NELSON; WINTER, 2002, p. 29).

Nesse sentido, a racionalidade limitada (*bounded*) preconizada por Herbert Simon é adotada pelos autores evolucionistas, o que modifica o modo da tomada de decisões, devido às capacidades cognitivas limitadas (NELSON; WINTER, 1982, p. 65). A racionalidade limitada (*bounded*) resulta da observação de que, para a tomada de decisão na firma, os agentes econômicos utilizam informações adicionais válidas que estão disponíveis e que fornecem mais subsídios para a aplicação da racionalidade na decisão sobre o modo de ação.

Como visto, se para os neoclássicos as informações são ilimitadas e igualmente disponíveis para todos os agentes, neste caso a racionalidade que conduz ao equilíbrio e à maximização dos lucros é a mesma para todos os agentes. No entanto, a Teoria Evolucionária enfatiza a limitação para a obtenção e absorção de toda a informação existente na realidade, de forma que a racionalidade é limitada às possibilidades de cada agente específico (ARROW, 1974, p. 13). Por outro lado, ao avaliar a racionalidade como a relação entre o indivíduo e sua ação em um contexto social, Arrow descreve as forças implícitas de valores e de possibilidades que são observadas na realidade e que definem a forma individual ou social de racionalidade que pode estar em equilíbrio ou em oposição e tensão. O indivíduo tem um conjunto representativo de vários tipos de metas que incluem desde o consumo de materiais até metas mais abstratas e superiores. No entanto, a possibilidade de atingir a maioria dos objetivos é limitada, porque existe um conjunto de oportunidades entre as quais os indivíduos devem escolher, de uma forma individual ou social, a fim de melhor atingir os seus valores.

124 • Economia Industrial | Teoria e Estratégias

Outra mudança metodológica relevante a ser considerada na Teoria Evolucionista refere-se à introdução da ideia das mudanças tecnológicas no processo produtivo como uma forma endógena de exercer impactos fortes no interior da "caixa preta", influenciando altamente a tomada de decisão e os resultados da produção. Como já mencionado, os evolucionistas criticam a consideração da teoria tradicional de que o progresso tecnológico é exógeno ao modelo e, portanto, que o equilíbrio da empresa e a eficiência são obtidos pela tecnologia conhecida. Por outro lado, o caráter endógeno do progresso tecnológico no paradigma evolucionista tem como princípio a alocação de recursos específicos para o desenvolvimento de novas tecnologias. A estrutura de mercado influencia o avanço tecnológico, que é procurado pela empresa em sua trajetória dinâmica de crescimento com a intenção de aumentar o poder de monopólio em estruturas competitivas, onde não existe equilíbrio de mercado (DOSI, 2001; VISCUSI et al., 1995; LABINI, 1984; ARROW, 1974).

No novo cenário teórico evolucionista, da mesma forma que o progresso tecnológico é visto como uma variável endógena no processo decisório, foi também introduzida uma mudança relevante de método de análise em relação à metodologia teórica tradicional, a partir da ideia da relevância das instituições econômicas e sociais (particularmente as governamentais) como portadoras de papel influente na dinâmica interna da empresa. Essa nova visão abre o caminho para a elaboração dos conceitos da Nova Teoria Institucional, como será visto no próximo capítulo (WILLIAMSON, 1988; DOSI, 2001).

No que se refere às instituições governamentais especificamente, seu principal objetivo é regular as estruturas dinâmicas do mercado e da cadeia de progresso tecnológico (pesquisa básica privada e instituições de pesquisa governamentais) para minimizar os efeitos desfavoráveis para a economia e a sociedade, que resultam do crescente poder de monopólio das empresas. Da mesma forma que na visão neoclássica, essas instituições visam regular o grau de concentração, a concorrência, as externalidades positivas e negativas (pecuniárias ou tecnológicas), entre outros elementos que causam desequilíbrios de mercado. Sob o ponto de vista neoschumpeteriano, porém, essas medidas governamentais de regulação apresentam uma interpretação diferente, já que no novo contexto a concorrência schumpeteriana e a regulação da inovação incessante tecnológica devem moldar o caráter também dinâmico das políticas públicas, uma vez que essas devem ser constantemente ajustadas às condições momentâneas e mutantes da realidade conjuntural econômica. (VISCUSI e outros, 1995; NORTH, 1990; WILLIAMSON, 1998; DOSI, 2001).

8.3 Capacidades diferenciadas e competências das firmas

Uma questão primordial do pensamento evolucionista está relacionada com a premissa de que as regras de decisão de uma empresa teriam de ser vistas como resultantes das suas capacidades específicas, o que não é considerado pela teoria ortodoxa. Na teoria neoschumpeteriana, destacam-se as capacidades diferenciadas dos agentes produtivos e da sociedade como um todo que determinarão comportamentos específicos e não homogêneos da empresa enquanto unidade de produção, bem como a diversidade de objetivos e decisões referentes às formas alternativas possíveis de ação (NELSON; WINTER, 1982: p. 59).

No Capítulo II do livro de 1982, Nelson e Winter continuam a desenvolver as críticas sobre os fundamentos conceituais da teoria econômica ortodoxa, tratando das diferenças nos pressupostos evolucionários em relação à natureza do *know-how* possuído pelas firmas, definido como técnicas, conhecimento ou capacidades desenvolvidas por uma organização e/ou por uma pessoa, que determinam vantagens competitivas para seu detentor. Discutem como a continuidade da conduta básica da firma pode ser analisada em termos de rotinas, capacidades da firma, capacitação individual dos agentes (*skills*), aprendizado e cognição

De acordo com o pensamento ortodoxo, o conjunto de variáveis da função produção de uma empresa é visto como gerado por um número finito de atividades ou técnicas que a firma sabe como operar, que são codificadas ou organizadas em rotinas e que apresentam as características do processo produtivo como entradas, coeficientes fixos, constante retornos de escala e independência de outras atividades. Os elementos do conjunto são vetores de insumos e de quantidades de produto que correspondem a uma transformação produtiva que a firma pode atingir. Nesse contexto, esses conjuntos de variáveis não são considerados de forma dinâmica e definem as características iguais de todas as firmas de produção e ainda são originados a partir da informação que é pública e totalmente disponível para todos os agentes. Dessa forma, as rotinas funcionam como elementos coordenadores em uma firma, que permitem sua continuidade em um ambiente que passa por mudanças constantes (NELSON; WINTER, 1982, p. 59).

Nelson e Winter criticam essa visão, mostrando que o conjunto de variáveis da função produção é definido pelas capacidades específicas que o produtor pode ou não ter. Rotinas ou manuais (*blueprints*) podem ou não ser plenamente seguidos, de acordo com a necessidade de se adaptarem às novas condições tecnológicas dos mercados, bem como a outras oportunidades inesperadas que ocorrem no processo produtivo. Por outro lado, a teoria neo-schumpeteriana considera que a informação não está disponível de forma ilimitada para todos os agentes, mas, ao contrário, é limitada e,

126 • Economia Industrial | Teoria e Estratégias

portanto, influencia os tomadores de decisões da firma, uma vez que eles não têm tempo e condições para acumular, selecionar, organizar e analisar o amplo material de informações fornecidas pelos canais de comunicação.

Para os ortodoxos, a função de produção caracteriza o estado de conhecimento da firma sobre as possibilidades de transformar os insumos. A natureza desse conhecimento é conceituada, então, como uma maneira de fazer as coisas ou como conhecimento tecnológico que é entendido como um livro de rotinas (*blueprints*) ou como conhecimento dos engenheiros e cientistas. A teoria ortodoxa trata os conceitos de "conhecer como fazer" (*knowing how to do*) e "conhecer como escolher" (*knowing how to choose*) como fenômenos diferentes. As premissas tradicionais assumem que o "conhecer como fazer" forma um conjunto definido de possibilidades limitadas por fortes restrições e que o "conhecer como escolher" é o suficiente para que a escolha seja otimizada.

Por sua vez, os evolucionistas destacam que o significado do "conhecer como fazer" e do "conhecer como escolher" devem ser tratados como muito similares. A visão evolucionista considera que a gama de ações que uma firma pode realizar em qualquer momento é sempre de certa forma incerta, mesmo antes do esforço de exercer uma capacidade, e que as capacidades de fazer boas escolhas em uma situação particular também podem conter incertezas quanto à sua efetividade. Esses autores questionam o que está realmente envolvido no processo produtivo para que uma organização tenha capacidade de realizar a produção (NELSON; WINTER, 1982, p. 52).

O pensamento ortodoxo considera que a realização da produção envolve a escolha de um processo produtivo entre um conjunto de funções de produção possíveis, que são constantes no tempo; estabelece que o conhecimento técnico básico para a produção pode variar no tempo com o progresso tecnológico. Este é visto como exógeno à firma e esta pode adquirir como insumo uma nova técnica que aumentará a produtividade de seus outros insumos. Essa formulação assume a total separação entre a produção efetiva na firma e o processo de pesquisa e desenvolvimento (P&D). Ainda que a empresa não realize uma transformação tecnológica, a nova técnica adquirida, sendo infinitamente durável e um insumo fixo indivisível, pode ser incorporada ao conjunto de variáveis e estocada a um custo negligenciável, ideia que é consistente com a interpretação de que o conhecimento técnico é conhecimento articulado (NELSON; WINTER, 1982, p. 61).

A partir da abordagem evolucionista, as capacidades estão relacionadas às formas de mudança tecnológica. As premissas neo-schumpeterianas estabelecem que o avanço tecnológico é endógeno à firma, já que cada firma tem capacidades diferenciadas de realização de P&D para efetivar o progresso tecnológico necessário para seu desenvolvimento. Diferentes firmas têm diferentes caminhos e resultados de P&D, à medida que existem direitos de patentes seguros, segredos industriais e outras condições que permitem que as firmas se diferenciem em termos de seus conjuntos de produção ou de capacidades de produção. Em outras palavras, o conhecimento tecnológico define as capacidades da firma (NELSON; WINTER, 1982, p. 62).

O conceito de capacidade organizacional, fundamentado no conceito de rotina organizacional, é proposto por Winter:

> *An organizational capability is a high level routine (or collection of routines) that, together with its implementing input flows, confers upon an organization's management a set of decision options for producing significant outputs of a particular type (WINTER, 2003, p. 1).*

Este autor enfatiza a conotação de rotina como sendo uma conduta com vistas a objetivos específicos, que é aprendida, altamente padronizada, repetitiva ou quase repetitiva, baseada em parte no conhecimento tácito (que será detalhado posteriormente). Por outro lado, na literatura evolucionista existe o consenso de que o conceito de capacidades dinâmicas contrasta com a definição de capacidades ordinárias, comuns ou operacionais, já que as primeiras se referem a alterações e determinam a taxa de mudanças das capacidades ordinárias.

No entanto, existem várias formas de mudança e é possível encontrar situações de mudança sem a presença de capacidades dinâmicas, quando ocorrem de forma obrigatória conduzida pelas situações ambientais (de mercado) por meio de desafios externos, e as decisões muitas vezes devem ser tomadas em contextos em que as firmas não estão bem preparadas para mudar. Estas podem ser levadas a decidir dentre várias condutas alternativas. Nesse caso, tal mudança não depende de capacidades dinâmicas, mas apenas de conduta meramente reativa ou passiva, que Winter denomina como "resolução *ad hoc* de problemas" (*ad-hoc problem-solving*) (WINTER, 2003, p. 4). A resolução de problemas *ad hoc* não é uma rotina, pois não é altamente padronizada e repetitiva e apenas aparece como resposta a eventos imprevisíveis, porém consiste também em uma forma de mudança que resulta da flexibilidade dos agentes que investiram em capacidades de ordem superior às simplesmente rotineiras.

Como salientam Zollo e Winter (2002), os mecanismos pelos quais as organizações desenvolvem suas capacidades dinâmicas são moldados pela evolução conjunta de elementos como: acumulação de experiência, articulação do conhecimento e processos de codificação do conhecimento na evolução das rotinas dinâmica e operacionais, que são grandemente operacionalizados por meio de serviços intangíveis. Os investimentos deliberados na aprendizagem organizacional, por exemplo, facilitam a criação e modifica-

128 • Economia Industrial | Teoria e Estratégias

ção das capacidades dinâmicas para o gerenciamento de novas aquisições ou alianças. As firmas adotam um *mix* de condutas de aprendizagem, constituído pela acumulação semiautomática de experiência e por investimentos deliberados em articulação do conhecimento e codificação das atividades[20].

Se na visão evolucionária o desenvolvimento da firma é motivado pelas demandas contrastantes de diferentes tipos de situações de mercado e de tecnologia, a maior competência é atingida quando as rotinas e capacitações podem ser constantemente aprendidas e aperfeiçoadas por meio da prática. Os autores salientam que, para os indivíduos e as organizações, o aprendizado conduzido com *feedbacks* claros em curto prazo pode ser um elemento altamente poderoso na abordagem de mudanças complexas. No entanto, a manutenção da competência deve ser sempre avaliada a partir do pano de fundo dos padrões competitivos históricos anteriores, que se transformam na busca de desenvolvimento da firma. Nesse sentido, a visão evolucionária sobre a competência é focalizada no papel do aprendizado e da prática, bem como particularmente no grau de correspondência entre as mudanças atuais e os contextos anteriores a partir dos quais a experiência ou a prática capacita os agentes (NELSON; WINTER, 2006, p. 29).

Essa abordagem trata as competências organizacional e individual como similares, ou seja, a rotina organizacional é tratada como analogia organizacional às capacidades individuais. As inovações técnicas e organizacionais apoiam o aumento considerável da variedade de produtos, o que é tratado de forma rotineira, ou seja, a economia evolucionária salienta que o comportamento da firma pode ser complexo e efetivo, a partir de transformações constantes nas rotinas. Assim, essas rotinas fornecem um ponto focal para a resposta, baseada na aprendizagem, sobre a questão da manutenção da competência, já que são a base para a caracterização da continuidade no comportamento evolucionista, como "genes" (NELSON; WINTER, 1982, p. 134; 2006, p. 30).

No entanto, como salientado por estes autores (NELSON; WINTER, 2006, p. 30), as rotinas tendem a persistir, pois são sujeitas a uma resistência irracional à mudança. As razões para essa resistência referem-se primeiramente ao problema de acesso e armazenamento do conhecimento (serviços). Pela visão neoclássica, todas as técnicas da função produção são acessíveis e sem custos. Na realidade, porém, o aprendizado de rotinas tem custos que se elevam quando o comportamento da firma se dirige a novas práticas. Além do mais, como cada organização é uma agregação de ações de naturezas variadas, as rotinas incluem formas de enfrentamento de situações de conflitos, sejam entre administradores e acionistas, gerentes e trabalhadores

---

[20] Outros autores relevantes estudaram e debateram as capacidades dinâmicas das firmas para mudar suas operações e adaptá-las aos requisitos ambientais do mercado, no âmbito da Teoria da Organização, como: Teece, Pisano and Shuen (1997); Eisenhardt e Martin (2000); Winter (2003) e Helfat e Peteraf (2003).

ou mesmo entre administradores, como expresso nas teorias gerenciais de Simon, Cyert e March, entre outros.

Sendo a rotina o conceito analítico básico nas abordagens evolucionistas sobre a conduta da firma, é necessário salientar que, além da visualização das capacidades organizacionais moldadas por rotinas organizacionais, as teorias dão ênfase também ao nível de análise das rotinas individuais que determinam conduta particular de cada agente e que levam a um desempenho específico por meio das capacidades ou habilitações ou, ainda, qualificações (*skills*) dos indivíduos como salientam Nelson e Winter:

> Individual skills are the analogue of organizational routines, and that an understanding of the role that routinization plays in organizational functioning is therefore obtainable by considering the role of skills in individual functioning (NELSON; WINTER, 1982, p. 73).

Essa rotina individual correspondente às capacitações dos membros da organização são examinadas a partir de três grupos de subcapacitações como (JACOBY, 2001, p. 4):

(i) Conhecimento prático do indivíduo adquirido durante seu treinamento, mas também em todo o período de sua vida, e que é diretamente útil para o exercício de sua atividade, ou seja, para o conhecimento técnico;

(ii) A qualificação dos indivíduos resultante de seu treinamento, que define o trabalhador qualificado, mas que pode ser mais geral no caso de engenheiros ou executivos. A qualificação garante o controle do conhecimento;

(iii) As qualificações adquiridas durante o treinamento do indivíduo, mas também durante o tempo de aquisição de experiência ao longo de sua carreira. A noção de capacidade global que o agente é capaz de atingir resume esta ideia.

A publicação de Nelson e Winter (1982, Cap. II, seção 4) trata de descrever detalhadamente o conceito das capacidades individuais (*skills*) que os autores descrevem como: "*A capability for a smooth sequence of coordinated behavior that is ordinarily effective relative to its objectives, given the context in which it normally occurs*" (NELSON; WINTER, 1982, p. 73).

As capacitações ou *skills* envolvem uma sequência de etapas de forma programática, de modo que a etapa anterior estimula o passo seguinte que o complementa (*path dependence*). Os autores evocam a analogia com um programa de computador para a definição do conceito de *skills* como um programa ou uma sequência de comportamentos que funcionam como uma unidade eficaz. Eles ressaltam que o desenvolvimento do moderno computador eletrônico influenciou esse pensamento teórico, o que mais uma vez caracteriza uma transformação considerável metodológica na

130 • Economia Industrial | Teoria e Estratégias

elaboração da teoria da evolução em relação à mencionada visão anterior neoclássica (NELSON; WINTER, 1982, p. 74).

Salientam que essas capacidades envolvem, em parte, o conhecimento tácito, mas também podem ser comunicadas às demais pessoas e podem ser aprendidas, internalizadas e colocadas em ação. As habilidades que determinam as ações individuais são baseadas no conhecimento que, em parte, é tácito, tal como avaliados pelo filósofo Michel Polanyi, que usa essa noção para explicar o conhecimento científico geral, enquanto que os evolucionistas a aplicam à capacidade individual na firma. Assim, para os evolucionistas, o conhecimento tácito é definido como conhecimento que não pode ser codificado para propósitos de transmissão, duplicação e armazenagem, noção oposta ao conhecimento codificado que pode ser transmitido por meio de signos e símbolos. O conhecimento tácito implica, portanto, que o ator não está completamente ciente dos detalhes da ação que executará e acha difícil ou impossível articular o que realmente significam esses detalhes (NELSON; WINTER, 1982, p. 73).

Assim, esses autores descrevem duas formas distintas de conhecimento, por parte dos agentes, que coexistem na empresa e intervêm no processo produtivo. De um lado, o aspecto público do conhecimento, que pode ser codificado, patenteado, registrado em manuais (*blueprints*) e negociado entre as empresas, que se assemelha ao conhecimento definido no pensamento neoclássico. Por outro lado, o conhecimento tácito incorporado na rotina do processo, na especialização, na experiência e na qualificação individual, que é adquirido por meio de um processo de aprendizagem dos agentes e da experiência da repetição e assume a forma de um conjunto de práticas de rotina da firma. Esse tipo de conhecimento não pode ser comercializado e é adquirido por meio do "aprender fazendo" (*learning by doing*) e também é difícil de ser transferido para os manuais.

Explicam ainda que exercer uma capacidade individual envolve escolhas opcionais, mas, mesmo assim, grande número de opções pode ser selecionado automaticamente, no sentido de que parte dos detalhes é executada por uma forma não intencional, sem escolha deliberada ou a noção de consciência. Nesse sentido, criticam a teoria tradicional, que descreve as ações do agente para realizar escolhas entre as opções de comportamento, ou de realizar suas capacidades, em relação à existência de normas administrativas e técnicas e normas que são previamente determinadas, que também assumirá os resultados previstos. Embora eles não rejeitem a importância do uso de manuais para executar as ações, os evolucionistas destacam que o caráter tácito na realização das capacitações pode alterar a ação apropriada previamente definida, influenciando todo o percurso programado (NELSON; WINTER, 1982, p. 82).

Como Jacoby (2001) chama atenção, a natureza de alguns tipos de conhecimento tácito dificulta a compreensão completa do conteúdo da qualificação a ser adquirida pelo que aprenderá esta técnica. No entanto, a hipótese de que a firma funciona de acordo com as rotinas programadas pressupõe também que cada indivíduo da firma deve conhecer perfeitamente as funções que deve desempenhar, mas não necessariamente deve ter todo o conhecimento de outros membros da organização. Cada agente econômico da firma tem seu repertório próprio de capacitações e rotinas, mas também tem o conhecimento da linguagem de códigos e de meios de comunicação que o permitem responder às exigências com relação a suas capacidades e que incluem ainda o conhecimento tácito usado pelos indivíduos para dar conta de suas rotinas.

As rotinas individuais, portanto, correspondem a uma combinação de conhecimento codificado e tácito e não funcionam todas ao mesmo tempo, sendo necessária a distinção entre rotinas dinâmicas e estáticas. As primeiras respondem a sinais exteriores e são mais dirigidas para a aprendizagem e a inovação, influenciando o desempenho e correspondendo a rotinas em ação. As rotinas estáticas, por sua vez, armazenam o conhecimento (tácito ou não) e as capacitações dos indivíduos e representam a capacidade de reprodução de certas funções já desempenhadas no passado. Refletem a autonomia cognitiva dos membros da organização e constituem a memória ou o repertório da firma, como a noção análoga de gene na Biologia (JACOBI, 2001, p. 6).

Por sua vez, os evolucionistas ressaltam que influenciam as tomadas de decisão em uma firma, tanto as capacidades individuais quanto as organizacionais.

> The general account we have given of how individual skills, organizational routines, advanced technologies and modern institutions come into being has stressed trial-and-error cumulative learning, partly by individuals, partly by organizations, partly by society as a whole. We do not deny the vital role played in the progress of all these variables by the body of knowledge — in modern days often scientific knowledge — that humankind has accumulated, that directs its problem solving and makes those efforts powerful (NELSON; WINTER, 2003, p. 31).

Jacoby (2001, p. 8), complementando as ideias de Nelson e Winter (1982, p. 82) sobre o processo de seleção e escolha de condutas que incorporam as capacidades inerentes, ressalta ainda que, em uma firma, essa escolha ocorre em dois estágios: o primeiro diz respeito às capacidades individuais; e o segundo, às rotinas organizacionais, incorporadas pelos membros da organização.[21]

---

[21] O termo "membros da organização" é usado por Nelson e Winter (1982, p. 98) em um sentido muito mais amplo, não se referindo apenas a um indivíduo como membro, mas pode também designar uma subunidade da organização como um membro do contexto mais amplo da firma.

132 • Economia Industrial | Teoria e Estratégias

A teoria evolucionária da firma sugere que seus membros se caracterizam por sua estrutura pessoal cognitiva e que a coerência na ação produtiva pode ser conseguida por meio da implementação coletiva das rotinas. A meta principal da firma é a criação de novo conhecimento, já que as competências da firma são definidas como seu conhecimento acumulado e suas rotinas. O conhecimento é estocado na firma, sendo visto como expresso em padrões recorrentes de interação (BECKER, 2003).

A seleção de capacidades individuais é realizada de forma automática, sem a conscientização ou deliberação dos indivíduos, seleção esta que é parte de um processo de seleção natural. Por outro lado da seleção de rotinas organizacionais, há um determinado critério, orientado pela competência da organização, que diz respeito a uma espécie de competência tácita relacionada a fatores humanos individuais, presentes na firma (para isso deve haver um conhecimento tácito motivado pelo estoque de conhecimento do indivíduo). A seleção de caminhos interna à firma resulta de um processo intermediário entre esta seleção natural (automática e não deliberada) e a escolha. A presença do seletor na firma, que pode ser individual ou coletivo (que dispõe do conhecimento e das capacidades necessárias para a função), mas não neutro, direciona o processo de seleção interna. É suposto que o seletor, dessa forma, seja *a priori* capaz de direcionar e conduzir o processo de seleção na direção pretendida pela firma.

Em suma, a competitividade de uma empresa em uma atividade particular, que será melhor analisada na seção seguinte, é definida pelos evolucionistas como um conjunto de competências tecnológicas diferenciadas, geralmente tácitas e não transferíveis, de ativos complementares e de rotinas, que transferem à firma um caráter único e diferenciado. No entanto, à medida que surgem novas oportunidades tecnológicas, competências secundárias podem assumir um caráter central para garantir a evolução da firma. Esse conceito de competência central explica por que as firmas diferem e como evoluem e dá desenvolvimento a uma série de outras definições sobre as estratégias de crescimento da firma, que são elementos relevantes na literatura da Economia Industrial, como: especialização, integração vertical, diversificação, conglomeração, participação em redes e estratégias apoiadas na subcontratação (KON, 2016b; TIGRE, 2005).

8.4 Concorrência dinâmica e progresso técnico

Como visto, a capacidade de concorrência da firma, ou seja, a competitividade definida pelos evolucionistas como um conjunto de competências tecnológicas diferenciadas, transfere à firma um caráter único e diferenciado. Nesse sentido, esta seção trata das características específicas da concorrência neoschumpeteriana e de suas relações com o progresso tecnológico. O estudo do crescimento das firmas está intimamente ligado à noção de concorrência e nesse sentido as premissas positivistas da teoria neoclássica sobre o crescimento da empresa baseiam-se no crescimento de longo prazo endógeno e não incorporam, nesse contexto, a relevância da mudança técnica e dos elementos institucionais. Entre as variáveis teóricas que integram esse processo de crescimento destacam-se apenas as mudanças históricas na relação de fatores e a análise da relação entre essas mudanças e os preços de fatores em uma abordagem microeconômica. Assim, a evolução das firmas leva ao equilíbrio e as situações de desequilíbrio estão fora de foco.

Schumpeter, considerando em suas premissas que a economia está constantemente em transformação que não leva ao equilíbrio, como visto, critica as formas tradicionais de análise da concorrência:

> Tão logo se reconhece a existência geral da concorrência monopolística, do oligopólio, ou de uma combinação dos dois, numerosos conceitos que os economistas da geração de Marshall-Wicksell ensinavam com a maior confiança tornam-se ou não aplicáveis ou mais difíceis de provar (SCHUMPETER, 1961, p. 101).

Assim, na visão schumpeteriana, qualquer tipo de equilíbrio de mercado não se dá efetivamente, conforme proposto pela teoria convencional, desde que, em ambiente coletivo de flutuações de agentes individuais com rotinas e capacitações distintas, o equilíbrio não é atingido. A firma evolucionista se auto-organiza como resultado das flutuações do mercado. A teoria considera as condições de crescimento da firma fortemente ligadas ao tipo de mercado concorrencial em que a firma se insere e em relação a este crescimento procura um modo de conciliação dos aspectos bem explicados na teoria neoclássica microeconômica, com os aspectos macroeconômicos do crescimento. Nesse sentido, a introdução da inovação tecnológica e os impactos das instituições no processo produtivo, como elementos endógenos na tomada de decisões, definem um processo de crescimento diferenciado de evolução da empresa, em que a concorrência dos preços de mercado captura apenas uma parcela da dinâmica econômica.

Se o crescimento na visão clássica tem a característica de reproduzir as condições estruturais anteriores da sociedade e da economia, por sua vez, o crescimento evolucionista, seguindo o pensamento schumpeteriano, tem a característica de introduzir mudanças estruturais relevantes que conduzam ao desenvolvimento econômico e às novas bases da concorrência entre as empresas:

> ... Não é a concorrência de preços que conta, mas a competição a partir da nova mercadoria, a nova tecnologia, a nova fonte de abastecimento, o novo tipo de organização (unidade de

134 • Economia Industrial | Teoria e Estratégias

grande escala ou de controle será exemplo), competição que comandos de custo ou vantagem decisiva de qualidade e que não ataca as margens de lucros e os resultados das empresas existentes, mas em suas fundações e suas próprias vidas (SCHUMPETER, 1942, p. 84).

Dessa forma, o conceito de concorrência econômica evolucionista pode ser resumido como um processo em que os vários capitais plurais rivais se enfrentam, tendo em vista o movimento global de acumulação de capital. Na visão de Marx e de Schumpeter, esse processo é o motor básico da dinâmica capitalista. Como salienta Kupfer (1996), embora enquanto conceito, a concorrência é uma característica geral do capitalismo, enquanto processo esse nível de generalidade não se mantém, pois o processo de concorrência se relaciona fortemente com as formas de concorrência praticadas por empresas específicas em setores industriais igualmente específicos.

Como explicita Carvalho (2000, p. 8), a análise da concorrência deve observar os tipos de estrutura de mercado, de onde serão captadas as especificidades a partir dos ramos da atividade capitalista, que apresenta individualidade em suas características voltadas para o processo competitivo. Na visão neoschumpeteriana, a concorrência se materializa dentro de cada firma por meio da tomada de decisão sobre um conjunto de ações alternativas, relacionadas a características dos produtos, a serem exploradas pelas firmas para maior desempenho perante o mercado, como, atributos de preço, qualidade, marca, diferenciação e diversificação do produto, flexibilidade, entre outros.

> As razões para essa especificidade devem ser atribuídas à existência de (i) assimetrias competitivas, (ii) de diversidade de estratégias e (iii) de diversidade comportamental que, por sua vez, decorre de cumulatividades, apropriabilidades, oportunidades e irreversibilidades das práticas competitivas, variáveis tipicamente estruturais (...). Desse modo, as vantagens competitivas são igualmente específicas do setor considerado em vista dessas características estruturais que condicionam, embora não univocamente, e sim através de complexas relações de interação, as formas de concorrência praticadas (KUPFER, 1996, p. 8).

A concorrência schumpeteriana incorpora, assim, um novo modelo evolutivo de crescimento da empresa, em que a análise dinâmica leva em conta elementos aleatórios que geram mudanças nas variáveis envolvidas, e a tomada de decisão é feitapor meio de um mecanismo de seleção entre as variáveis alternativas (DOSI, 2001; NELSON; WINTER, 1982). As mudanças e a adaptação a novas condições no interior da empresa que levam ao crescimento são definidas pelo processo de aprendizagem e descoberta, que assume a forma de tentativa e erro.

Dessa forma, as empresas são atores-chave em decisões de novos investimentos em tecnologias e da utilização de diferentes tecnologias existentes. Portanto, o modelo evolucionista de crescimento — que na tradição schumpeteriana coloca o papel central da empresa no desenvolvimento econômico capitalista — introduz um novo método de análise que deve ser incorporada nas fundações microeconômicas de desenvolvimento. Os autores ressaltam que os processos de desenvolvimento que resultam de eventos microeconômicos desempenham um papel muito importante para a explicação dos processos macroeconômicos agregados.

No conceito dinâmico de competição introduzido a partir dessa visão, a vantagem competitiva não é baseada em busca do equilíbrio, mas focaliza as mudanças constantes que tornam possível a maximização da produtividade da empresa, o que provoca desequilíbrio constante. A possibilidade de maior ou menor grau de apropriação de inovação tecnológica pela empresa gera diferenças nas taxas de crescimento entre as empresas e no nível agregado. Assim, a abordagem comportamental dos evolucionistas é usada para explicar as possibilidades da empresa de enfrentar o ambiente altamente incerto em que atua.

A concorrência schumpeteriana é também caracterizada por um processo que resulta em vencedores e perdedores, porque algumas empresas executam possibilidades tecnológicas emergentes e de maior sucesso do que outras e prosperam enquanto outras declinam. De uma forma incessante, o crescimento em si confere vantagens que levam a empresa a aumentar o sucesso, enquanto que a estagnação leva à obsolescência tecnológica e posterior declínio. Assim, há uma tendência para um processo de concentração produtiva, ao longo do tempo, em uma indústria que inicialmente era composta por empresas de tamanho equivalente (NELSON; WINTER, 1982, p. 215).

Em cada momento no tempo, o nível de competitividade atingido por uma empresa resulta das capacitações produtivas, gerenciais, comerciais e outras, acumuladas no passado, por meio dos gastos efetuados com esse objetivo. Dessa forma, as decisões sobre as estratégias empresariais centralizam os elementos que levam à competitividade e, por sua vez, esse processo decisório envolve avaliações das estratégias alternativas que se tornariam factíveis, diante das capacitações próprias acumuladas, e da sua atratividade econômica, determinada pelos gastos requeridos no seu financiamento frente aos retornos e riscos futuros esperados. Além disso, as estratégias também são avaliadas em relação ao setor e ao mercado de sua atuação, ou seja, são influenciadas pela estrutura de mercado do ambiente competitivo em que se inserem (KUPFER, 1996).

136 • Economia Industrial | Teoria e Estratégias

Portanto, a competitividade da empresa é definida como "a capacidade de a empresa formular e implementar estratégias concorrenciais, que lhe permitam ampliar ou conservar, de forma duradoura, uma posição sustentável no mercado" (KUPFER, 1996, p. 8). Na avaliação da competitividade, os padrões de concorrência, que concorrem com vantagens competitivas diferenciadas entre empresas e setores, apresentam diferentes graus de oportunidade e são mutáveis no tempo, de modo a se ajustarem às transformações ocorrentes nas tecnologias e na organização industrial, bem como no ambiente econômico de forma geral.

Assim, de maneira muito sintética, é possível destacar alguns elementos-chave para o entendimento da dinâmica econômica sob a ótica evolucionista, a qual estabelece como base as inovações em produtos, processos e as formas de organização da produção, sendo que essas inovações não são necessariamente graduais, podendo assumir caráter radical e causando, neste caso, instabilidade ao sistema econômico. Os conceitos de "destruição criadora" de Schumpeter, de "paradigmas técnico-econômicos" de Dosi (1982) e Perez (2002; 2005), associados em analogia com a biologia evolucionista de Darwin, são esclarecedores da essência descontínua atribuída ao crescimento econômico em função da inovação tecnológica (TIGRE, 2005).

No âmbito da tomada de decisão, para atender às premissas da dinâmica econômica e da concorrência, outro conceito é criticado pelos evolucionistas, que diz respeito à ideia de *racionalidade invariante* ou substantiva dos agentes econômicos, que define antecipadamente o comportamento das firmas segundo o princípio da maximização, que não é considerado útil, pois envolve muitas variáveis que não podem ser, *a priori*, conhecidas pelo empreendedor. A visão evolucionista observa a firma como sendo constituída por indivíduos distintos e dotada de características cognitivas próprias. Essa diferenciação leva à noção de *racionalidade procedural*, que implica no fato de que a racionalidade dos agentes não pode ser predefinida, pois é resultante do processo de aprendizado ao longo das interações com o mercado e com as novas tecnologias (DOSI, 1988; CORIAT; WEINSTEIN, 1995; WINTER, 2003; TIGRE, 2005).

Com relação à escolha tecnológica e à capacidade da firma de assumir novas tecnologias por meio da inovação, os neoschumpeterianos ressaltam ainda a existência de trajetórias tecnológicas diferentes e a grande variedade de estruturas de mercado e de características institucionais dos ambientes nos quais as firmas evoluem, como será melhor detalhado no próximo capítulo. Assim, as tecnologias e estruturas de mercado são consideravelmente diversificadas e próprias a cada tipo de indústria, bem como à natureza dinâmica das configurações específicas que condicionam o processo competitivo. Essa visão da *pluralidade de ambientes de seleção* é colocada contrariamente ao princípio neoclássico de eliminação eficaz, pelo mercado, das firmas que não se comportam segundo a maximização dos lucros.

Teorias Evolucionárias ou Neoschumpeterianas • 137

A relação entre tecnologia e estrutura da indústria foi, durante muito tempo, explicada pelo paradigma *"estrutura, conduta e desempenho"*, que se concentrava no estudo sobre os principais fatores que determinam o poder de mercado e que diz respeito ao relacionamento entre o desempenho do mercado e a estrutura de mercado. O *desempenho* do mercado é determinado pelo nível de sucesso de um mercado em conseguir produzir benefícios ao consumidor, enquanto a *estrutura* de mercado consiste nos fatores que determinam a competitividade de um mercado. A estrutura de mercado afeta o desempenho do mercado por meio da *conduta* ou comportamento da firma (SHEPHERD, 1990; CARLTON; PERLOFF, 1994).

Essa relação entre estrutura e desempenho foi questionada por Schumpeter, que salientava que a questão visualizada pelos teóricos economistas é centrada na análise de como o capitalismo administra as estruturas existentes, mas efetivamente a questão principal é como o capitalismo as cria e destrói. A partir das novas teorias da firma, como apresentadas no Capítulo 1, o estudo desta relação vem sendo aprimorado. Como salienta Tigre (2005), a proposta neoschumpeteriana vai além dessas relações ao associar a estrutura de mercado com o ciclo de evolução tecnológica do produto. A nova interpretação da teoria enfatiza que a busca de posições monopólicas não constitui, em si, uma prática danosa à concorrência, mas ao seu objetivo principal. Dessa forma, existem reflexos importantes desta visão para as políticas de concorrência, que consideram a estrutura como a variável exógena que condiciona o comportamento e o desempenho das firmas.

A redefinição apresentada na literatura econômica enfatiza mudanças na cadeia de causalidade tendo em vista a influência mútua dos fatores, ou seja, o desempenho, assim como a conduta, também influencia a estrutura de mercado. Junto à definição de um projeto ou padrão dominante naquele momento, os lucros derivados da exploração de novas formas de produção poupadoras de custos são consideráveis, pois o desenvolvimento de um processo de produção aprimorado envolve a exploração de economias de escala latentes, associado a modos de produção intensivos em capital.

Utterback e Abernathy (1975) argumentam sobre a questão e desenvolvem testes para um modelo de evolução tecnológico que causa um padrão particular de evolução da firma e da estrutura da indústria. Esse modelo propõe que, nos estágios iniciais de uma indústria, as firmas tendem a ser pequenas e a entrada no mercado relativamente fácil, refletindo a diversidade de tecnologias empregadas e sua rápida mudança. Contudo, quando emerge posteriormente um padrão dominante e são desenvolvidos processos de produção especializados, barreiras à entrada começam a crescer e aumentam a escala e o capital necessários para produzir competitivamente.

138 • Economia Industrial | Teoria e Estratégias

As características particulares de determinados serviços de caráter altamente capital intensivos vêm determinando o campo de estudos para o desenvolvimento dos conceitos sobre o papel da inovação em serviços. Esses conceitos atentam para as especificidades dessa inovação na área de serviços, observando as características que não são aplicáveis à inovação manufatureira e à relevância do avanço tecnológico nessa área para a indução ao desenvolvimento de uma economia. Essas inovações nos serviços serão tratadas em maior profundidade em capítulo posterior.

8.5 Considerações finais

A importante visão de Schumpeter sobre a relação existente entre inovação tecnológica e organizacional, competitividade e geração de renda ou de poder de compra é ampliada com a colaboração dos autores neoschumpeterianos, cujas principais ideias, como visto, são encontradas nas obras de Nelson, Winter, Dosi, Pavitt e Soete, entre outros. Salientam a relevância da nova dinâmica do processo de desenvolvimento fora do equilíbrio, para a ampliação da competitividade das firmas, permitindo a apropriação de vantagens absolutas de custo e qualidade, que conduzem à ampliação de seus mercados.

Particularmente a contribuição do conhecimento renovado, internamente às empresas, para a consecução das tomadas de decisão dos agentes, tendo como base a ampliação e a difusão do conhecimento facilitado pela informação, é explicada por Dosi, que chamou atenção para a relevância das externalidades sobre as estratégias concorrenciais das empresas. As externalidades são definidas quando as possibilidades de produção, ou de consumo de uma firma ou indivíduo, são influenciadas (positiva ou negativamente) pelas escolhas de outra firma ou consumidor. A infraestrutura de ciência e tecnologia (representadas pelo conhecimento e especialização) geram externalidades que permitem a interdependência entre setores e tecnologias, definindo a capacidade de incorporação do progresso tecnológico pelas empresas e promovendo a competitividade sistêmica (DOSI; PAVITT; SOETE, 1990).

As teorias neoschumpeterianas, portanto, em suas premissas fundamentais, explicam a relevância da transição para uma economia da informação, que exige uma reestruturação da mão de obra para acompanhar os novos requisitos de conhecimento. De acordo com essas teorias, a reestruturação produtiva e ocupacional interna e crescente pertence ao estágio mais avançado de desenvolvimento de uma economia. Particularmente as novas tecnologias da informação abriram importantes possibilidades para o crescimento da modernização das atividades, obrigando a uma constante adaptação da mão de obra aos novos requisitos criados (KON, 2004).

CAPÍTULO 9

O Desenvolvimento Tecnológico no Contexto da Indústria

• • •

9.1 Introdução

A questão do desenvolvimento tecnológico está sempre presente na análise da economia industrial, focalizando a atenção dos estudiosos sobre a definição de um padrão de política industrial que vise conduzir as empresas à constante reestruturação da competitividade interna e internacional por meio do progresso tecnológico. A questão da busca da modernização tecnológica, pela sociedade de qualquer nação, no caminho do desenvolvimento autossustentado, passa pela conscientização dos aspectos qualitativos específicos dos recursos humanos e de suas possibilidades de ajustamento a novas técnicas em um curto espaço de tempo.

A introdução da inovação tecnológica pelas empresas por um lado está sujeita aos objetivos próprios de desenvolvimento, aos recursos de que dispõe, à natureza do mercado em que opera, ao conhecimento das opções tecnológicas disponíveis e à situação político-econômica do país em que as empresas estão sediadas. No entanto, por outro lado, a escolha da tecnologia apropriada a essas condições e do ritmo das inovações prende-se também à capacidade da força de trabalho existente de ajustar-se aos novos requisitos de capacitação advindos da introdução de técnicas inovadoras.

Este capítulo examina os impactos da modernização tecnológica pelas empresas, sobre a realocação dos fatores de produção. Enfoca a questão da escolha, pelos produtores, de novas técnicas apropriadas a cada nação, a consequente redefinição da divisão do trabalho, as consequências da automação e as implicações regionais resultantes dessa modernização.

9.2 Conceitos e critérios básicos

O entendimento das implicações do progresso tecnológico sobre a empresa industrial deve iniciar-se pela definição dos conceitos e critérios básicos a respeito da criação de novos processos e produtos (BRASIL, 2004; DAVILA; EPSTEIN; SHELTON, 2007; PEREZ, 2002; 2005; GALLOUJ; FARIDA, 2010; IBGE, 2007; FAGERBERG; MOWERY; NELSON, 2005).

Invenção — É a criação de uma nova ideia por meio de um ato intelectual da percepção de uma nova imagem, de uma nova conexão entre velhas condições ou de uma nova área de ação. Pode situar-se em uma gama de posições, desde conceitos científicos básicos até ideias estritamente práticas.

Inovação — Consiste em converter a ideia ao uso prático, cabendo ao inovador estabelecer instalações para a nova produção e trazer o novo produto ou processo ao mercado, embora a inovação possa ser aplicada a situações que não passam pelo mercado. Frequentemente a inovação implica descartar produtos e processos anteriores. A inovação é um ato empresarial que vai além da simples administração da produção e envolve arregimentar o financiamento, arranjar detalhes complexos de engenharia e assumir riscos. As inovações podem caracterizar-se por duas categorias: de processos e de produtos. As inovações de processos simplesmente consistem em alterar as formas de produção de determinados produtos, como novas formas de fundir um metal ou de embalar um produto. As inovações de produtos criam um novo bem para a venda, podendo isto efetuar-se sem qualquer mudança no processo, como a criação do relógio digital substituindo o relógio a corda ou um novo modelo de automóvel.

Imitação — Ocorre quando a inovação é copiada por outros, pela difusão da inovação pelo mercado, que pode ser rápida ou lenta. Embora seja um ato mais seguro e mais fácil do que a inovação, de um modo geral, implica menores recompensas. O imitador, em geral, copia apenas após a inovação ter-se tornado segura e rotineira.

Mudanças autônomas — Quando as mudanças nos processos ou produtos ocorrem naturalmente a partir do fluxo de conhecimentos e tecnologia. Uma mudança em uma área de um processo produtivo ocasiona outra mudança em outras áreas ou, exemplificando, a descoberta de motores de tamanho reduzido, do desenvolvimento da borracha e do óleo para motores possibilitou a criação do automóvel.

Mudanças induzidas — Ocorrem com a intenção de geração de lucros, desde que sem este estímulo elas aconteceriam posteriormente ou não aconteceriam absolutamente. Muitos exemplos de atividades de pesquisa e desenvolvimento comerciais são desse tipo, quando equipes de pesquisadores dedicam-se exclusivamente a encontrar novas invenções que serão compensadoras do ponto de vista monetário.

O Desenvolvimento Tecnológico no Contexto da Indústria • 141

Progresso técnico — É o aumento na relação produto/insumos. Em geral, as tendências da produtividade do trabalho são utilizadas como indicadores *proxy* do progresso técnico; no entanto, cifras baseadas em apenas um indicador são insuficientes para representar o fenômeno em algumas áreas. Existem metodologias que calculam índices de "produtividade total", que incluem cifras sobre trabalho, capital e outros insumos; no entanto, não existem medidas perfeitas das mudanças técnicas.

Oportunidades tecnológicas — Consistem no momento e na conjuntura favoráveis para que determinadas inovações postas em prática tenham chance de progredir. Por exemplo, na área da informática as grandes oportunidades tecnológicas desenvolveram-se a partir de 1960, embora a descoberta seja de algumas décadas anteriores. A tarefa de estimar oportunidades é difícil e sofisticada, com um grau inerente de incerteza e suposições. Muitas oportunidades aparentes podem revelar-se nulas com o decorrer do tempo, como os ganhos com o uso de energia nuclear.

Avaliação de resultados — Compreende a comparação dos benefícios verificados com a mudança tecnológica, com o que seria razoavelmente esperado. Normalmente é efetuada pela comparação dos ganhos líquidos de produtividade com seus custos, ou seja, considerando-se a destruição ou abandono do antigo processo ou produto, a favor do novo. É computada também a subtração do elemento autônomo, isto é, da parte de inovação que ocorreria de qualquer maneira, ao julgar-se os ganhos líquidos da inovação na indústria.

Economias e deseconomias de escala — O progresso técnico está envolvido intensamente com as economias ou deseconomias de escala, já que pode haver uma escala ótima específica para a unidade de invenção ou inovação. Essa escala pode ser grande ou pequena em comparação ao mercado. As inovações utilizam diferentes recursos e qualificações que podem requerer novos investimentos e grandes mudanças em engenharia ou em instalações, cujos custos podem apenas ser compensados com a produção em grande escala. Por outro lado, firmas pequenas com produção limitada podem ser as mais apropriadas para o desenvolvimento de determinados produtos, cuja produção requer maior sofisticação. Por exemplo, os melhores computadores de grande porte nos Estados Unidos eram desenhados e construídos por uma firma pequena denominada *Cray Research*. As maiores inovações tecnológicas no ramo da indústria automobilística têm sido mais efetivamente realizadas em pequena escala em firmas menores, como a Honda e a Chrysler.

9.3 A escolha da nova tecnologia

A dinâmica do desenvolvimento econômico está embasada no processo de acumulação de capital, reforçado pela centralização e concentração, que provoca mudanças

142 • Economia Industrial | Teoria e Estratégias

na estrutura produtiva de uma economia, por meio do desenvolvimento das forças produtivas, da realocação setorial dos fatores de produção, com a consequente regionalização do capital e dos centros dinâmicos de desenvolvimento. Dentro desse contexto, o desenvolvimento das forças produtivas é impulsionado pela introdução da inovação tecnológica, que assume papel primordial na determinação da realocação dos fatores de produção e na capacidade de acumulação. Essa inovação atua na difusão do crescimento econômico e da eficiência entre setores e regiões, de forma diferenciada e de acordo com a capacidade de introdução e assunção do progresso tecnológico pelos vários agentes produtivos (mão de obra, produtores e governo).

Adam Smith já apontava a divisão crescente do trabalho e a especialização de funções no processo de produção como representando um avanço da sociedade no sentido da racionalização de sua capacidade produtiva conjunta:

> Esse grande aumento na quantidade de trabalho, que, em consequência da divisão do trabalho, o mesmo número de pessoas é capaz de realizar, é devido a três circunstâncias distintas: em primeiro lugar, devido à maior destreza existente em cada trabalhador; em segundo à poupança daquele tempo que, geralmente, seria costume perder ao passar de um tipo de trabalho para outro; finalmente, à intervenção de um grande número de máquinas que facilitam e abreviam o trabalho, possibilitando a uma única pessoa fazer o trabalho que, de outra forma, teria que ser feito por muitas (SMITH, 1983, p. 43).

Partindo da base tecnológica subjacente, as sociedades dividem o trabalho entre seus componentes em operações produtivas, distribuindo tarefas e ofícios ou especialidades produtivas, em uma forma de divisão do trabalho conceituada por Marx como divisão social do trabalho. Essa divisão do trabalho em uma sociedade determina a divisão entre ocupações apropriadas aos distintos ramos de produção. Nas sociedades organizadas segundo uma forma capitalista de produção, o trabalho de cada especialidade produtiva é subdividido em operações limitadas, contrariamente às sociedades anteriores ao capitalismo, cuja divisão em ofícios era diferenciando principalmente o papel dos sexos, não implicando em divisão de tarefas dentro dos ofícios. Paralelamente à divisão social do trabalho, portanto, a divisão manufatureira do trabalho é o parcelamento dos processos implicados na feitura do produto, em numerosas operações executadas por diferentes trabalhadores (BRAVERMAN, 1977; KON, 2016a; KON, 2016b).

O desenvolvimento de novas tecnologias tem sido, no decorrer da evolução das sociedades, um agente relevante que conduz à expansão das oportunidades de combinações de recursos materiais e humanos disponíveis. O constante crescimento populacional das nações, de um modo geral, ainda que não considerável em algumas regiões mais desenvolvidas, resulta na necessidade de aumento da produtividade e da eficiência no uso dos recursos, o que é possibilitado pela inovação tecnológica. Como consequência desta, são observados reflexos consideráveis no caráter e na natureza do trabalho humano, que se manifestam por meio de uma diversidade crescente nas ocupações do sistema econômico. Essas consequências serão sentidas em maior ou menor extensão, quer as inovações tecnológicas envolvam todo um processo ou sistema de produção, na criação de um novo produto, quer apenas o aperfeiçoamento de fases do processo produtivo. Serão ainda de maior ou menor impacto caso ocorram rapidamente ou exijam um período de tempo maior para sua caracterização (HILL, 1983; CHAHAD, 1980; TAUILLE; OLIVEIRA, 1987; RATTNER, 1989; KON, 2016a; KON, 2016b).

Portanto, a introdução da inovação tecnológica, por parte de produtores públicos ou privados, implica uma escolha entre diferentes possibilidades tecnológicas, que repercutirão na absorção de maior ou menor quantidade do fator trabalho de diferentes níveis de qualificação, o que determinará a estruturação das ocupações de forma adaptada aos processos produtivos escolhidos. Existirão entre as técnicas conhecidas pela sociedade as que maximizarão o potencial social em termos de bem-estar e, portanto, serão as apropriadas para aquela realidade. A técnica mais apropriada depende do que se está disposto a sacrificar, bem como da prioridade relativa dos objetivos, sejam sociais ou privados (STEWART, 1983). Por outro lado, as microunidades ou empresas privadas elegem sua tecnologia com vistas em seu desenvolvimento econômico, levando em conta seus próprios objetivos, os recursos de que dispõem, a natureza do mercado em que operam e o conhecimento das opções tecnológicas disponíveis.

No âmbito do contexto econômico global, o desenvolvimento tecnológico refletirá essas decisões micro e macroeconômicas, sejam públicas ou privadas, sendo, porém, estas últimas influenciadas pela interferência do Estado, que, por meio de suas políticas fiscais, monetárias, cambiais ou mesmo por meio de legislação com objetivos políticos, altera a distribuição de fatores entre as diversas unidades de produção e a remuneração dos recursos de capital e trabalho.

A discussão sobre a escolha da tecnologia apropriada está presente nas análises do processo do desenvolvimento econômico e da divisão do trabalho de países menos adiantados. No Brasil, por exemplo, ainda se polemiza em torno da forma pela qual foi introduzida a industrialização após a Segunda Guerra Mundial e mais intensamente nas décadas de 1960 e 1970. Algumas correntes de pensamento acreditam que a escolha de tecnologias consideravelmente capital-intensivas, da forma como foram implementadas no país, não consistia na alternativa ideal para o desenvolvimento econômico, pois, embora acarretando taxas expressivas de crescimento do produto, resultaram no alijamento de parte da força de trabalho do processo produtivo, limitando as oportunidades de emprego. Outros analistas refutam essa visão ao salientarem que as estatísticas revelam que as oportunidades de emprego também cresceram proporcionalmente nesse período, em taxas superiores às que se esperariam com técnicas menos capital-intensivas, tendo em vista os efeitos multiplicadores de empregos obtidos face à criação de novos produtos, novos serviços complementares e novas necessidades de consumo.

Como vimos, o que se observa em países capitalistas é que o desenvolvimento econômico é orientado para o desenvolvimento do capital com uma redefinição da divisão social do trabalho pela diversificação da produção, do progresso técnico e da elevação da produtividade. Em países em desenvolvimento, como o Brasil, o progresso das forças produtivas se dá mais frequentemente pela importação de tecnologia, com a adaptação de métodos de produção em uso em outros países, pois o atraso tecnológico deve ser constantemente reposto. Assim, as forças produtivas se desenvolvem em dependência do ritmo do progresso tecnológico dos países avançados e do grau do atraso tecnológico que se verificam nos menos desenvolvidos, muitas vezes às custas do estabelecimento de tecnologias socialmente apropriadas a estes últimos.

As novas tecnologias, introduzidas crescentemente nas últimas décadas nas sociedades desenvolvidas e que recentemente vêm se ampliando para os países em desenvolvimento, referem-se principalmente à microeletrônica, à informática, à biotecnologia e à tecnologia dos materiais. Observam-se transformações econômicas e sociais relevantes em todos os níveis operacionais em que se difundem, embora o ritmo de difusão e os impactos sobre a divisão do trabalho, nas nações menos avançadas, sejam ainda incipientes (BLANCHARD, 1984; TAUILLE; OLIVEIRA, 1987; RATTNER, 1989; KON, 2016a).

De qualquer maneira, o desenvolvimento tecnológico implica mudanças na capacidade produtiva das economias e na participação dos diferentes fatores de produção. Assim, esses conhecimentos técnicos atualizados possibilitam a formação de novos capitais, modificação na organização das empresas e habilitação dos recursos humanos da sociedade. A capacidade de a sociedade ter benefícios com essas mudanças decorre da forma pela qual consegue ajustar-se, com relação à redistribuição desses fatores de produção, de modo que a demanda global se ajuste à expansão do potencial econômico.

9.4 Novos processos e a realocação de recursos

O que se tem observado em países avançados, com mais intensidade a partir dos anos de 1980, é a perda de importância do modelo fordista de industrialização, em que a especialização nas tarefas pela mão de obra e pela máquina resulta nas ideias do *time and motion study* de Taylor, para a organização do processo produtivo. O novo paradigma que está emergindo — cujo exemplo mais marcante é o da econo-

O Desenvolvimento Tecnológico no Contexto da Indústria • 145

mia industrial japonesa desde os anos de 1970 — baseia-se grandemente em um processo contínuo de inovações incrementais e secundárias, em substituição à operação de plantas totalmente automatizadas; a reestruturação desse processo tem como ponto-chave a flexibilidade para produzir vários produtos com o uso dos mesmos equipamentos que são reprogramáveis, associada a novas formas de organização e coordenação de pessoal e do planejamento da produção.

Esse novo paradigma, por alguns autores chamado de nova revolução ou de pós--revolução industrial, visa integrar o trabalhador a todos os aspectos do processo de produção, incorporando à automação e à robótica (inteligências artificiais) a inteligência do homem (MOURA, 1992). O sistema desenvolvido desde a época da Revolução Industrial, de conceber e produzir o produto, e introduzi-lo no mercado no sentido de "empurrar" a produção, vem sendo paulatinamente substituído, nos países desenvolvidos, pelo conceito de orientar a produção a partir das necessidades do cliente e, nesse sentido, de "puxar" a produção. Esse novo comportamento vem ocasionando transformações consideráveis nas empresas, já que estas se reorganizam de modo a funcionarem em pequenas unidades de negócios, subdividindo o processo de produção em células muitas vezes autônomas de manufaturas ou minifábricas. Estas fazem a própria gestão dos negócios, desde a aquisição de materiais, estoques, processamento e expedição dos produtos, manutenção de máquinas, controle da qualidade e, até mesmo, contabilidade.

Trata-se de um estágio mais avançado do denominado processo *just-in-time*, que se baseia em uma produção sem estoques ou com inventário zero, produzindo apenas o necessário e no momento necessário, com o mínimo possível de recursos, eliminando todas as perdas. Essas perdas caracterizavam-se no sistema anterior por atividades de inspeções, esperas e filas na utilização de uma máquina, movimentação de materiais e de peças de uma máquina a outra ou a outro setor ou departamento, por estocagem de materiais, produtos em processamento e acabados não utilizados por certo período. Assim, o conceito de só iniciar o processo seguinte quando for necessário, denominado de filosofia japonesa do *kanban*, baseia-se em só repor o que foi consumido.

Nesse sentido, a organização do processo de trabalho e as relações industriais ficam dependentes da capacidade de a mão de obra também demonstrar padrões de flexibilidade que se ajustem a essa nova filosofia, não apenas no que se refere à capacitação para assumir tarefas variadas, como também à possibilidade de, em curto prazo, submeter-se a treinamento e reciclagem permanentes. Nesse novo processo de gerenciamento da produção, a mão de obra está totalmente envolvida, dando sugestões de melhorias (*kaisen*, em japonês), ao contrário do modelo taylorista em que vigorava a divisão entre os que pensam e os que executam. A mão de obra no novo sistema executa diversas tarefas e diversas operações, aumentando a intensidade do trabalho por operário, que pode até mesmo trabalhar com várias máquinas ao mesmo tempo,

146 • Economia Industrial | Teoria e Estratégias

ao utilizar o tempo automático ou semiautomático da máquina para se deslocar para outra. Assim, a produtividade não é mais medida como produtividade-homem ou produtividade-máquina, mas sim em produtividade-peça ou produto.

Estas novas formas de gerenciamento — *just-in-time* e *kanban* — demandam um investimento pequeno para serem implantadas, especificamente em treinamento, conscientização e acompanhamento da implantação. Além do mais, o sistema é adaptado também a equipamentos tradicionais, e não apenas à tecnologia de ponta, já que enfatiza o envolvimento da criatividade e do intelecto do homem, e não apenas da máquina. O processo de desenvolvimento econômico na atualidade, portanto, está fortemente vinculado às condições em que a força de trabalho se adapta às mudanças necessárias ocorrentes nesse processo de inovação tecnológica.

A maneira pela qual a acumulação de capital promove o desenvolvimento, seja por meio de mudanças no processo de produção e de organização ou por novos produtos, como vimos anteriormente, está por sua vez relacionada à divisão social do trabalho em um dado momento e à distribuição de renda de uma nação que atua não apenas determinando a demanda e, portanto, o emprego (em uma visão keynesiana) como também o valor da força do trabalho e sua posterior divisão ocupacional.

Assim, as mudanças de processo aumentam a produtividade em ramos de produção já existentes, tornando o produto mais barato e mudando a relação capital/trabalho ao reduzir essa relação em alguns ramos e elevá-la em outros; pode ocorrer, a partir dessa dinâmica, uma redução na quantidade de trabalho necessária à produção de uma mesma quantidade de produto ou o aumento do trabalho por homem, como vimos, reduzindo o emprego em setores específicos da economia. Por sua vez, o surgimento de novos produtos significa a substituição por produção local, de bens anteriormente importados ou não consumidos, resultando na ampliação da atividade produtiva como um todo e no aumento líquido do emprego (KON, 2016a).

As formas de mudanças no processo de produção ou de novos processos podem ou não se complementar, dependendo da situação de emprego da força de trabalho da economia no momento. Se houver uma situação de pleno-emprego, por exemplo, o desenvolvimento das forças produtivas só pode ser verificado por meio de mudanças de processos que liberam mão de obra permitindo assim a introdução de novos produtos. Se não estiver ocorrendo a situação de pleno-emprego, é possível a introdução de novos produtos sem que tenham acontecido anteriormente mudanças nos processos produtivos e na relação capital/trabalho da economia. Nesse caso, o crescimento da demanda por trabalho acarreta elevação dos salários, verificando-se, portanto, que as mudanças de processo que poupam mão de obra são mais interessantes para o empresário, pois proporcionam maior lucratividade e, consequentemente, uma taxa mais elevada de acumulação do capital.

O Desenvolvimento Tecnológico no Contexto da Indústria • 147

Por outro lado, o aumento da demanda por mão de obra de maior qualificação, em períodos de introdução da inovação tecnológica, resulta na polarização da renda em altos salários, o que, por sua vez, modifica a demanda por produtos, atendendo a necessidades de camadas de rendas mais altas. Isso possibilita a continuação da dinâmica da acumulação e da redivisão social do trabalho.

Observando a divisão do trabalho pelo ângulo dos processos de produção e examinando-se ainda a grande empresa retratada como forma resultante da concentração e centralização do capital, constatamos que esda divisão sofre os impactos de um aperfeiçoamento no conjunto de conhecimentos que representam as técnicas, pois, como vimos, a distribuição do trabalho é condicionada a mudanças nos processos produtivos ou à produção de novos produtos e manifesta-se a partir da introdução do progresso tecnológico por meio do desenvolvimento das forças produtivas.

Esse desenvolvimento das técnicas altera substancialmente a forma anterior da divisão social do trabalho, pois essas técnicas, em sua parte operacional, definem uma série nova de atos e normas que orientam sua aplicação sequencial, e a mão de obra deve estar adaptada a essas operações. Sendo cada ocupação definida tecnicamente por uma série de atos e normas, em um determinado momento, a estrutura ocupacional da economia reflete a forma pela qual este conhecimento tecnológico se difundiu e foi capaz de ser absorvido pela força de trabalho. O repositório de técnicas conhecidas é apenas uma parte de um conjunto maior de conhecimentos humanos, que se expressa pela compreensão da propriedade das coisas, das relações entre objetos e propriedades, bem como das estruturas de interpretação (NELSON; PECK; KALACKED, 1967; KON, 2016). Parte desse conhecimento é ciência, mas parte baseia-se em experiência com generalizações puras e simples.

Assim, a possibilidade da população de um país ter maior ou menor acesso ao conjunto mais geral de conhecimentos - via escolarização elementar ou acesso à experiência por meio de treinamento em alguma atividade produtiva - é que determinará o nível e a capacidade de ajustamento daquela sociedade às exigências da inovação tecnológica, tendo em vista as características de qualificação de sua força de trabalho. Teoricamente, todas as técnicas podem ser transmitidas como sendo um conjunto de instruções. No entanto, indivíduos com poucos conhecimentos gerais não poderão utilizá-las tão bem quanto um técnico ou um indivíduo de maior qualificação.

Dessa forma, as ocupações em um sistema econômico adaptam-se a funções específicas criadas pelos processos de produção, refletindo conhecimentos apropriados a determinado estado da técnica. A transmissão de conhecimentos técnicos à força de trabalho por meio da educação, do treinamento ou da experiência, ao atender às necessidades de absorção de uma nova tecnologia, altera a divisão social do trabalho existente. As inovações tecnológicas que visam ao aumento da produção e da produtividade utilizam cada vez mais o fracionamento das técnicas em subtécnicas e em

148 • Economia Industrial | Teoria e Estratégias

uma série hierárquica de programas de coordenação. As atividades são decompostas em subatividades que podem ser executadas independentemente, atribuindo-se à máquina parte da operação e do controle e, muitas vezes, diminuindo (em vez de aumentar) o conhecimento de suas operações. Para o desempenho de determinada função ou ocupação, em certos casos, não é necessário o conhecimento de todos os detalhes da tecnologia, pois a utilização desta passa a ser responsabilidade de uma equipe. O operário em determinada ocupação necessita conhecer apenas a técnica relevante ao seu trabalho.

Portanto, as técnicas e os conhecimentos se associam a ocupações e funções cada vez mais especializadas e sua transmissão torna-se institucionalizada no treinamento ocupacional e profissional. A decomposição das atividades e o sistema de treinamento permitem a redução no volume de conhecimentos (desqualificação da mão de obra), mas a maior parte das ocupações exige algum tipo de conhecimento adquirido para aquela função, ainda que não altamente qualificado.

Por sua vez, a maioria das atividades requer que alguns indivíduos envolvidos tenham conhecimentos altamente especializados, situando-se em ocupações de chefia e coordenação. Quando a tecnologia é automatizada ou tão nova que não existe experiência anterior, o sistema educacional global é o fator mais importante para o suprimento da mão de obra que se adapte às novas funções ou ocupações criadas.

Em um nível constante de conhecimento tecnológico, a produção por operário pode ser aumentada com a instalação de mais equipamentos ou aperfeiçoamento do treinamento até que as possibilidades de expansão se esgotem. Porém, com a introdução de novas tecnologias e a criação de novas ocupações, a mão de obra que revelar maior capacidade de aprender rapidamente novas técnicas terá vantagens em termos salariais. Altas remunerações ocorrem se o novo processo ainda não foi rotinizado, de modo a atrair os indivíduos de educação superior que são mais fácil e rapidamente capacitados para novas tarefas. Portanto, o progresso tecnológico cria altos níveis de demanda por pessoal capacitado, o que é confirmado pela observação da estruturação ocupacional de países ou regiões de diferentes níveis de progresso tecnológico, conforme pesquisa de Kon (1992; 2016a).

9.5 Os impactos da automação

Em nível médio, internamente às empresas, a crescente subdivisão do trabalho — resultante da modernização econômica com a introdução de novas técnicas que, como salientamos anteriormente, criam novas funções e ocupações — implica muitas vezes na automação dessas funções. Essa automação traz uma nova concepção sobre a estrutura organizacional e ocupacional das empresas. Tauille chama atenção para alguns aspectos dessa nova concepção ao salientar que a automação rompe com a antiga estrutura ocupacional baseada em uma organização tipo taylorista/fordista, que controlava o tempo pela qualificação do trabalho, e a nova organização cria alto grau de flexibilidade e versatilidade ao levar a extremos a fragmentação do saber técnico, inclusive de atividades altamente qualificadas. Por outro lado, do trabalhador especializado parte-se para o trabalhador polivalente com muitas habilidades, responsabilidades e iniciativas em alguns ramos de atividade (TAUILLE; OLIVEIRA, 1987; KON, 2016a).

Este autor salienta ainda que as novas ocupações resultantes refletem uma homogeneização crescente da força de trabalho, aliada a uma nova cultura profissional, nova formação técnica que privilegia a capacidade de abstração à habilidade manual; além do mais, a par da desqualificação operacional de parte da mão de obra que se observa, bem como do processo de terciarização e "escritorização" da economia, da fábrica e da planta, verifica-se também uma revalorização do nível de escolarização e o envolvimento de outra parcela dos trabalhadores com motivação e interesse pelo trabalho. São primeiramente afetados pelas transformações os trabalhadores desqualificados, mais vulneráveis à substituição por novos equipamentos; a seguir, estão os trabalhadores em ocupações que envolviam máquinas e ferramentas universais, que foram substituídas pelas microeletrônicas, passando aqueles à tarefa de simplesmente monitorizar o equipamento, sem liberdade de controlar ou planejar o trabalho. Portanto, forma-se uma nova elite profissional, responsável pela operação em equipamentos caros e complexos, a quem se pagam adicionais de salários, devido a novos atributos individuais requeridos, surgindo conflitos nas plantas modernizadas, entre novos e antigos operadores, e inicia-se certa mobilidade vertical (antes inexistente) entre operários. Com a automação, o setor de manutenção adquire importância, requisitando ocupações técnicas com pessoal multiqualificado (em eletrônica, mecânica, eletricidade, hidráulica e pneumática, por exemplo), e formam-se grupos altamente qualificados em administração e gerência, com maior impacto nos escritórios.

As diferentes ocupações resultantes do maior ou menor grau de inovação tecnológica requerem uma série de atributos do operário habilitado para exercê-las, que se apresentam em menor ou maior grau, quais sejam: um determinado esforço físico e mental, habilidade manual ou geral (compreensão e competência na arte), educação (uso da teoria formal aplicada à tarefa), experiência, riscos de acidentes, responsabilidade, grau de decisão (julgamentos que afetam o funcionamento do trabalho), influência na produtividade e antiguidade. Para cada função são exigidas algumas dessas qualificações, que são afetadas pela penetração da automação. À medida que aumenta a automação, há a evolução de um nível para outro de qualificação, como pode haver a substituição do esforço manual pelo mecânico ou a máquina passar para o controle, com poder de autocorreção e de fornecer informações que servem de base para decisões, tais como seleção de velocidade, de temperatura, etc. Dessa forma, as

150 • Economia Industrial | Teoria e Estratégias

ocupações mais mecanizadas reduzem as funções do operador. No entanto, passa a existir a necessidade de outras tarefas indiretas como programação (informática), engenharia, matemática, que criam novos trabalhos especializados.

Com relação às vantagens para as novas ocupações criadas pela automatização, os pontos de vista encontrados na literatura são também conflitantes, ou seja, alguns analistas consideram que os resultados são favoráveis, pois o trabalho se torna menos monótono e rotineiro, com níveis superiores de educação e treinamento e com maior remuneração. Outras abordagens salientam que as consequências são desfavoráveis, pois o trabalhador médio será deslocado pelo equipamento de maior produtividade, porque lhe faltam instrução e capacidade para exercer essas funções automatizadas. Isso porque essas transformações ocorrem em pouco tempo, e a mão de obra existente não pode atender à demanda por maior qualificação, sem treinamento intenso; dessa forma, algumas empresas, no curto prazo, substituem a mão de obra não habilitada por operários já qualificados ou aptos a se adaptarem rapidamente às novas ocupações.

No entanto, pode ocorrer também, em determinadas empresas, que a automatização reduza as exigências de qualificação da mão de obra ao requerer menor habilidade do operador, após certos níveis de mecanização, e o trabalhador médio ser capaz de fazer diferentes tarefas mais rápida e facilmente com o uso de máquinas altamente automatizadas (BRIGHT, 1963; KON, 2016a).

Com relação especificamente ao saldo líquido dos movimentos de qualificação ou desqualificação da estrutura ocupacional, bem como dos efeitos sobre o nível de emprego, as opiniões encontradas na literatura são contraditórias. Permanecem dúvidas sobre o saldo líquido entre o desemprego tecnológico e o emprego compensatório resultante das transformações na estrutura ocupacional, que pode ser positivo ou negativo, dependendo da taxa de crescimento da inovação tecnológica e do direcionamento setorial destes investimentos. O que permanece em consenso é o potencial altamente desestabilizador da estrutura ocupacional resultante da introdução do progresso tecnológico via automação.

9.6 As implicações regionais da inovação tecnológica

Outras implicações das transformações estruturais resultantes do progresso tecnológico, no que se refere à espacialidade de seus impactos, e observando-se os ajustes internamente a cada espaço diferenciado de uma nação, dizem respeito ao ritmo em que se verificam os ajustamentos da mão de obra ao processo de aceleração da especialização, tendo em vista as especificidades de sua força de trabalho; essas condições estão associadas à tipicidade da estrutura ocupacional vigente naquele

O Desenvolvimento Tecnológico no Contexto da Indústria • 151

momento e à capacidade da obtenção de maior qualificação em curto prazo dos trabalhadores, o que repercutirá na escolha da tecnologia a ser implantada em cada região pelos produtores.

Paralelamente a essas implicações relacionadas à mão de obra, os processos de inovação tecnológica dependem da possibilidade de cada região ter condições de uma demanda potencial suficiente (interna ou externa), para o aumento da produção resultante, ou da capacidade daquela inovação induzir uma demanda pela nova produção. Por outro lado, estão sujeitos também à disponibilidade de poupanças internas ou externas à região, suficientes para financiar novos investimentos; isto, por sua vez, implica na expectativa positiva de retornos vantajosos a estes investimentos de capital, que podem esbarrar nas condições de desvantagens relativas de determinados espaços econômicos. A par disso, é suposta uma dotação satisfatória de capital específica para investimentos públicos em infraestrutura, que favoreça o processo de investimentos e de inovações naquele espaço (NIJKAMP, 1983; FUJITA; KRUGMAN; VENABLES, 2001).

Assim, é necessária uma combinação de capital privado e público e de uma oferta de mão de obra com qualificações específicas, como condição para a criação de mudanças tecnológicas consideráveis em uma região. Essas mudanças podem ser consideradas como fatores propulsores do processo de desenvolvimento econômico regional e manifestam-se primordialmente por meio do fenômeno de polarização. O espaço polarizado, ao propiciar vantagens na escala de produção, elos intersetoriais (*linkages*) e a possibilidade de maior grau de inovação tecnológica, molda as condições necessárias para uma rápida difusão dos impulsos de crescimento dos setores propulsores para outros setores.

Historicamente, observou-se uma forte conexão entre atividades inovadoras e a dinâmica espacial, que se associam ainda à política de investimentos públicos em infraestrutura, produzindo ciclos urbanos e regionais de desenvolvimento, paralelamente aos ciclos de inovação tecnológica, conforme constatou Nijkamp em suas pesquisas. Essa dinâmica se faz sentir por meio de diferentes fases de desenvolvimento, que se relacionam às cidades como fatores-chave para a geração da inovação e que condicionam e são condicionadas pelos movimentos de ajustamentos da mão de obra.

Esses processos dinâmicos referem-se a efeitos de difusão geográfica da inovação tecnológica — conhecidos como efeitos dispersão e de repercussão (*spread and backwash effects*) — que se multiplicam via migração, fluxos de insumos e de produtos e fluxos de capital. Além do mais, quando as deseconomias de aglomeração ou os efeitos de congestão espacial se fazem sentir em determinadas áreas concentradoras do progresso tecnológico, as atividades inovadoras se deslocam mais rapidamente para outras áreas (MYRDAL, 1972; FUJITA; KRUGMAN; VENABLES, 2001). Assim, se o potencial inovador requer um patamar mínimo de dotação de infraestrutura como fonte de desenvolvimento regional e/ou urbano, podem também ocorrer efeitos de congestão após certo nível considerável de concentração.

Dessa forma, observamos a forte relação entre progresso tecnológico e a configuração espacial do desenvolvimento econômico, que implica em formas também diferenciadas de ajustamento da mão de obra a esta dinâmica, definindo distribuições diversas nas estruturas ocupacionais regionalizadas.

Devemos aqui buscar a origem dessa dinâmica espacial na evolução dos elementos resultantes de formas de organização da produção mais desenvolvidas, ou seja, na diminuição rápida dos custos de transportes, na redução do peso de alguns produtos industriais, no desenvolvimento do consumo em massa e na produção em grande escala, que requerem uma estandardização dos processos mediante a extensa mecanização; esses fatores permitem o emprego de trabalhadores não qualificados, bem como o recrutamento de nova força de trabalho em áreas carentes de tradições industriais, ao mesmo tempo em que exigem maior qualificação de parcela da mão de obra.

Essas transformações não se podem materializar nas formas estruturais preexistentes, pois requerem o apoio das grandes empresas e do Estado que, graças a seu poder técnico, financeiro e de organização é capaz de implantar novos processos complicados de grande escala em um contexto espacial. A capacidade de a grande empresa dividir suas operações em departamentos especializados (por exemplo, direção, pesquisa, comercialização, produção, etc.) permite que cada departamento busque a força de trabalho mais adequada, a um custo menor, propiciando a dispersão de sua produção para áreas menos urbanizadas que os centros polarizados.

Essas diversidades espaciais repercutem nos níveis regionais de qualificação e na localização dos tomadores de decisões; nas áreas menos desenvolvidas, o baixo nível técnico dos processos produtivos traz consigo a ampliação do emprego menos qualificado, enquanto nas outras áreas nota-se um crescimento mais rápido das qualificações e um grande desenvolvimento do emprego em ocupações de direção, pesquisa e administração, como observado no nível internacional (SCHOENBERGER, 1988; SCOTT; STORPER, 1988; KENEN, 1998; KRUGMAN, 2014).

Para o caso brasileiro, observou-se que as diferenciações regionais na estruturação ocupacional também refletem esses fatores e resultam de condicionantes originados pela composição da oferta e pela demanda de mão de obra por um lado e, por outro, do nível de disponibilidade de uma infraestrutura de serviços complementares que favoreçam a introdução do progresso tecnológico. Os determinantes da oferta de trabalho referem-se particularmente ao nível e às características qualitativas de escolaridade e treinamento da força de trabalho, bem como ao grau de urbanização da região. E a demanda por trabalho é determinada, entre outros fatores, pela escolha por parte das empresas do grau e das características da inovação tecnológica que se ajustem às condições regionais específicas de disponibilidade de recursos humanos e de infraestrutura de serviços complementares (KON, 1995; KON, 2016a).

CAPÍTULO **10**

Os Recursos Humanos na Indústria

• • •

10.1 Introdução

Ao analisarmos a Economia Industrial de um país, o mercado de trabalho assume relevância tanto em sociedades desenvolvidas quanto em vias de desenvolvimento. Quer do ponto de vista da formação de renda, de mercado consumidor ou de alocação de fatores, a qualidade e a quantidade de absorção de mão de obra na indústria têm reflexos diretos sobre as condições de emprego dos demais setores. Neste capítulo serão analisados inicialmente conceitos relacionados a emprego, subemprego e desemprego no mercado de trabalho, em uma visão da inserção deste mercado no sistema econômico como um todo. Em seguida será examinada a migração da mão de obra em países que se encontram em fase de (des)ajustamentos regionais e as consequentes implicações sobre a absorção setorial e regional desses trabalhadores. A seção final apresenta um panorama do ajustamento dos recursos humanos no Brasil.

10.2 O problema ocupacional

Antes de serem examinadas as condições específicas de alocação dos recursos humanos no setor industrial, é necessário esclarecer alguns conceitos globais relacionados ao emprego, subemprego ou desemprego no mercado de trabalho e à inserção deste mercado no sistema econômico global.

Observa-se que face ao constante aumento vegetativo da população em cada fronteira nacional, um incremento da oferta de colocações — seja em países desenvolvidos ou, com maior intensidade, em países em desenvolvimento — constitui uma reivindicação primordial, quer para manter um nível equilibrado de crescimento econômico, quer para permitir que uma parcela maior da população possa usufruir ao menos de um salário consistente com um nível mínimo (e discutível) de bem-estar por meio de hábitos de trabalho.

154 • Economia Industrial | Teoria e Estratégias

Se considerarmos a situação das nações menos desenvolvidas, ficaremos frente a frente com o conflito inevitável entre os objetivos de aumento no volume de empregos e outros meios mais rápidos e efetivos de desenvolvimento econômico, representados por meio de crescente capitalização das empresas, que, de um modo geral, diminuem a relação capital/trabalho da economia. No entanto, esses países, na sua grande maioria, ainda se encontram em uma situação em que tem sido dificultada a obtenção da meta considerada aceitável no montante de empregos, a curto, médio ou mesmo longo prazos, devido à escassa disponibilidade de capital e outros recursos produtivos (como a limitação de conhecimento de técnicas adequadas) e à necessidade de ser mantido um equilíbrio no nível de desenvolvimento regional. Nessas circunstâncias, o objetivo premente e imediato consiste na criação de um número suficiente de novas oportunidades de trabalho, de modo a manter um equilíbrio com o aumento populacional, no sentido de diminuir as taxas de desemprego e subemprego, comuns em nações em vias de desenvolvimento. No entanto, na maior parte desses países, às voltas com problemas estruturais crônicos e frequentemente com medidas governamentais conjunturais de estabilização, verificam-se constantemente conflitos entre interesses antagônicos de crescimento do emprego e restrição da demanda.

As economias em desenvolvimento caracterizam-se pela coexistência de setores tradicionais arraigados e setores modernos que, de um modo geral, expandem muito lentamente e, dessa maneira, não logram absorver o aumento populacional por meio da substituição do setor tradicional precário. A aculturação ocasionada pela modernização tecnológica muitas vezes desagrega o setor tradicional, face à pequena acumulação de capital que limita as oportunidades de inversões competitivas com os setores modernos oligopolizados. Organizado na sua maior parte com base em médias empresas ou em pequenas empresas familiares, a capacidade desses setores de absorver o excedente populacional de menor nível de qualificação e produtividade permite, por conseguinte, um aumento de uma situação de subemprego ou de emprego redundante. Nesse sentido, o emprego redundante se caracteriza quando a produtividade marginal do trabalho é ínfima ou nula (em uma abordagem neoclássica). É possível conceituá-lo, portanto, como uma situação em que, se for tomado o volume da força de trabalho como um dado, a retirada de certa quantidade do fator trabalho para outros usos não diminui de forma notável o produto total da atividade de onde esse fator foi retirado. O crescimento econômico é então absorvido pelo crescimento populacional (KON, 2016a).

Na maioria dos países menos desenvolvidos, observa-se uma situação de subemprego, em que parte da mão de obra existente é compreendida por trabalhadores que ocupam empregos em condições de tempo parcial, de temporada, ocasionais ou ainda de inerente baixa produtividade. Em tais países, esse fenômeno dá-se de forma mais aguda na Agricultura, nas fases iniciais de desenvolvimento, deslocando-se gradativamente para as áreas urbanas por meio de constantes migrações. Nessa situação, parte da força de trabalho está pronta a aumentar sua atividade produtiva, a taxas de salários nominais existentes no caso de haver ocupações disponíveis, ainda que a salários reais decrescentes.

Por outro lado, o desemprego propriamente dito, em países menos avançados, confunde-se frequentemente com o subemprego, desde que a força de trabalho especializada em determinado setor ou atividade muitas vezes dirige-se a outras atividades, que assumem a forma de subempregos. Assim, é usual a confusão entre desemprego disfarçado e subemprego, e uma forma cíclica dessas situações associa-se à limitação de capital e de meios técnicos disponíveis. Tal subemprego ocorre com frequência em países que exportam produtos primários e que dependem diretamente da demanda externa por esses produtos. Nesse caso, o setor de subsistência será o absorvedor do excedente da força de trabalho liberada pelas flutuações cíclicas da demanda externa; se tal setor for pouco importante na estrutura produtiva do país e, portanto, incapaz de absorção considerável, tanto maior será o desemprego aparente, ou involuntário, de acordo com a noção keynesiana de desemprego, que prende-se à força de trabalho disponível que não encontra aproveitamento aos salários vigentes.

Paralelamente à quantidade de novas ocupações oferecidas, o problema ocupacional, de modo mais alarmante nos países menos desenvolvidos, prende-se também às condições específicas desfavoráveis de qualificação e produtividade do trabalho, do nível de remunerações, da eficiência produtiva e da capacidade de ajustamento à introdução de inovações tecnológicas. Além disso, as condições micro e macroeconômicas de imperfeições do mercado, a limitada substituição técnica dos fatores de produção e as divergências entre demanda e oferta e bens e serviços exacerbam as desvantagens desses países com relação às taxas de desemprego.

10.3 A migração e a absorção da mão de obra pela indústria

Outro aspecto relevante a ser examinado quando se analisa a distribuição dos recursos humanos no processo de industrialização refere-se às implicações dos movimentos migratórios relacionados a este desenvolvimento. Essas implicações dizem respeito, por um lado, às condições de inserção desses indivíduos migrantes na população economicamente ativa e na estrutura das ocupações das regiões receptoras e, por outro lado, às consequências da saída deles de suas regiões de origem.

As migrações inter e intrarregionais são uma parte essencial do processo de desenvolvimento industrial, seja porque os fluxos de pessoas podem ser processos reguladores dos desequilíbrios regionais — embora grande parte das vezes funcionem como desequilibradores — seja porque representam um papel relevante no processo de transformação estrutural da sociedade, principalmente no que se refere ao movimento rural-urbano, que conduz a mudanças qualitativas, passando o migrante de uma sociedade rural tradicionalista para uma sociedade urbana, industrializada e inovadora. Nesse contexto, as migrações internas são mecanismos de distribuição espacial da população que se adapta ao rearranjo geográfico das atividades econômicas, exprimindo a racionalidade macroeconômica do progresso técnico, que orienta para a cidade os fluxos de investimento.

Em termos de mercado de trabalho, a migração não constitui apenas um processo equilibrador da oferta e demanda por mão de obra, mas também transformador, uma vez que, com o ato de migrar, a força de trabalho absorve técnicas do lugar de destino, passando por mudanças consideráveis no seu nível de qualificação, que podem se refletir na sua alocação em uma posição diferente em relação à estrutura de ocupações de seu lugar de origem, com reflexos na renda auferida e na produtividade regional.

Alguns autores, como Heijke e Klaassen (1979), distinguem a noção de migração (número de pessoas que se movem de uma região para outra) da noção de mobilidade (como propensão das pessoas a se movimentarem para outras regiões). A migração é vista como o impacto combinado da mobilidade com o impulso para o movimento. A diversidade espacial — que compreende fatores como população, posição de emprego e de ocupações, moradia e ambiente de vida — é o principal fator que gera impulsos, e a mobilidade é a propensão a reagir a essa diversidade espacial.

As migrações também devem ser observadas no âmbito de um macrossistema social, em que se inter-relacionam os subsistemas cultural, participacional, político e econômico (JAGUARIBE, 1975), deixando de ser um processo linear e unidirecionado para ser causa e efeito desses inter-relacionamentos, visto como um processo circular interdependente, complexo e automodificável (FAISSOL, 1973; HOLANDA FILHO, 1989; GONÇALVES, 2001).

Como consequência, o processo de desenvolvimento industrial é causa e efeito do processo migratório, pois se a migração interfere no processo modelador do espaço e dos padrões de distribuição da força de trabalho em ocupações, industriais ou não, uma vez estabelecidos estes padrões, eles interferem consideravelmente nos níveis posteriores desse desenvolvimento bem como nos fatores de atração e repulsão dos trabalhadores por uma região. Algumas pesquisas revelam que os padrões de comportamento que estão por trás da mobilidade e da migração tendem a mudar com o tempo, com reflexos no processo modelador do espaço (HEIJLE; KLAAASSEN, 1979).

Assim, por exemplo, se a força de trabalho excedente do campo, em uma dada região, emigra em direção à cidade em um primeiro momento do desenvolvimento econômico, fornecendo a mão de obra necessária para o impulso à industrialização, em um segundo momento, o próprio processo polarizador desse desenvolvimento industrial acaba por estabelecer as condições para o prosseguimento dessa emigração, ou alternativamente (se, por exemplo, a região de origem for fornecedora de maté-

Os Recursos Humanos na Indústria • 157

rias-primas para aquelas indústrias), as condições para a força de trabalho rural ali permanecer.

Entre os fatores de expulsão da mão de obra de uma região, encontram-se as mudanças observadas nos modos de produção industrial ou agrícola, com a introdução de esquemas capitalistas, via crescente mecanização dos processos produtivos, criando um desemprego tecnológico ao reduzir o nível de emprego. Por outro lado, outro fator a ser considerado é a pressão populacional sobre a disponibilidade de terras cultiváveis, que pode redundar em insuficiência física dessas terras, tendo em vista o regime de propriedade de certas áreas.

Os fatores de atração fazem parte do processo de centralização das atividades econômicas e da formação de economias de aglomeração, acelerados pelo processo de industrialização. Nesse sentido, como salientado por Myrdal, as regiões favorecidas acumulam crescentemente vantagens, atraindo a mão de obra, em detrimento de áreas pouco desenvolvidas que acumulam desvantagens, expulsando essa força de trabalho, exacerbando as desigualdades regionais no nível de desenvolvimento.

Se a demanda por força de trabalho proporciona oportunidades econômicas que motivam a atração, por outro lado a insuficiência de recursos impede a uma parcela dos imigrantes a possibilidade de absorção no mercado urbano assalariado ou permite sua absorção sem a aquisição dos benefícios sociais ligados ao emprego legalizado. Quer esses desajustamentos ocorram face às mencionadas insuficiências de recursos para o aumento de empregos na velocidade e no montante requeridos, caracterizando uma oferta de trabalho maior que a demanda, quer resultem da falta de qualificação da mão de obra para assumir novas ocupações mais complexas, o que se verifica é a alocação desses trabalhadores em ocupações autônomas, informais ou, ainda, caracterizando empregos assalariados sem vínculo empregatício legalizado no setor formal.

Tendo em vista que, em decorrência da introdução de inovações tecnológicas — que resultam em aumento da produtividade — observa-se, nas áreas industrializadas de países menos desenvolvidos, que a demanda por força de trabalho cresce menos que o produto, instala-se como consequência uma situação de desequilíbrio entre a oferta e demanda no mercado de trabalho, que tende a perdurar, agravando-se em momentos de recessão econômica. No entanto, a produção autônoma, embora em grande parte mal remunerada, dá ao imigrante pelo menos uma opção de melhor remuneração e de emprego alternativo em relação ao meio rural, embora, muitas vezes, a melhora nas condições de vida em relação ao campo seja apenas aparente.

Dos tipos de migração verificados — a rural-rural, a rural-urbana e a urbana--urbana — observa-se uma associação mais intensa das duas últimas ao processo de desenvolvimento econômico, que reverte a situação das estruturas produtivas e ocupacionais. Isso se dá porque esses movimentos de pessoas, além de representarem

158 • Economia Industrial | Teoria e Estratégias

uma natureza espacial (horizontal), envolvem a permanente transformação (vertical) de técnicas produtivas, atitudes e movimentações, criando novos padrões de comportamento.

Por ser um processo que se desenvolve de forma sistêmica, a migração implica interações que afetam tanto as áreas de emigração quanto de imigração, como vimos, e dependem, em parte, da estrutura da demanda atendida pela economia e das técnicas escolhidas para cada ramo produtivo. A par disto, quando a agricultura se capitaliza, expande grandemente sua demanda por mercadorias e serviços produzidos na zona urbana, acelerando a divisão de trabalho entre campo e cidade e estabelecendo um nexo causal entre volume de força de trabalho liberada pela zona rural e demanda pelo produto urbano, embora possam acontecer desequilíbrios, como vimos, na capacidade de absorção desses trabalhadores no setor urbano.

Os movimentos migratórios têm profundas consequências sobre a natureza da força de trabalho, que ocorrem em face das transformações demográficas, tanto nas regiões de emigração quanto de imigração. Em primeiro lugar, observam-se mudanças nessas estruturas demográficas, representadas por modificações na estrutura etária da população por meio de um mecanismo seletivo, pois verifica-se, a partir de pesquisas empíricas, que os mais jovens têm a maior propensão para migrar (FAISSOL, 1973; GONÇALVES, 2001). Por outro lado, a seletividade também é verificada em relação ao sexo, constatando os estudos empíricos que a curtas distâncias é maior o número de mulheres que migram particularmente para os centros mais adiantados. Os homens dirigem-se a regiões mais distantes, onde os riscos são maiores, estabelecendo novos povoados e explorações.

Outro efeito de natureza demográfica é a alteração do coeficiente de masculinidade, ou seja, o número de homens em relação à população total, o que pode acarretar, como consequência, em diminuição das taxas de natalidade em regiões de emigração, embora esse fenômeno não resulte necessariamente em aumento dessas taxas nas regiões de destino (BRITO, 1973; 2006; GRAHAM; HOLANDA FILHO, 1984).

A par das mudanças demográficas, os estudos empíricos observam a seletividade educacional, verificando que os que emigram, em geral, têm um nível educacional mais elevado em sua região de origem, porém um nível mais baixo em relação às regiões urbanas de destino. A seletividade se observa ainda quanto à ocupação, pois os que exercem atividades não manuais apresentam maior mobilidade espacial do que os que exercem atividades manuais.

Sumarizando, podemos inferir que os movimentos migratórios, alterando, por um lado, a natureza da oferta de trabalho e, por outro, refletindo transformações na demanda rural e urbana por trabalho, representam um papel preponderante no processo de estruturação regional da força de trabalho, com consequências, como vimos, sobre o desenvolvimento industrial, que se revela espacialmente diferenciado e com reflexos na renda *per capita*.

A abordagem tradicional sobre o desenvolvimento econômico tende a relacionar a migração ao objetivo de maximização da renda *per capita* ao influir sobre o tamanho da população de uma área. Melhor explicando, uma área se tornaria superpopulosa ou subpopulosa, via migração, se respectivamente um decréscimo ou um aumento da população contribuísse para elevar a renda *per capita*. Essa sub ou superpopulação, de acordo com essa visão, ocorreria relativamente a outras variáveis econômicas, como oferta de recursos naturais, estoque de capital, nível tecnológico, tamanho da força de trabalho, etc. (BOURDON, 1983).

Nesse sentido, a variável população é utilizada, em alguns modelos teóricos (HAAG; WEIDLICH, 1983; DEJON, 1983; DENDRINOS; MULLALY, 1985; SHOENEBECK, 1983); HOLANDA FILHO, 1989; apud KON, 1995), para comparar as relações entre a migração interna e o crescimento econômico ou o desenvolvimento industrial, salientando a extrema importância da mobilidade dos recursos humanos nesse processo. Esses modelos analisam a força de trabalho de uma região, reforçada pela migração, salientando que, do lado da oferta de mão de obra, as taxas de crescimento populacional entre diferentes regiões não são as mesmas, em função de fatores, como grau de urbanização, peso relativo da agricultura (onde são maiores essas taxas), da indústria, composição religiosa da população, nível de educação, etc. Dessa forma, algumas regiões são quantitativamente produtoras mais eficientes de mão de obra.

Por outro lado, considerando-se a demanda, é historicamente verdadeiro que o desenvolvimento é caracterizado por mudanças na importância relativa dos ramos industriais e dos setores: da agricultura para a manufatura e para os serviços (KON, 2016b). Face à dotação de recursos e de outros fatores, como vimos, essas mudanças terão como consequência transformações na importância econômica de diferentes regiões, tendo um impacto de desigualdade. E, desse modo, serão observados diferenciais inter-regionais na produtividade do trabalho e nas oportunidades de emprego, como subproduto do processo de crescimento econômico do lado da demanda. Se houver uma conformidade entre as taxas naturais de aumento populacional em uma região e a demanda por trabalho oriunda do processo de desenvolvimento, a necessidade de migrações diminui. No entanto, é preciso verificar que as taxas de natalidade não são um bom indicador para a força de trabalho, já que existe uma defasagem de muitos anos entre o nascimento e a entrada do indivíduo nesse mercado. Assim, uma crítica aos modelos que consideram a população como indicador para a adequação da força de trabalho à demanda está no fato de que, em vez de reduzir as necessidades de migrações, os diferentes padrões de crescimento populacional regional podem ressaltar a importância da mobilidade do trabalho.

160 • Economia Industrial | Teoria e Estratégias

O que observou-se historicamente, tanto em países desenvolvidos como nos em desenvolvimento, é que a migração foi uma força predominante na alocação de recursos humanos como resposta às mudanças relativas de oportunidades de investimentos entre regiões ou países. O efeito de tais migrações é discutido na literatura. Myrdal argumenta que os movimentos de mão de obra e capital, em vez de reduzirem as desigualdades na renda *per capita* (como enfatiza a teoria econômica neoclássica tradicional), ampliam essas diferenças e não levam a um equilíbrio estável, tendo em vista a "causação circular acumulativa".

A mobilidade espacial do fator trabalho pode ou não reduzir os diferenciais da renda *per capita* entre as áreas. Essa equalização depende de outros fatores, como a renda do fator móvel com relação às médias das regiões de origem e de destino, a direção dos movimentos migratórios (saindo ou entrando em áreas de alta renda), a distribuição etária dos indivíduos que migram e que permanecem e a própria produtividade marginal dos migrantes em sua origem. Se a migração é seletiva em idade e em termos de produtividade, as regiões receptoras tendem a ter sua renda aumentada quando recebem os indivíduos mais capazes. Por outro lado, se a área de origem do migrante estivesse em uma situação global de produtividade do trabalho muito baixa ou de crescimento nulo, a migração poderia redundar em crescimento da renda *per capita* ou do produto por trabalhador (HOLANDA FILHO, 1989).

Dessa forma, observamos que os movimentos migratórios podem ou não equalizar e equilibrar as diferenças regionais e podem acontecer independentemente da existência de melhores oportunidades efetivas de emprego e de salários nas áreas mais dinâmicas. Em algumas situações o polo econômico continua atraindo força de trabalho sem, no entanto, possibilitar sua absorção no mercado de trabalho formal, verificando-se ainda o desenvolvimento de deseconomias de aglomeração.

Em suma, a adaptação da mão de obra ao dinamismo do desenvolvimento industrial de cada região, via migração, acaba por repercutir na estrutura ocupacional de um espaço em um dado período e na capacidade de ampliação desses investimentos industriais que exijam níveis específicos de disponibilidade dos recursos humanos. Por outro lado, influi sobre a proporção da população ativa que será absorvida como assalariada em instituições empresariais — com ou sem vínculo empregatício — ou que se dedicar a atividades autônomas. Essa influência também é sentida por meio das alterações na composição etária e por gênero, bem como na composição das qualificações da mão de obra disponível na região, seja esta exportadora ou importadora líquida desse fator.

Ao observarmos os vários setores produtivos da economia, depreendemos características específicas quanto à estrutura de utilização dos fatores de produção e quanto à evolução dessa estrutura, tendo em vista a diversidade na intensidade e no ritmo de introdução do progresso tecnológico entre as atividades industriais e as demais. Nesse sentido, os diferentes níveis de utilização dos recursos humanos são verificados não apenas entre setores, como dinamicamente dentro de um mesmo setor, e em função de mecanismos políticos e econômicos vigentes em cada conjuntura.

É amplamente reconhecido que, historicamente, o setor industrial tem sido indutor de migrações devido às novas oportunidades de trabalho que oferece nas fases iniciais do desenvolvimento econômico de um país. Por outro lado, tendo em vista o efeito multiplicador que gera, não só no próprio setor Secundário como nos demais, o papel das atividades manufatureiras é preponderante na determinação das possibilidades de crescimento do emprego global. A transferência de mão de obra do setor Primário para o Secundário em busca de novas oportunidades, embora se dê em condições de excedente de população rural, não é verificada apenas quando seriam compensadores os custos sociais de transferência do setor tradicional para o moderno. Em fases iniciais do desenvolvimento econômico, à medida que aumenta a oferta de empregos industriais, dito modernos, por meio de novos investimentos da coletividade, ela é atendida pelo trabalhador então subempregado no setor tradicional agrícola ou nos centros urbanos em atividades terciárias. Com esse aumento de oportunidades no setor moderno, um maior número de pessoas se anima a emigrar, de modo a deixar constante o contingente de desempregados que esperam ser absorvidos pelo setor, o que, nos países em desenvolvimento, raramente se verifica completamente.

A correlação entre urbanização e industrialização é muito discutida entre os analistas (MILLS, 1972; SUAREZ-VILLA, 1989; BOISIER, 1972; 2001), havendo um consenso de que, em um nível inicial de desenvolvimento em que haveria mão de obra disponível na cidade, o emprego industrial teria pouco efeito sobre a urbanização. Do mesmo modo, após atingir um nível muito alto, teria pouco efeito adicional sobre a urbanização, embora esta continuasse a se acentuar; porém apenas em uma situação intermediária teria efeito considerável na atração da população rural para a cidade. De um modo geral, o imigrante recente, oriundo da região rural, apresenta um grau de instrução e de qualificação profissional relativamente baixo, quando comparado com os já estabelecidos, e que não se compatibiliza com as necessidades requeridas pelas indústrias. Assim sendo, a maior parte destes recém-chegados, quando absorvidos pela indústria, ocupam-se em empregos rudimentares (serventes, faxineiros, etc.), que se caracterizam por uma constante instabilidade: em momentos de dificuldades da empresa, de crise econômica geral, ou mesmo em períodos sazonais que antecedem aos dissídios salariais, são os primeiros a serem dispensados.

Um problema adicional com relação à absorção da mão de obra na indústria, que se verifica em países menos avançados, é o conflito entre a oferta de empregos e a demanda por trabalho. Em períodos de crescimento industrial, embora a oferta de trabalho seja considerável, a demanda crescente por mão de obra de nível médio técnico ou mais qualificado no setor industrial muitas vezes não é atendida, dada a precariedade de condições de escolaridade formal e de treinamento efetivo neste nível

162 • Economia Industrial | Teoria e Estratégias

fora das empresas, o que acarreta em custos adicionais para elas. No que se refere à mão de obra altamente especializada, muitas vezes é mais rápido e menos oneroso às empresas privadas a importação (de outras regiões ou outros países) de pessoal qualificado do que o treinamento no local do trabalho. Além do mais, nesses países é limitada a expansão do setor industrial, face ao tamanho insuficiente do mercado interno (em termos de níveis de renda), como também à impossibilidade do aumento considerável das exportações manufatureiras, em virtude das desvantagens comparativas, quando os produtores se defrontam com a concorrência e competitividade internacional mais avançada.

10.4 A distribuição e qualificação dos recursos humanos da indústria no Brasil

10.4.1 Considerações iniciais

Examinando inicialmente a realidade brasileira, o que se observou historicamente para o país como um todo é que a modernização tecnológica e a consequente reestruturação da divisão do trabalho apresentaram uma dinâmica mais intensa a partir de meados da década de 1950 até o final dos anos de 1970 (nesta última década verificando-se em maior grau), quando foram relativamente mais elevadas as taxas anuais de crescimento da população ocupada em cargos técnicos, científicos e administrativos mais qualificados. Verifica-se que, nesse período, a taxa média anual de crescimento dos investimentos esteve em torno de 11%, o que, no cenário mundial, situava o país entre os mais dinâmicos.

No entanto, face ao período conjuntural crítico na economia do Brasil, a década de 1980 revelou-se, relativamente aos períodos anteriores, uma época de queda nas taxas anuais de investimentos em Formação Bruta de Capital Fixo (–0,9%, comportamento compatível com os países de renda média baixa) que se não evitaram um maior sucateamento da indústria, não prosseguiram com o ritmo de modernização anterior, o que se repetiu nos primeiros anos da década de 1990. As políticas governamentais de estabilização postas em prática nesse período atenuaram as transformações estruturais relevantes que decorriam do continuado processo de inovação tecnológica. Assim, o ajustamento do trabalho fez-se sentir primordialmente na diminuição do nível geral do emprego, nas realocações de trabalhadores de empresas para situações como conta própria e de assalariados que trabalhavam com carteira assinada para a condição de trabalho sem carteira, e não na continuação das transformações na estrutura ocupacional em direção à maior qualificação.

Os Recursos Humanos na Indústria • 163

Como resultado, observou-se a interrupção do caminho da modernização, e, no cenário mundial, o país retrocedeu relativamente a algumas nações que apresentavam o mesmo ritmo de desenvolvimento nas décadas anteriores, como os países do Leste asiático, com os quais o Brasil compunha, junto com a Argentina e o México, o grupo dos NICs (*New Industrialising Countries* ou Países de Industrialização Recente). Após a Segunda Guerra até o final da década de 1970, o capital transnacional impulsionou substancialmente essas economias em desenvolvimento, entre as quais incluía-se o Brasil, e buscava alocar-se em nações em que os custos relativamente menores da mão de obra tinham um poder de atração considerável, condicionando uma divisão internacional do trabalho baseada nas vantagens comparativas dos países com grande disponibilidade de trabalho menos remunerado. No entanto, a partir dos anos de 1980, as transformações tecnológicas baseadas em formas flexíveis de organização do trabalho e dos processos de produção (experimentadas inicialmente no Japão e nos países do Leste europeu, mas que rapidamente se difundiram para os demais países avançados) resultaram numa nova tendência internacional, que prioriza a demanda por trabalho mais qualificado e, nesse sentido, a internacionalização do capital produtivo busca economias que se adaptem à possibilidade de oferecerem mais rapidamente serviços complementares mais sofisticados. Nesse contexto, observa-se uma reorganização econômica e uma nova divisão mundial do trabalho, em que o Brasil apresenta desvantagens no que se refere à oferta de mão de obra. O trabalho menos qualificado e mais barato deixa de apresentar vantagens comparativas em termos de custos de produção e distribuição de produtos.

Os padrões característicos da divisão de trabalho brasileira revelam a defasagem entre as condições atuais da composição da força de trabalho e as metas internas ou internacionais de modernização. O Brasil, no início dos anos de 1990, situava-se entre os países considerados pelo Banco Mundial como de renda média alta em termos de PNB/capita, no entanto, os níveis educacionais e a distribuição ocupacional o aproximavam mais intensamente das nações de renda média baixa.

De uma maneira global, as informações revelam que as configurações das estruturas ocupacionais dos países (representadas pela participação dos trabalhadores em grupos de ocupações definidos) resultam de duas condições básicas: a) das características das respectivas estruturas produtivas; e b) dos níveis de desenvolvimento tecnológicos dos processos produtivos.

Os países de menor renda *per capita* baseiam sua economia substancialmente na produção rural e apresentam uma participação média de trabalhadores nessas ocupações em torno de 57%; a par da menor representatividade relativa de ocupados no setor Secundário, revelam ainda um baixo percentual de ocupações.

10.4.2 Mudanças setoriais no produto gerado e na distribuição do trabalho

As transformações estruturais na distribuição do produto setorial brasileiro, que se iniciaram com mais intensidade a partir da década de 1950 no país acompanhando a retomada de crescimento mundial do pós-guerra, foram induzidas pelo crescimento mais intenso do setor Secundário. Nas décadas de 1960 e 1970, o PIB brasileiro se elevou respectivamente em 6,2% e 8,5%, correspondendo ao período de maior crescimento da economia brasileira da série analisada. Nesse contexto, as indústrias aumentaram sua participação no produto gerado pela economia, de 24%, em 1950, para quase 41%, em 1980, em detrimento da produção do setor Terciário, que reduziu sua participação de quase 52% para 49% no período, e da produção do Primário, que veio perdendo representatividade gradativamente até a atualidade (Figura 10.1).

Os anos de 1980, como visto, registraram problemas econômicos consideráveis que delinearam o ritmo de produção global no início da década, que concorreram para a diminuição da demanda interna em consequência de políticas salariais sucessivas que reduziram consideravelmente o poder de compra da população e outras políticas de ajustes postas em prática. O período de desindustrialização da economia do país iniciou-se em meados de 1980 e resultou em taxas médias de crescimento de 1,6%, inferiores na década. Dessa forma, a partir dos anos de 1990, a produção de serviços veio aumentando consideravelmente a participação no PIB Global, enquanto a indústria nesta década perdeu consideravelmente representatividade de 41% para 33% no período e permaneceu quase no patamar de representatividade entre 25% e 29% nas décadas seguintes até 2013, acompanhando o crescimento não significativo do PIB, de 2,6% na década de 1990 e de 3,6% de 2001 a 2010.

Figura 10.1 — Distribuição percentual do PIB e da população ocupada segundo os setores no Brasil 1950–2013

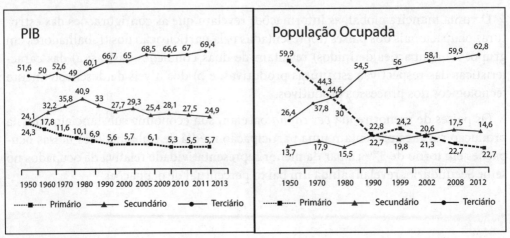

Fonte: IBGE. Elaborada pela autora.

A perda de representatividade relativa da indústria no PIB ocorrida nos anos de 1980 até meados dos anos de 1990 tem suas causas relacionadas a incertezas relacionadas às altas taxas de inflação e à rápida e profunda abertura comercial, entre outros fatores. Dessa forma, o crescimento da participação dos serviços a partir dos anos de 1990 teve dois fatores determinantes principais: de um lado, o baixo dinamismo da indústria, que consiste em setor de produtividade mais alta, resultou em transferência de produção para setores de serviços, que, apesar de nem sempre registrar alta relação capital/trabalho, resultaram na elevação do valor adicionado pela população que emigrou da indústria para os serviços; de outro lado, verificou-se o início da ampliação do setor de serviços mais sofisticados e de maior produtividade, como internet, informação e telecomunicações, TV a cabo, seguros, consultoria, intermediação financeira, transportes (aéreo, por exemplo), restaurantes, viagens, entre outros, pois boa parte da população passa a destinar uma maior parcela de seus rendimentos a esses serviços (FIESP, 2013).

Como salienta a FIESP (2013), o processo de desindustrialização das economias, representado pela diminuição da participação relativa no PIB e pelo aumento dos serviços, é natural no processo de desenvolvimento das economias em uma fase em que a renda *per capita* dos países atinge um determinado nível elevado. Esse processo ocorre conjuntamente ao fato de que o progresso tecnológico atinge um nível em que passa a determinar que o motor do crescimento não seja apenas a indústria, mas é o setor de serviços intensivo em conhecimento que passa a ditar o ritmo do crescimento econômico. Por sua vez, quando a manufatura é reduzida em relação ao PIB, bem antes de o país atingir esse patamar de renda *per capita*, como é o caso do Brasil, a desindustrialização é qualificada como precoce ou prematura e ocorre antes de a expansão do setor de serviços intensivo em conhecimento tornar-se capaz de absorver, com produtividade crescente, a mão de obra desempregada pela indústria, ao mesmo tempo em que a renda *per capita* não aumenta significativamente. Nesse contexto, parcela significativa da força de trabalho desempregada acaba sendo alocada em setores de baixa produtividade e baixos salários e/ou em subempregos.

Desde os anos de 1990, o Brasil convive com baixo crescimento da economia apresentando um crescimento médio do PIB de 2,6% a.a. Essas décadas foram marcadas não só pela redução do ritmo de crescimento do produto, como também pela diminuição do nível de investimento que acompanhou a queda de importância relativa da indústria de transformação no PIB. Nesse período, o crescimento deste indicador chegou a taxas negativas em dois anos: em 1990 (-4,3%), com os denominados Planos Collor I e II, e em 2009 (-0,64%), no período de crise financeira mundial.

No período de desindustrialização recente, após 2004, formou-se entre os especialistas o consenso de que o câmbio sobrevalorizado e o elevado "custo Brasil" são as causas principais desse processo. Esse custo é composto pela elevada e complexa carga tributária incidente nas manufaturas, pelas elevadas taxas de juros para capital de giro, pela defasagem e deficiência da infraestrutura logística, pelo alto custo da energia elétrica e das principais matérias-primas, além de elevada burocracia, entre outros fatores. Entre

166 • Economia Industrial | Teoria e Estratégias

2004 e 2012, a representatividade da indústria no PIB declinou 30,8% e, no período mais recente, em 2012, a participação da indústria de transformação brasileira no PIB retrocedeu ao nível alcançado em 1955, antes do Plano de Metas do governo Juscelino Kubitschek (FIESP, 2013).

Ao avaliar-se a distribuição da população ocupada nos setores da economia brasileira, observa-se uma dinâmica completamente diferenciada da distribuição do produto gerado em todo o período analisado (Figura 10.1). Os condicionantes da concentração dos trabalhadores estão mais ligados, nos períodos de recessão ou estagnação, à capacidade de ampliação dos serviços que representem uma válvula de escape para parte da população liberada de outros setores que, embora muitas vezes permanecendo subempregada, continuou contribuindo para a geração de produto. Nos períodos de maior crescimento, a população ocupada nos serviços pode elevar-se, tendo em vista a criação de novos serviços, ou mesmo diminuir, se a demanda de outros setores for maior. Dessa forma, como observa-se na figura, nem sempre a elevação da concentração de trabalhadores nos serviços está ligada ao processo de desenvolvimento da economia. De qualquer forma, a reestruturação produtiva setorial apresenta impactos na estrutura ocupacional dos serviços, como será observado na sequência.

10.4.3 Segmentação ocupacional setorial da população ocupada

A literatura econômica pertinente nos dá conta de que pesquisas realizadas para outros países, relacionadas à distribuição ocupacional específica da força de trabalho (utilizando informações empíricas para comparações internacionais), procuraram examinar aspectos como: a relação entre a distribuição das ocupações e o nível de produtividade em ramos industriais selecionados, a relação entre o tamanho de cada categoria ocupacional e a produtividade setorial, as variáveis explicativas que são os determinantes econômicos da estrutura ocupacional ou os fatores que determinam a estrutura ocupacional e educacional da força de trabalho dos países analisados[22]. Essas pesquisas observam os fatores determinantes da estruturação do ponto de vista de equações de demanda por trabalho. Para o Brasil, Chahad analisou a relação entre estrutura ocupacional e oferta de trabalho em um trabalho pioneiro para o país e outros artigos mais recentes o complementaram[23].

---

[22] Conforme Horowitz (1966), Layard (1966), Scoville (1966), Emmerij e Jallade (1970), Weiss (1990), Damarin (2006), Watson (2004), Abreu e Ramalho (2003), Hecksher (1995), Kallemberg (2003), Banerjee e Newman (2003), Aguirregabiria (2001).

[23] Chahad (1981) analisou a relação entre a oferta de trabalho e a estrutura ocupacional a partir de uma equação de oferta para grupos ocupacionais escolhidos e incluindo como variáveis explicativas horas trabalhadas, salários, renda, idade, educação, origem urbana ou rural, nacionalidade, endividamento familiar e composição demográfica da família. Veja mais recentemente, Dedecca (2000), Pamplona (2001), Pochman (2002 e 2004), Ramos e Ferreira (2004), Singer (1999), Kon, (2005), Prado (2006), Curi e Menezes (2006), Welmowicki (2004), Quadros e Maia (2010), Reis e Guimarães (2012).

Os padrões tecnológicos de produção, vigentes nos diferentes setores e mesmo internamente a um mesmo setor, repercutem em suas estruturas ocupacionais, de forma a refletir não apenas a dotação de recursos materiais e humanos, como também a existência de economias de aglomeração ou externas e a forma pela qual as inovações tecnológicas são absorvidas pela força de trabalho nos diversos espaços (KON, 2016a). Dessa forma, a ideia subjacente desenvolvida na análise do perfil do mercado de trabalho brasileiro foi de investigar a composição e a evolução da estrutura ocupacional dessas atividades, enfatizando a condição de qualificação do trabalhador como enfoque particular de análise. Determinadas funções ou ocupações apresentam características distintas de dotação de capital físico e qualificação da mão de obra, quer estejam inseridas em setores capitalistas mais avançados ou nos setores menos adiantados ditos "tradicionais", apesar de terem como atribuições papéis ou funções assemelhadas nos gêneros produtivos a que pertencem. Nesse sentido, podem ser observadas produtividades e respectivas remunerações também diferenciadas para as mesmas ocupações de serviços localizadas em diferentes setores de atividades.

Os setores produtivos brasileiros se caracterizam por grande heterogeneidade na natureza das funções e dos objetivos de suas atividades e também no que diz respeito a aspectos como porte das unidades produtivas, densidade de capital, relação capital/trabalho, bem como no nível tecnológico empregado em diferentes atividades dentro de um mesmo ramo produtivo. A gama dos segmentos que fazem parte dos setores se estende desde ocupações informais exercidas no domicílio na rua, sem localização própria, passando por serviços domésticos, até a produção de bens e serviços mais sofisticados, como de transmissão de dados pela internet ou serviços de assessoria e planejamento de organizações.

A economia brasileira foi assinalada nas últimas décadas por uma modernização e um dinamismo que, em muitos segmentos, passaram a intensificar os níveis diferenciados de desenvolvimento, taxas de crescimento superiores às do conjunto da economia em alguns setores, de modo concomitante à permanência de atividades de baixa produtividade e remunerações, associadas a baixa ou nenhuma qualificação. Essas últimas atividades representam, muitas vezes, na atualidade a maior representatividade da participação da mão de obra empregada. Essa diversidade decorre da heterogeneidade de níveis tecnológicos representados pela relação capital/trabalho diferenciada nas várias atividades.

Uma comparação da distribuição dos recursos humanos entre a indústria e os demais setores, como mostra a Tabela 10.1, revela primeiramente que a composição dos ocupados entre as categorias ocupacionais é diversificada entre os vários macrossetores da economia, mas em todos os setores observa-se no período analisado um aumento da representatividade de ocupados em empresas e diminuição dos autônomos, como contrapartida, embora não de forma muito significativa para caracterizar uma reestruturação considerável (KON, 2016a).

168 • Economia Industrial | Teoria e Estratégias

Entre esses setores, a Agropecuária, como é óbvio, apresenta uma distribuição muito peculiar em relação à Indústria e aos Serviços, onde a composição é mais semelhante. No primeiro setor, a representatividade de trabalhadores por conta própria e para seu próprio consumo é muito elevada, em torno de 68%, mas observa-se certo grau de modernização nessas atividades, já que os profissionais liberais que nelas trabalham — que são caracterizados por possuírem escolaridade superior — aumentaram sua participação em quase 2% no período. Nessas atividades, os ocupados nas empresas representam apenas em torno de 30% do total, o que constata que a maior parte dos trabalhadores que se dedicam à agropecuária não dispõem de uma situação protegida legalmente, pois são contratados apenas sazonalmente por empresas.

Nos setores da Indústria e Serviços, a distribição dos ocupados apresenta maiores semelhanças, já que, em 2012, concentravam em torno de 73% e 71% de trabalhadores nas empresas respectivamente. Porém observa-se que, na Indústria, a concentração de semiqualificados é consideravelmente superior (57%) à verificada nas atividades de Serviços (37%), particularmente na área da produção direta de bens e serviços.

Tabela 10.1 — Distribuição ocupacional segundo setores consolidados. Brasil, 2002, 2008, 2012 (%)

Categorias Ocupacionais	Agropecuária			Indústria			Serviços	
	2002	2008	2012	2002	2008	2012	2002	2008
TOTAL	100,0	100,0	100,0	100,0	100,0	100,0	100,0	100,0
EMPRESAS	30,1	32,3	32,3	70,7	73,4	73,2	64,5	68,5
Dirigentes	3,4	3,8	2,8	6,7	6,8	6,0	7,5	7,7
Qualificados	0,1	0,2	0,2	5,2	5,9	6,8	12,6	13,6
Semiqualificados	26,2	27,9	29,0	55,5	57,2	57,3	32,3	35,3
Não qualificados	0,3	0,4	0,3	3,3	3,6	3,1	12,0	12,0
CONTA PRÓPRIA	69,9	67,7	67,7	29,3	26,6	26,8	22,4	19,7
Prof. liberais	*	*	*	0,1	0,1	0,1	1,5	1,4
Outros	69,9	67,7	67,7	29,2	26,5	26,7	20,9	18,3
SERV. DOMÉSTICO	-	-	-	-	-	-	13,1	11,7

Fonte: IBGE/PNADs, 2002, 2008 e 2012. *Próximo a zero. Elaborada pela autora.

A análise da composição ocupacional nos principais setores da Indústria isoladamente (Tabela 10.2) mostra a heterogeneidade da segmentação do trabalho entre categorias, embora o aumento relativo dos ocupados nas empresas tenha sido verificado em todos os subsetores analisados. Em 2012, a Indústria de Transformação concentrava quase 83% de seus trabalhadores nas empresas, enquanto a Indústria da Construção aglomerava apenas 56%. A maior concentração, no entanto, foi nas chamadas Outras Indústrias, que agrupavam Serviços Industriais de Utilidade Pública (produção e fornecimento de água, esgoto, gás, entre outras), em que, como é de se esperar, o número de trabalhadores por conta própria é de apenas um pouco mais de 8%.

Tabela 10.2 — Estruturação ocupacional na Indústria segundo setores e nível de qualificação. Brasil, 2002, 2008 e 2012

		Indústria Transformação	Indústria Construção
TOTAL		100,0	100,0
EMPRESAS	2002	78,8	53,1
	2008	80,2	58,3
	2012	82,8	56,4
Dirigentes	2002	7,7	4,7
	2008	7,4	5,9
	2012	7,2	4,0
Qualificados	2002	6,0	2,4
	2008	6,8	2,9
	2012	8,9	2,3
Semiqualificados	2002	61,0	44,5
	2008	61,5	48,0
	2012	62,5	59,0
Não qualificados	2002	4,1	1,3
	2008	4,5	1,5
	2012	4,2	1,1
CONTA PRÓPRIA	2002	21,2	46,9
	2008	19,8	41,7
	2012	17,2	43,6
Profissionais Liberais	2002	0,1	0,0
	2008	0,1	0,1
	2012	0,1	0,0
Outros	2002	21,0	46,9
	2008	19,7	41,7
	2012	17,1	43,5

Fonte: IBGE/PNADs, 2002, 2008 e 2012. Elaborada pela autora.

Enquanto a Construção aglomera apenas 4% do total de trabalhadores como dirigentes nas empresas, na Transformação e em Outras Indústrias, a representatividade destes é superior, e semelhante, a acima de 7%. Nessas últimas atividades os qualificados alocados em empresas são muito mais representativos (23%) do que nas demais (respectivamente 2,3% e 8,9%).

Observando-se a informalidade nas empresas do setor industrial, são constatados perfis distintos para o global dos subsetores de Indústria da Transformação, da Construção e Outras Atividades Industriais, como apresentado na Figura 10.2. Nas empresas, a Construção Civil apresentava a maior representatividade de ocupados informais, que em 2002 equivaliam a quase 60% dos trabalhadores, mas esta situação se mostrava melhor em 2012, quando 57,3% dos ocupados já apresentavam registro em carteira de trabalho. Neste setor, os informais se concentram particularmente entre os semiqualificados, que mostram os mesmos níveis de informalidade do que o total das empresas e observa-se que os dirigentes assalariados apresentam os níveis mais baixos de trabalhadores com outros tipos de contratos de trabalho sem registro em carteira, com apenas 11% em 2012. Os trabalhadores sem qualificação, que exercem trabalhos braçais e outros que não exigem conhecimentos técnicos específicos, que em 2002 correspondiam a 28% sem carteira, no ano de 2008 — em que já se faziam sentir no país os efeitos da crise financeira internacional — foram os primeiros entre as indústrias que aumentaram o nível de informalidade; porém, com a recuperação da atividade em 2010, ja mostravam a maior absorção de trabalhadores formais, que atingiu 89,6% em 2012 nesta categoria.

Figura 10.2 — Distribuição da população ocupada sem carteira nas empresas da Indústria segundo setores e qualificação. Brasil, 2002, 2008, 2012 (%)

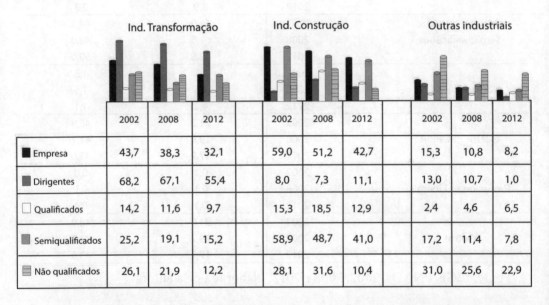

Fonte: FIBGE — PNAD/2002, 2008 e 2012. Elaborada pela autora (KON, 2016a).

Nas empresas da Indústria de Transformação, a informalidade, embora menor, também é considerável, embora decrescente, e em 2012 mais de 32% dos ocupados não tinham registro. Os dirigentes assalariados não proprietários apresentam mais da metade dos ocupados com contratos de trabalhos diferentes dos registrados em carteira de trabalho, grande parte com remunerações proporcionais a algum parâmetro de produção ou de rendimentos das empresas. Isto se deve ao fato de que, para equilibrar seu balanço, sem arcar com custos de demissões e outros, as empresas vem contratando mais trabalhadores como autônomos nessas funções.

Por sua vez, as ocupações de qualificados revelam o menor número de contratos sem carteira de trabalho, já que existe maior procura de trabalhadores com essas qualificações, tendo em vista a condição da qualificação da força de trabalho do país. Nessas atividades, os trabalhadores não qualificados nos períodos iniciais da análise ainda representavam uma proporção superior aos dos semiqualificados nessas condições informais, porém, em 2012, a situação se inverteu.

Nas indústrias que agrupavam as denominadas Outras Atividades Industriais, que, além das Indústrias Extrativas Minerais, correspondem em maior proporção a serviços industriais coletivos, como de fornecimento de energia elétrica, água, esgoto e gás, como se referem a empresas altamente reguladas, a representatividade de trabalhadores informais é consideravelmente menor e decrescente, chegando a pouco mais de 8% em 2012. Apenas entre os não qualificados observa-se maior informalidade, particularmente como impacto das indústrias extrativas minerais.

Nas atividades industriais das empresas, em torno de 11,9% dos trabalhadores brasileiros se alocavam em funções de qualificados, porém, nas regiões mais avançadas e industrializadas do Sudeste (14,2%) e do Sul (11,9%) as representatividades desses eram superiores, embora, na primeira, o percentual de dirigentes fosse inferior (Tabela 10.3 e Figura 10.3).

Tabela 10.3 — Distribuição regional da população ocupada nas empresas da Indústria, segundo nível de qualificação. Brasil, 2002, 2008, 2012 (%)

		BR	NO	NE	SE	Sul	C.O.
Qualificados							
	2002	6,7	5,9	4,9	5,9	7,0	6,6
Dirigentes	2008	6,8	5,6	5,1	7,1	8,2	7,4
	2012	6,0	4,9	4,2	6,5	7,0	6,2
	2002	5,2	3,2	3,1	8,3	4,9	3,3
Outros	2008	5,9	3,4	3,2	7,5	6,1	4,0
	2012	6,8	4,5	3,9	8,3	7,3	5,9
	2002	55,5	49,6	52,2	49,6	61,3	51,1
Semiqualificados	2008	57,2	49,1	54,9	58,5	61,2	51,8
	2012	57,3	47,9	56,3	58,1	61,1	53,1
	2002	3,3	3,7	3,3	3,7	2,6	3,7
Não qualificados	2008	3,6	3,4	3,4	3,6	3,6	4,2
	2012	3,1	2,9	3,2	3,1	2,6	3,6

Fonte: IBGE/PNADs, 2002, 2008 e 2012. Elaborada pela autora.

Figura 10.3 — Índices de diferenciação da concentração regional da população ocupada nas empresas da Indústria segundo níveis de qualificação. Brasil, 2002, 2008, 2012.

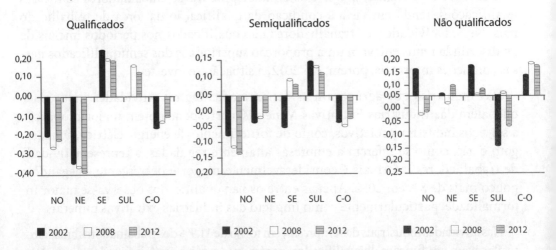

Fonte: IBGEP/NADs, 2002, 2008, 2012. Base de referência Brasil (Índice = 0).
Elaborada pela autora (KON, 2016a).

É nas indústrias que a concentração de semiqualificados é maior, em relação aos demais macrossetores, situando-se, em 2012, em torno de 57% do total de ocupados nessas empresas, mas é verificado que é no Sul que ocorre a maior concentração relativa entre as regiões (61%), tendo em vista que suas indústrias apresentam uma composição tecnológica relativamente menos avançada do que no Sudeste (58%). E é no Norte que observa-se a menor representaividade desse nível de qualificação, pois esta região apresenta um nível menor de industrialização em sua estrutura produtiva. Da mesma forma que a Agropecuária, os não qualificados neswas empresas representam apenas em torno de 3,5%, com diversidades regionais não muito significativas entre regiões e no período. Vale ressaltar apenas que o Centro-Oeste apresenta entre as regiões o grau superior de afastamento em relação à média do país e que, em todos os espaços, a representatividade desses ocupados diminuiu em 2012, o que significa uma evolução positiva no nível de qualificação nesse contexto.

10.5 Considerações finais: subsídios para a evolução da distribuição setorial dos recursos humanos

A observação das diferenças da distribuição ocupacional setorial brasileira revela que, internamente ao país, as diferenças em níveis de desenvolvimento econômico associam-se também a estruturas produtivas mais ou menos especializadas em setores dinâmicos e refletem o grau de desenvolvimento tecnológico dos diversos espaços. Assim, as regiões mais desenvolvidas em termos de renda *per capita* apresentam uma especialização acentuada em setores industriais e terciários e uma representatividade superior de ocupados em categorias mais qualificadas e em cargos de dirigentes (administradores, gerentes, proprietários), bem como uma maior participação de trabalhadores na área administrativa em relação à área de produção direta de bens e serviços. Paralelamente, revelam ainda um maior percentual de ocupados em empresas, inversamente às regiões menos avançadas, que mostram uma participação relativamente superior de trabalhadores por conta própria e de não qualificados nas empresas.

Pesquisas sobre as causas das diferenças na distribuição ocupacional e nos níveis de especialização de determinados espaços brasileiros, em setores econômicos dinâmicos, mostraram que, por um lado, salientam-se fatores relacionados à disponibilidade de infraestrutura e de economias de aglomeração, que, por meio do fornecimento de serviços complementares às empresas, possibilitaram a introdução de tecnologias mais avançadas. Observou-se, ainda, que essas regiões mais avançadas apresentam um grau de integração setorial intenso com outros setores, tanto da mesma região quanto das demais, enquanto os espaços menos desenvolvidos carecem de integração.

Porém, por outro lado, a introdução do progresso tecnológico, nos diversos espaços brasileiros, foi confrontada com a natureza da oferta de mão de obra regional e com a capacidade de ajustamento desta aos requisitos de qualificação demandados por novas técnicas. A introdução de tecnologias mais avançadas ou de ponta localizou-se nos espaços polarizados também por conta da capacidade de incorporação mais rápida de trabalhadores mais qualificados, difundindo-se lentamente para outros espaços, por meio de uma desconcentração concentradora (KON, 2016a).

Dessa forma, qualquer discussão sobre a busca da modernização tecnológica no Brasil que resulte em evolução da situação dos recursos humanos deve incorporar o conhecimento das diferenças regionais da realidade brasileira, e a intervenção nesse sentido, tanto governamental quanto privada, só terá bons resultados à medida que considerar as condições regionais específicas da oferta de trabalhadores. A ideia de modernização inclui também a exploração do potencial regional da mão de obra menos qualificada, adaptando, no curto prazo, os investimentos tecnológicos às condições específicas de sua força de trabalho, enquanto não se criarem, em longo prazo, as condições para a introdução de técnicas mais avançadas.

Existem, entre as técnicas conhecidas pela sociedade e que conduzem aos objetivos de modernização, as que maximizarão o potencial social em termos de absorção de sua força de trabalho e, portanto, serão apropriadas às características socioeconômicas de cada realidade regional brasileira. Dentro dessa escolha pelas empresas privadas e públicas está inserida a ideia de integrar as regiões menos desenvolvidas à matriz nacional de relações interindustriais e de incorporar a nação como um todo na matriz mundial de relações econômicas. Nesse sentido, é fundamental a escolha dos setores de atividades que proporcionem essa integração.

Por parte do setor público, essa integração depende diretamente de condições favoráveis efetivamente criadas por políticas governamentais que visem ao estabelecimento de

174 • Economia Industrial | Teoria e Estratégias

uma infraestrutura de serviços complementares por um lado e, por outro, ao aumento da capacitação da força de trabalho, o que se inicia pelo suprimento de condições básicas de aumento da escolaridade formal. Observou-se que as populações detentoras de maior nível de escolarização formal estão mais preparadas para receber capacitação adicional no próprio emprego ou em cursos especializados, de modo a se ajustarem, com maior eficiência e velocidade, aos requisitos de qualificação resultantes da inovação tecnológica. As medidas governamentais nesse sentido terão a finalidade de diminuir as desvantagens locacionais que determinados espaços apresentam para as empresas, por acarretarem relativamente menores retornos aos investimentos em modernização tecnológica.

Por sua vez, por parte das empresas privadas, a escolha tecnológica apropriada pode priorizar os retornos mais rápidos ao capital e, nesse caso, a tecnologia de ponta e a demanda por força de trabalho mais qualificada e flexível são introduzidas principalmente nas regiões providas de uma infraestrutura de serviços complementares, que representam economias de aglomeração. Por outro lado, espaços menos desenvolvidos podem potencialmente oferecer algumas vantagens relativas para a escolha da localização industrial ligadas, por exemplo, ao menor custo da mão de obra, à não existência de congestionamento ou à proximidade de matérias-primas específicas. Nesse caso, o desenvolvimento de inversões em regiões menos avançadas deve buscar a exploração dessas vantagens comparativas, que proporcionam também o aumento da absorção de trabalhadores — ainda que por meio de tecnologias menos avançadas, paralelamente às tecnologias de ponta que buscam maior produtividade e competitividade — com a finalidade da obtenção do maior escoamento da produção, via ampliação da renda e do mercado interno. A atividade inovadora pela empresa privada, nesses espaços, deve ter como filosofia a adaptação de novas técnicas à disponibilidade relativa dos fatores de produção, à natureza do mercado potencial (representado pela demanda interna e externa à região) e aos efeitos de repercussão e dispersão da modernização.

Nesse sentido, a escolha de novos produtos ou processos de produção para consumo em massa, via estandardização dos processos de produção em espaços menos privilegiados, pode contemplar técnicas que permitam a incorporação de trabalhadores menos qualificados. Os modelos de organização gerencial de grandes empresas, já encontrados no Brasil, baseados num processo multidivisional, ou seja, na implementação da divisão de suas operações em departamentos especializados, permitem que a empresa estabeleça cada departamento em espaços que proporcionem vantagens comparativas diferenciadas, o que, muitas vezes, pode propiciar a dispersão de sua produção por diferentes áreas menos urbanizadas e menos polarizadas.

A modernização tecnológica no Brasil, portanto, deve contemplar não apenas o aumento da produtividade e da competitividade via a introdução de tecnologias de ponta mais sofisticadas, mas também buscar formas de organização da produção e processos de produção próprios, baseados nas condições específicas de cada setor e de cada espaço diferenciado.

CAPÍTULO **11**

Localização Industrial, Polarização e Regionalização

• • •

11.1 Introdução

Um dos problemas fundamentais a serem abordados nos estudos relacionados a novos investimentos industriais por uma empresa e, mais particularmente, no decorrer do processo de implantação de uma nova planta refere-se à definição do local em que será instalado o novo estabelecimento. Em grande parte dos casos trata-se de selecionar, entre um número de alternativas possíveis, a que demonstre ser mais vantajosa no atendimento dos objetivos que norteiam a implantação da indústria.

As escolhas econômicas de uma indústria, com relação à ampliação de sua planta ou à construção de novas plantas, estão relacionadas não apenas ao preço do produto, à qualidade e à decisão sobre emprego de fatores, mas também à localização a partir da qual conduzirá suas operações. Além da teoria do uso da terra em áreas urbanas, as teorias econômicas que procuram estabelecer as hipóteses para a localização da firma originaram-se a partir do trabalho de Alfred Weber no final da década de 1920. A teoria da localização da firma tem sido desenvolvida no contexto de um mercado livre e, em anos mais recentes, sua preocupação voltou-se para as questões do desenvolvimento regional. Nesse sentido, a localização de uma fábrica tem sido também um projeto governamental, além de um risco exclusivo das empresas privadas. Essas preocupações, da parte do setor público, estão ligadas aos efeitos multiplicativos ou externos sobre o desenvolvimento regional e nacional, advindos da localização industrial.

Com relação à firma em particular, essencialmente, a busca de maximização dos lucros embasa a escolha de sua localização. O empreendedor estabelece quais são os fatores, envolvidos na localização da nova planta, que afetam direta ou indiretamente

176 • Economia Industrial | Teoria e Estratégias

os custos ou a lucratividade do empreendimento e como interagem entre si, de modo que o problema se resume a avaliar esses fatores em termos de custos e benefícios envolvidos em determinada localização, com a finalidade de selecionar, entre os locais alternativos possíveis, o ponto de melhor relação custo/benefício total acarretado por todas as variáveis envolvidas. Na realidade, muitos desses fatores ou dessas variáveis não podem ser mensurados de forma quantificada, mas mesmo intangíveis também são introduzidos na avaliação.

Neste capítulo, a definição final da localização de uma empresa industrial, aqui abordada, passa por duas etapas distintas, que observam aspectos da macrolocalização (definindo a região mais ampla) e da microlocalização (definindo as condições físicas do terreno). Na sequência são examinadas as bases teóricas do processo de polarização industrial que acarreta em localização regionalmente concentrada de atividades.

Quando se estuda o processo de industrialização, em que estão envolvidos aspectos da escolha da macro e da microlocalização industrial, o que se coloca é uma visão mais estática do processo, embora elementos de previsão e de expectativas para o futuro estejam envolvidos na escolha locacional. Por outro lado, como a industrialização é um processo, envolve considerações dinâmicas sobre as transformações que ocorrem na região em questão, impulsionadas pelo crescimento de atividades produtivas industriais e que acarretam, em grande parte dos países, situações de forte polarização econômica regional.

11.2 A macrolocalização da indústria

A empresa industrial privada com fins lucrativos determinará sua localização industrial, com vistas na máxima rentabilidade do capital a ser investido. A macrolocalização, nesse sentido, definirá a região mais ampla onde deverá ser estabelecida a planta industrial, tendo em vista, além de razões de ordem econômica, aspectos técnicos. Entre os aspectos econômicos destacam-se acesso a insumos, a mercados, custos de transportes e existência de mão de obra, entre outros. Como fatores técnicos destacam-se condições climáticas, facilidades de acesso e de comunicações da região com as demais.

A localização industrial observa critérios que levam à maior redução do investimento inicial requerido para a entrada em operação das unidades de produção, porém essa economia inicial é confrontada com a eficiência operacional da empresa ao longo de sua vida útil. A rentabilidade nas atividades econômicas da empresa será analisada sob os aspectos de custos e benefícios para a determinação da macrolocalização. Na maior parte das vezes é possível criar boas condições de localização ao construir meios de acesso ou superar problemas climáticos pela tecnologia. No entanto, essas soluções técnicas acarretam custos adicionais de localização que, quando confrontados com áreas que já dispõem de acessos ou de clima mais favorável, podem onerar a primeira alternativa em relação a esta última.

O papel da intervenção governamental nesta macrolocalização é definido por razões de caráter social (condições de emprego regional), por posições político-estratégicas (ocupação de regiões de fronteiras ou de vazios demográficos) ou outros objetivos de desenvolvimento regional. Essa intervenção pode manifestar-se por meio do estabelecimento de indústrias estatais ou pertencentes a entidades sem fins lucrativos em áreas escolhidas por essas razões ou ainda por meio de subsídios ou incentivos específicos, que acarretam em vantagens de localização para a empresa privada. No primeiro caso, a localização de estatais em regiões sem objetivos econômicos imediatos visa à geração de condições para o desenvolvimento de novas áreas econômicas e novos mercados, propiciando a implantação de outras indústrias. Nesse sentido, seriam criadas condições de rentabilidade em regiões que, de outra forma, não atrairiam investimentos lucrativos. Por outro lado, o estabelecimento, em uma região, de disposições legais que podem também influir na macrolocalização da indústria privada apresenta-se sob a forma de isenções ou redução de impostos locais, incentivos fiscais ou financeiros oferecidos pelo município, códigos de obra, legislação antipoluição, áreas com restrições de gabarito, etc., que pesam positiva ou negativamente sobre a escolha da localização da planta.

Entre os fatores econômicos e técnicos que condicionam a escolha da localização industrial, serão destacados em sequência os mais relevantes, embora não esgotem a possibilidade de motivações encontradas:

a) *Custos e eficiência dos transportes*. O somatório mínimo dos custos de transportes de matérias-primas e de produtos acabados é um dos condicionantes básicos da localização industrial. A variável "distância" desempenha um papel fundamental nos estudos locacionais, quando traduzida economicamente em termos de custos e de tempo gasto. Nesses termos, são levadas em conta informações sobre: i) custo unitário do transporte de cada matéria-prima a partir de seu local de procedência; ii) os volumes das matérias-primas necessários para a produção de uma unidade do produto acabado; iii) a distribuição relativa dos mercados consumidores da produção; iv) os custos unitários do transporte dos produtos acabados até os vários mercados consumidores (ALONSO, 1972; FUJITA, KRUGMAN, VENABLES, 2001; MIRANDA NETO, 2012). Os custos de transportes podem ter escolhas alternativas relacionadas às diferentes modalidades existentes em cada caso (rodoviário, aéreo, ferroviário ou hidroviário).

Além desses custos diretos relacionados à distância, a teoria salienta como influentes os custos do terminal, ou seja, de carregar e descarregar as mercadorias, ou de armazenamento ou ainda a necessidade de baldeação entre um ponto intermediário

178 • Economia Industrial | Teoria e Estratégias

da distância e o destino final. A importância relativa dos transportes em relação aos demais fatores condicionantes da localização é dependente do volume e dos pesos a serem transportados, tanto das matérias-primas quanto do produto acabado. Essas variáveis são confrontadas com os mercados de matérias-primas e de venda do produto final, cuja distância determina o valor do frete unitário; para determinados produtos, o peso das matérias-primas é superior ao peso do produto acabado e, em outros casos, sucede o inverso. Em todos os casos, a eficiência das várias modalidades de transportes e da infraestrutura dos terminais exerce papel relevante na escolha locacional, no sentido de diminuir o tempo de transporte, minimizar o desperdício e as quebras de produtos e possibilitar a distribuição de produtos perecíveis em condições satisfatórias.

b) *Áreas de mercado*. O mercado influi diretamente na escolha locacional, tendo em vista dois aspectos principais: sua localização e sua dimensão. A localização mais próxima do mercado consumidor conduz a uma maior rentabilidade do empreendimento, pelos reflexos nos custos de transportes, como visto anteriormente; por outro lado, pelo contato mais direto e rápido com as informações para o atendimento do consumidor. Além disso, a dimensão do mercado consumidor, a dispersão deste mercado e sua expectativa de expansão geográfica podem justificar a localização das indústrias, de modo a se situarem em eixos que ligam os pontos de dispersão e expansão observados.

Outro fator a ser considerado é a existência ou não de competição em determinado mercado, principalmente quando existem possibilidades de exportação para o mercado externo. Tendo em vista as características de cada produto, uma empresa pode ser conduzida a adotar a filosofia de produzir para uma região em que a concorrência seja considerável ou criar novos mercados em regiões ainda inexploradas. De qualquer forma, a localização próxima a um grande mercado real ou potencial pode compensar os demais custos de investimentos em infraestrutura básica.

c) *Disponibilidade e custos da mão de obra*. A existência de mão de obra é um fator preponderante na escolha locacional, tanto no que se refere à natureza específica da força de trabalho disponível quanto aos custos incorridos na sua contratação. Do ponto de vista da natureza da mão de obra, ressaltam-se fatores como nível de escolarização formal e de capacitação adicional (que determinam o nível de qualificação e a capacidade de ajustamento à inovação tecnológica), a distribuição etária e por gênero (masculino ou feminino) e os valores culturais. No que se refere aos custos, a localização próxima a grandes centros urbanos determina salários mais elevados relativamente a áreas mais afastadas.

Quanto mais orientada para a mão de obra for o tipo de indústria (menor relação capital/trabalho) e quanto maior o nível de qualificação requerido pelo processo de produção, maior será a relevância de ter esse fator na decisão de localização. De nada adianta para uma indústria de precisão, que requer profissionais altamente qualificados, a localização próxima a um centro em que a mão de obra é abundante, porém de baixa qualificação. Por sua vez, uma indústria com baixo nível de automação e que demanda grandes contingentes humanos tenderá a ser atraída para a periferia das concentrações urbanas, nas proximidades de subúrbios residenciais, onde é farta a oferta de trabalhadores.

Associada à disponibilidade de mão de obra está uma análise mais profunda da existência de núcleos residenciais, da rede de transportes e da existência de demais serviços de consumo (ensino, saúde, comércio, etc.) apropriados ou da necessidade de instalação dessa infraestrutura por parte da indústria, bem como o custo do transporte de trabalhadores residentes em povoados próximos como alternativa à escolha por determinado local.

d) *Custo da terra.* No caso de plantas industriais, que para sua implantação requerem grandes áreas, o custo da terra pode consistir em um fator decisivo nos cálculos de localização. As áreas situadas mais próximas dos grandes centros urbanos apresentam um custo da terra proporcionalmente mais elevado, que se relaciona diretamente à disponibilidade de infraestrutura de serviços complementares. Por outro lado, esse valor também reflete a proximidade de rodovias que constituem grandes eixos de transportes para as áreas situadas na periferia das cidades ou fora dos grandes centros urbanos. Além do mais, está incorporado ao preço da terra a disponibilidade de terrenos à venda: em centros urbanos maiores, além dos fatores acima mencionados que oneram os custos, observa-se a menor disponibilidade de grandes áreas a serem alienadas, o que implicaria projetos de construção de plantas que se desenvolveriam em sentido vertical (em vários andares), o que para determinados produtos onera ou torna impraticável o processo de produção. Observe-se que no custo da terra estão incluídos os ônus da propriedade, que se refletem nos impostos de transmissão, territoriais e outros tributos, que incidem sobre o valor da terra.

e) *Disponibilidade de energia.* A existência de energia, em suas diversas formas, ou mesmo a potencialidade de recursos naturais a serem explorados (quedas d'água, carvão, etc.), bem como o custo unitário são fatores decisivos para a localização de indústrias específicas, em que esse elemento pesa consideravelmente no custo final do produto. Em áreas em que a falta do fornecimento de energia pelo setor público pode ser considerada, são levados em conta os custos de investimentos e de amortização de sistemas próprios de geração, transmissão, transformação e armazenamento necessários. Por outro lado, é ainda um fator relevante para o processo produtivo a confiabilidade no fornecimento da energia em indústrias que não possam estar sujeitas a cortes imprevistos no seu suprimento, o que acarretaria no estabelecimento de sistemas de emergência para geração própria, onerando substancialmente os custos de produção.

180 • Economia Industrial | Teoria e Estratégias

f) *Suprimento de matérias-primas*. As condições de utilização em grande escala ou o caráter perecível ou de fragilidade de certas matérias-primas constituem fatores influentes na decisão locacional de indústrias selecionadas. Em muitos casos, a movimentação da matéria-prima a longas distâncias, em bruto, sem tratamento prévio, pode inviabilizar a escolha de uma localização longínqua. Um bom exemplo são as indústrias rurais de beneficiamento de certos produtos agrícolas, que serão atraídas para locais próximos à produção da matéria-prima. Por outro lado, no caso de matérias-primas não perecíveis e que admitam o transporte por longas distâncias ou de longa duração, os custos de transportes, conforme especificados acima, terão peso relevante na escolha locacional. No caso específico de indústrias de Extração Mineral, quanto maior for a relação "volume de matéria-prima/volume de produto beneficiado", maior será a justificativa para o estabelecimento da indústria nas proximidades da existência de jazidas, quando são reduzidas ao mínimo as movimentações dos detritos resultantes do beneficiamento dos minérios.

g) *Disponibilidade de água*. A disponibilidade e a qualidade da água para uso industrial, nos volumes necessários para determinados tipos de indústrias, constituem fator de crescente importância. O consumo de água por unidade produzida, em uma indústria, permitirá mensurar a importância deste fator na localização da planta. Apenas como exemplo, observa-se, para alguns produtos específicos, as seguintes quantidades de água por produto acabado (GEORGE; JOLL, 1980)[24]:

Quadro 11.1 — Consumo de água por unidade produzida para produtos selecionados

Produto	Quantidade	Água (litros)*
Aço laminado	1 ton	10.000 a 250.000
Alumínio	1 ton	200.000 a 1.300.000
Pasta de celulose	1 ton	15.000 a 230.000
Papel	1 ton	8.000 a 350.000
Cimento (via seca)	1 ton	300 a 3.000
Petróleo (refino)	1 barril	200 a 18.000

Fonte: George e Joll (1980). *Salienta-se que esses volumes podem modificar-se no tempo, à medida da evolução tecnológica no processo de produção de cada produto.

De um modo geral, no exemplo, os cálculos de consumo de água potável para as indústrias consideram como valor mínimo 701 litros/dia/pessoa. São incluídos nos cálculos sobre os custos da água os custos de captação, transporte, armazenamento

---

[24] No Quadro, observa-se que a grande disparidade entre os valores mínimos e máximos é devida a maior ou menor taxa de recirculação da água não incorporada ao produto. Em certas indústrias, consegue-se atingir até 95% de recirculação, mediante o emprego de torres de resfriamento com a utilização de água em circuito fechado. Salienta-se que esses volumes podem modificar-se no tempo, à medida da evolução tecnológica no processo de produção de cada produto.

e tratamento e ainda o de restituição ao meio ambiente nos padrões de pureza e de descontaminação impostos pela legislação local de proteção ao meio ambiente.

h) *Eliminação de resíduos*. A industrialização acelerada de uma região implica um nível crescente de poluição ambiental, ocasionada pela eliminação de resíduos industriais. A eliminação de resíduos — sólidos, gasosos ou ainda líquidos, seja em áreas densamente povoadas ou em áreas ribeirinhas situadas a montante de centros populacionais que se servem daqueles cursos d'água — tende a ser controlada por meio de legislação que implica multas pela sua não observância ou na exigência da instalação de dispositivos antipoluidores nas plantas (filtros ou outros meios), o que onera os custos de produção.

i) *Dispositivos fiscais e financeiros*. Em determinadas regiões que estão relativamente atrasadas, a política governamental pode recorrer a incentivos fiscais (isenções ou diminuição de impostos e taxas), subsídios, cessão de terrenos ou, ainda, a facilidades de acesso ao crédito como fatores de atração do capital privado no sentido de contrabalançarem as deficiências regionais. Por outro lado, a iniciativa privada também pode oferecer motivações financeiras para as indústrias se dirigirem a determinado local, como a associação no capital da empresa e o fornecimento de crédito em condições vantajosas. No entanto, a duração desses estímulos, tanto públicos quanto privados, deve ser levada em conta, pois a brusca supressão deles pode eliminar as vantagens iniciais de localização na região, afetando o equilíbrio operacional da empresa.

j) *Economias de aglomeração*. As vantagens representadas por redução nos custos de implantação e operacionalização das plantas industriais, advindas da existência no local de uma infraestrutura de serviços públicos e privados — em forma de transportes, comunicações, suprimento de energia, atividades financeiras, comerciais, de assessoria, de manutenção e outras —, constituem as denominadas "economias de aglomeração". A localização industrial em tais áreas, de um modo geral, implica concentração de uma série de indústrias, tendo em vista que os recursos concentrados visam extrair o máximo rendimento, alternativamente à pulverização dos investimentos em infraestrutura. A administração pública, com esse intuito, pode criar distritos industriais, por meio da atração de indústrias, seja por legislação específica ou por subsídios e isenções vantajosas.

Nesse sentido, as economias de aglomeração devem incluir serviços sociais que atendam à população que para lá se dirige, com a criação de núcleos habitacionais, serviços de ensino, saúde e outros equipamentos comunitários. No entanto, a criação de economias de aglomeração e a atração de indústrias para um determinado local podem ocorrer independentemente do planejamento governamental específico. Uma das razões pode ser a economia de escala obtida com a produção de certos componentes ou produtos industriais intermediários comuns às várias indústrias da região, que acarretam maior intensidade da demanda para essas indústrias ali

182 • Economia Industrial | Teoria e Estratégias

localizadas. É o caso das indústrias de autopeças, que se concentram junto às montadoras de veículos.

A aglomeração de indústrias nesses locais oferece vantagens e desvantagens do ponto de vista de segurança. Por um lado, o custo do seguro das instalações usualmente é mais baixo próximo a centros urbanos ou a áreas industriais que dispõem de dispositivos comunitários de segurança, como corpo de bombeiros ou policiamento· No entanto, são consideradas ainda determinadas desvantagens da aglomeração, ocasionadas pelos crescentes riscos de propagação de determinados sinistros de indústrias vizinhas, bem como a elevação dos custos como decorrência da competição salarial, em períodos de carência de mão de obra de níveis específicos de qualificação. Além do mais, outras desvantagens da aglomeração podem ocorrer, resultando em "deseconomias de aglomeração", quando o congestionamento de certos serviços, a elevação dos custos da terra ou a alta concentração de agentes poluentes oneram os custos de implantação e de operacionalização da empresa. Nesse sentido, nem sempre a localização industrial em centros intensamente concentrados é a escolha mais vantajosa.

k) *Elementos intangíveis*. A existência de determinados elementos ditos intangíveis, em regiões específicas, determina a localização de indústrias cuja demanda é afetada consideravelmente por esses fatores. Trata-se de elementos de caráter subjetivo que influenciam os processos produtivos ou de distribuição do produto, como tradição ou segredos de família, interferindo na produção de determinados produtos, particularmente alguns bens de luxo, certas indústrias comestíveis ou de bebidas (vinhos de regiões selecionadas), indústrias artesanais (instrumentos musicais) ou produtos de conteúdo artístico com alto valor comercial (porcelana de Limoges, cristal da Boêmia). Nesses casos, prevalece o elevado valor unitário da produção, face à alta especialização da mão de obra, como atração para a localização, sobrepujando outros atrativos locacionais, técnicos e econômicos diante dos requisitos comunitários demandados.

Tendo em vista a série de elementos que motivam a localização industrial em regiões favorecidas, a análise pela empresa do melhor local de implantação de um novo investimento deve contemplar conjuntamente todos os benefícios e os custos de cada fator de atração ou repulsão em determinada área potencial. Entre as várias alternativas possíveis de localização, a escolha deverá recair sobre aquela que implicar na menor relação custo/benefício, quando considerados conjuntamente todos os fatores locacionais. A melhor combinação entre os recursos naturais, humanos e outras forças locacionais existentes, para cada produto específico, caracteriza as vantagens de determinada região, ou seja, torna mais adequada a implantação da indústria comparativamente a outro local.

No entanto, existem determinadas indústrias que não têm fortes preferências locacionais, denominadas *foot-loose* ou independentes (ALONSO, 1972), e outro tipo de orientação está surgindo à medida que indústrias com tecnologia altamente sofisticada são criadas. Nessas últimas indústrias, tais como de pesquisas ou eletrônicas, a necessidade de técnicos altamente especializados se sobrepõe aos demais fatores atrativos da localização e, nesse caso, as condições climáticas e culturais ou os serviços de lazer e outras amenidades, demandadas por esses técnicos, exercem maior peso na escolha locacional.

Ressalte-se ainda que, embora a análise sobre a escolha locacional seja feita considerando-se o investimento em longo prazo, as tendências custo/benefício no decorrer desse período estão em constante transformação. Isto se dá pelo fato de que os sistemas de transportes e as vias de acesso estão sendo constantemente aperfeiçoados e observa-se uma tendência ao barateamento de seus custos e à maior eficiência, tanto em termos de tempo quanto de embarque e desembarque. Por outro lado, os processos de produção, face às mudanças tecnológicas, tendem a se tornar mais eficientes, requerendo menor quantidade de matérias-primas por unidade de produtos ou ainda a necessidade de tipos diferentes de matérias-primas para o mesmo produto. Finalmente, o produto em si pode ser aperfeiçoado, de modo a tornar-se mais acessível ao mercado ou a diferentes mercados, que anteriormente não tinham possibilidade de consumi-lo.

11.3 Microlocalização industrial

Tendo em vista a determinação da macrolocalização industrial, ou seja, a região mais ampla em que deverá ser implantada a nova planta, a fase seguinte da análise locacional dirige-se para a escolha do terreno dentro da região, que oferece as melhores vantagens para aquele tipo específico de produto, definindo, dessa forma, a sua microlocalização. Nessa fase predominarão aspectos técnicos relacionados às condições do terreno, sem, no entanto, serem descartados os elementos econômicos subjacentes, que passam a interferir quando existe a necessidade da escolha alternativa entre vários terrenos.

A partir da definição da área livre necessária para a implantação de determinado processo de produção, são observados os requisitos do terreno baseados nos seguintes elementos:

a) *Condições do relevo*. As condições de declividade ou outras do relevo do terreno podem ter um peso considerável nos custos de implantação, uma vez que podem ou não dispensar a execução de grandes movimentos de terra para a implantação inicial e, por outro lado, podem ou não permitir futuras expansões nas instalações, sem grandes obras de terraplenagem. No entanto, certas indústrias localizam-se melhor

184 • Economia Industrial | Teoria e Estratégias

em terrenos que apresentam declividade e outras alterações no relevo, como indústrias em que predominem transportes verticais ou de correia, ou outros sistemas de transferência de materiais, onde a força de gravidade pode ser utilizada de forma vantajosa, tanto no transporte quanto na ensilagem. Como exemplo citam-se o beneficiamento de minérios, a instalação de reservatórios de água e de tanques de armazenamento de líquidos.

b) *Qualidade do solo*. A qualidade ou deficiências do solo podem facilitar ou onerar a implantação de instalações industriais. A resistência do solo, o nível do lençol freático, formações rochosas e de matas, a existência de solo vegetal ou aterro sanitário que não suportam o peso de grandes obras de engenharia podem determinar o melhor terreno. Embora as deficiências possam ser corrigidas mediante sistemas de fundações, estabilização e contenção de encostas, desmatamento, drenagem, aterros e outras providências adequadas, as condições negativas podem influir em grande proporção no custo da obra, de maneira a desestimular a escolha do terreno, diante de possibilidades alternativas.

c) *Vias de acesso e de comunicação*. A situação próxima a uma estrada de rodagem, uma via férrea, um canal ou curso d'água navegável ou ainda a proximidade dos centros urbanos podem determinar menores custos de transportes, restringindo o número de alternativas válidas para a escolha do terreno. Ainda, a existência de uma infraestrutura de apoio, como um terminal rodoviário ou ferroviário, portos ou cais, que facilitem as condições de carga e descarga de matérias-primas ou produtos acabados, determina condições ótimas do terreno. No que se refere ao acesso à comunicação, se determinadas regiões menos privilegiadas tornam relevante a existência de sistemas telefônicos, telegráficos, de rádio ou de telex, observa-se que as constantes inovações tecnológicas no setor de comunicações, particularmente introduzidas via informatização desses serviços, vem possibilitando à indústria o fácil acesso a informações e a outras necessidades de comunicação em qualquer ponto da região, tornando este fator menos influente no processo de escolha locacional.

d) *Serviços públicos*. Entre esses serviços disponíveis, destacam-se a infraestrutura urbana de esgoto sanitário, energia elétrica, linhas telefônicas, de coleta de lixo, de transportes coletivos, ensino e saúde e de suprimento de água potável para as famílias que fornecerão a mão de obra. As grandes indústrias que se implantarem em áreas afastadas dos centros urbanos e que não dispuserem de atendimento completo desses serviços deverão arcar com os custos de seu fornecimento, enquanto não forem supridos pelo setor governamental, inclusive no caso da utilização de determinados insumos industriais, como a água em larga escala e a energia elétrica. Os custos globais para o investimento — com a extensão até o terreno da indústria — de linhas de transmissão, adutoras, sistemas de distribuição de água e luz, linhas telefônicas, etc., devem ser contrapostos aos benefícios da escolha daquele terreno para localização.

Localização Industrial, Polarização e Regionalização • 185

e) *Capacidade da infraestrutura.* Ainda que sejam disponíveis instalações de infraestrutura de acesso, a previsão da capacidade de utilização, no momento da implantação, e a potencialidade para períodos futuros de desenvolvimento da empresa pesam consideravelmente na escolha locacional, desde que, por um lado, possam haver limitações físicas (e legais) para o tráfego de veículos que demandem a indústria, dados os gabaritos de pontes, túneis, raios de curvatura e rampas, etc. Por outro lado, a exigência de aumento futuro do atendimento de serviços de energia elétrica, água, esgoto, telefones, etc., pode não ser correspondida pela capacidade instalada de infraestrutura.

f) *Situação legal da propriedade.* A condição legal da propriedade, no que se refere à existência de qualquer demanda judicial ou risco de futuras questões judiciais ou ainda a demarcação efetiva dos limites do terreno em relação às propriedades vizinhas, têm peso fundamental na escolha do terreno.

g) *Outros dispositivos legais.* Podem onerar ou impedir a microlocalização de determinadaos terrenos selecionados ou plantas industriais fatores como a vigência de dispositivos legais sobre a existência de faixas de domínio ou direitos de servidão (passagem de adutoras, de linhas de transmissão, de linhas telefônicas e telegráficas, etc.); sobre restrições quanto ao gabarito máximo das edificações, faixas de recuo e de áreas não edificáveis; quanto ao nível de ruído, emissão de fumaça, vapores e odores, bem como quanto à obrigatoriedade de preservação de áreas verdes.

h) *Existência de instalações.* A existência no terreno de construções de engenharia, na forma de fundações, edificações provisórias ou definitivas, pode onerar ou diminuir os custos de instalações, quer sejam necessárias obras de demolição ou remoção ou sejam reaproveitáveis para o futuro projeto. Da mesma forma no caso da existência de áreas cultivadas, jazidas e outros recursos extrativos já em fase de exploração que devam ser complementados.

11.4 A escolha locacional

A escolha locacional final será determinada concomitantemente pela melhor área de macro e microlocalização. Para cada tipo específico de indústria e em função da estratégia de desenvolvimento da empresa, a melhor localização poderá requerer uma escolha entre possibilidades alternativas de localização.

A determinação da alternativa selecionada é efetuada com base em uma análise de custo/benefício, em que são colocadas em questão conjuntamente todas as vantagens e desvantagens locacionais em relação aos aspectos de macro e microlocalização anteriormente descritos. O próprio processo de produção e distribuição da empresa e a estratégia de desenvolvimento da firma determinarão se a localização é orientada pelos transportes, pela mão de obra, pela energia ou por outro fator relevante[25]. No entanto, ainda que uma indústria seja claramente orientada para um tipo específico de fator, que apresenta peso significativo na composição dos seus custos totais, a existência de outros custos adicionais ou vantagens pode determinar, no cômputo global, uma localização mais afastada daquele condicionante.

Convém ressaltar que as especificidades regionais são determinadas pelos recursos materiais e humanos, mas também pela inter-relação desses recursos com todo um macrossistema social, em que pesam subsistemas, como o político, o cultural e o participacional, além do econômico (KON, 1995; 2016a), que podem obstaculizar ou impulsionar o desenvolvimento do investimento industrial em dado local. São conhecidos exemplos em que sistemas de valores específicos de uma dada cultura regional resultaram na não aceitação, pela população local, do estabelecimento de indústrias específicas que se contrapunham a técnicas ou outros costumes tradicionais, embora os estudos técnico-econômicos revelassem as vantagens locacionais da região. Da mesma forma, situações de conjuntura política ou mesmo aspectos políticos estruturais históricos influenciam sensivelmente a possibilidade de localização industrial, já que são criadas pressões favoráveis ou desfavoráveis junto às autoridades governamentais para o estabelecimento de subsídios ou de sanções à implantação industrial em regiões selecionadas.

Deve ser ressaltado que toda escolha locacional está permeada de um fator de previsão sobre o desenvolvimento futuro não apenas das condições econômicas globais de investimento, mas também das expectativas de desenvolvimento futuro da região em questão. Toda previsão, por envolver expectativas, é constituída por elementos de incerteza e pelo conhecimento de especialistas que traduzem aspectos ideológicos. Nesse sentido, as análises de custo/benefício, como técnica que se apoia no instrumental matemático, traduzindo em unidades comparáveis os vários condicionantes locacionais, têm o intuito de servir como apoio à tomada de decisão, diminuindo as incertezas quanto à previsão.

De qualquer maneira, a própria implantação de uma empresa industrial, em uma região selecionada, pode acarretar transformações consideráveis na dinâmica regional que acabam traduzidas em condições propícias ou não de operacionalização e desenvolvimento em médio e longo prazos.

Os fatores de escolha locacional anteriormente descritos são embasados em teorias estáticas, fundamentadas em paradigmas neoclássicos. Mais recentemente, a partir da década de 60, as análises econômicas enfatizam a influência de fatores dinâmicos sobre a decisão locacional, relacionados ao tamanho das empresas e, particularmente, às estruturas oligopólicas. As decisões locacionais destas estão vin-

---

[25] Como salienta Alonso (1972), são denominadas *transport-oriented, labor-oriented, power-oriented, amenity-oriented industries*.

culadas às estratégias de acumulação, muitas vezes relacionadas a outros fatores, como o controle do nível mundial de depósitos estratégicos de minerais, a reserva de mercados, a transferência de segmentos do processo de produção com implicações negativas sobre a ecologia.

Observa-se em países altamente industrializados uma dinâmica locacional voltada para organizações constituídas por múltiplos estabelecimentos em diferentes localizações. A escolha locacional transfere-se de regiões de alta concentração de mão de obra, que apresentam sindicatos combativos, para outras regiões em que as indústrias possam impor novas condições de salário no mercado de trabalho. Paralelamente, as mudanças tecnológicas profundas afetam as decisões de investimento e locacionais, que se relacionam às teorias do oligopólio e dos ciclos dos produtos e dos lucros (SUAREZ-VILLA, 1989; VERNON, 1966; 1979). Como cita Markusen (1985), as tendências locacionais desenvolvem-se em uma sucessão espacial, ou seja, um setor industrial se estabelece e se concentra em uma ou em várias regiões no início dessa sequência para dispersar-se para outras regiões posteriormente e, em muitos casos, abandonando os centros iniciais.

Enfim, se por um lado as teorias tradicionais da localização industrial não podem ser descartadas por explicarem os condicionantes do desenvolvimento regional, as teorias dinâmicas procuram examinar o surgimento, a relocalização e o desaparecimento de concentrações industriais ou a segmentação da localização de uma empresa em várias regiões como estratégia de crescimento e de acumulação de capital dos grandes oligopólios.

11.5 O processo de polarização industrial

O modelo de desenvolvimento econômico polarizado baseado na industrialização foi descrito inicialmente por François Perroux (1955), contrapondo-se aos modelos de crescimento estático e ao circuito estacionário da análise econômica tradicional.

Os modelos tradicionais de crescimento econômico descrevem situações de equilíbrio estacionário, em que, com o crescimento populacional, a produção global cresce na mesma proporção, não havendo variação tanto na proporção entre os fluxos de bens de produção e de consumo quanto na propensão a consumir e a poupar; os coeficientes de produção, o tempo de trabalho, o rendimento real por habitante, o nível geral de preços e os preços relativos permanecem constantes. O ritmo do aumento do capital real é exatamente igual ao da produção e do consumo. Portanto, "a economia é em cada período a réplica exata da economia do período anterior, somente as quantidades são multiplicáveis por determinado coeficiente"(TINBERGEN; POLAK, 1950).

188 • Economia Industrial | Teoria e Estratégias

Adicionalmente a essa visão, Schumpeter descreve o crescimento, em oposição a esse circuito estacionário, em que a população, a produção e o capital aumentam de período para período exatamente nas mesmas proporções, em que produtos, serviços e moeda executam os mesmos percursos, em que os fluxos aumentam sem variações de estrutura nem flutuações.

A visão de Perroux é de que esses modelos de crescimento acima descritos não são caracterizados, na realidade, onde se observam transformações estruturais nas economias, que consistem no aparecimento e desaparecimento de indústrias, na proporção variável das diversas indústrias no fluxo do produto industrial global durante períodos sucessivos e em taxas diferenciadas de crescimento entre indústrias. Por outro lado, essas mudanças estruturais refletem também a propagação do crescimento de uma indústria ou de um grupo de indústrias, possibilitando novas invenções, que originam novas indústrias. Dessa forma Perroux descreve um modelo alternativo, em que o crescimento não surge em toda a parte ao mesmo tempo, porém, manifesta-se com intensidades variáveis, em pontos ou polos de crescimento, e propaga-se segundo vias diferentes e com efeitos finais variáveis no conjunto da economia.

A base de observação dessa modalidade de crescimento está em determinadas indústrias que se desenvolvem mais cedo que as outras, segundo formas de grandes indústrias modernas caracterizadas pela forte concentração de capitais, decomposição técnica de tarefas, mecanização e separação dos fatores de produção entre si. São denominadas indústrias "motrizes" e apresentam, em determinados períodos iniciais de desenvolvimento, taxas de crescimento real do produto superiores às taxas médias do produto industrial global e do produto nacional. Essas indústrias têm a propriedade de, mediante o aumento do volume de sua produção, acarretar o aumento do volume de produção de várias outras indústrias ditas "movidas". Essa indústria-chave ou motriz, por meio do efeito multiplicador, induz na economia nacional um crescimento do volume de produção muito maior que o crescimento do seu próprio volume.

A indústria motriz e as movidas compõem um complexo industrial, em que coexiste um regime não concorrencial e uma concentração territorial. Esse complexo é determinado pelos efeitos para trás (*backward effects*) e para a frente (*forward effects*). Os efeitos para trás constituem-se nas inter-relações que ocorrem respectivamente com indústrias fornecedoras de insumos e demais serviços necessários para o processo de produção, enquanto que os efeitos para a frente são relacionados às indústrias de distribuição e reparação do produto acabado. O complexo de indústrias exerce um regime instabilizador na economia, pois é composto de forças oligopolísticas. Um exemplo tradicional de indústria motriz, e incorporado ao complexo da indústria automobilística, refere-se à empresa montadora, que, com seu estabelecimento, atrai em seus efeitos multiplicadores "para trás" a implantação de empresas de autopeças e de outros insumos específicos e, em seus efeitos "para a frente", atrai a implantação de revendedoras de veículos, consórcios, postos de gasolina, serviços de manutenção, financiadoras de veículos, etc.

Perroux descreve vários tipos de regimes de mercados dos complexos industriais, que podem compreender desde o monopólio parcia,l que impõe um acordo às pequenas empresas satélites; o duopólio, em que uma grande empresa com baixos custos interage com a empresa de menor capacidade e custos elevados; até o regime de oligopólio. Neste último, a luta oligopolística, os conflitos de eliminação, os conflitos visando à subordinação, ou o acordo, de uma parte a outra permeiam os complexos industriais e agem como fatores de crescimento no sentido de motivar a elevação da produtividade e realizar uma acumulação de capital eficiente e superior à dos regimes concorrenciais. Assim, a expansão e o crescimento das indústrias movidas do conjunto resultam das forças de conflito ou da cooperação entre os planos das grandes unidades e dos grupos de unidades coordenados, que são arbitrados pelo Estado e influenciam os preços, o volume de produção e as compras de serviços.

11.6 Industrialização e regionalização

Ao introduzir-se o enfoque espacial na análise da economia industrial, embora persistam as implicações mencionadas, são introduzidas concomitantemente novas variáveis ao problema. A partir da verificação dos impactos espacialmente diferenciados do comportamento econômico das atividades produtivas bem como das políticas públicas de incentivo ou estabilizadoras, a análise econômica, sob o enfoque espacial, desenvolveu-se com maior intensidade na década de 1950. Nessa época, a teoria regional ganhou impulso com a síntese efetuada por Jacques Boudeville sobre os conceitos de espaço e região, e as implicações da regionalização econômica da produção, que vinham sendo discutidas por estudiosos de várias áreas de especialização, como geógrafos, arquitetos, sociólogos e economistas, entre outros.

Boudeville (1972) caracteriza o espaço econômico como espaço concreto, material e humano, sendo uma realidade técnica, comercial, monetária e política localizada. Compreende simultaneamente o espaço geográfico — solo, clima, paisagem humanizada — e o espaço matemático, noção mais abstrata e que define as relações técnicas existentes entre as atividades, independentemente da localização. Uma noção mais recente e dialética é exposta por Coraggio (1980; 2005), que designa o espaço como uma determinação constituída e inseparável de coisas físicas e processos (relações), sendo a espacialidade a manifestação física de objetos de diferentes naturezas, sejam físicos, orgânicos ou puramente sociais, que se articulam em uma formação complexa real, que é permeada de determinantes de diferentes ordens de realidade (políticas, econômicas, sociais e culturais).

190 • Economia Industrial | Teoria e Estratégias

A partir disso, a noção de região é deduzida como se constituindo de espaços econômicos contíguos, em que se definem relações técnicas e de comportamento humano, porém que são geograficamente localizadas em espaços adjacentes. Cada região manifesta uma representação física de sua espacialidade específica, ou seja, propriedades próprias resultantes da inter-relação entre os determinantes históricos, que se manifestam por meio de uma base de recursos (materiais, humanos e de capital) e de uma base social subjacente (sistema de valores, político e econômico) (KON, 1995). As implicações desses condicionantes sobre o desenvolvimento das atividades produtivas em diferentes regiões assumem papel primordial na determinação das situações de avanço ou atraso regional, particularmente pela possibilidade, ou não, de um espaço apresentar condições para se tornar um polo industrial.

Uma das características básicas do processo de polarização industrial é a concentração territorial das empresas do complexo. É registrada como consequência da concentração geográfica das plantas industriais, uma intensificação de outras atividades econômicas, ligadas ao atendimento do complexo industrial e dos recursos humanos ali centralizados. As necessidades coletivas de alojamento, transportes, serviços públicos e outros atraem a implantação de uma série de outras atividades urbanas, que acabam por caracterizar uma forte intensificação do crescimento do produto e de rendas. Dessa forma, o polo industrial situa-se como centro de acumulação e concentração de recursos humanos e de capital fixo; as instalações de infraestrutura apresentam determinada rigidez, que acarreta dificuldades para a realocação dos fatores produtivos para outros espaços.

Esses efeitos de intensificação de atividades, que se revertem em maiores taxas de retorno ao capital investido nessas regiões polarizadas, têm como resultado a transformação do meio geográfico imediato e a economia nacional como um todo, resultando em disparidades inter-regionais. A concentração populacional nessas áreas intensifica-se no sentido de serem usufruídas economias de escala ou de aglomeração e externalidades positivas, tecnológicas ou pecuniárias sob a forma de diminuição de custos indiretos e de disponibilidade de infraestrutura social e econômica. Como conceituadas por Scitovsky (1969), as economias externas são definidas como serviços livremente prestados (sem compensação) por um produtor a outro; tecnológicas, quando oriundas da interdependência direta entre produtores; e pecuniárias, quando advindas da interdependência entre os produtores por meio de mecanismos de mercado. Tais economias existem não apenas para as empresas, mas também para a coletividade, atuando como polo de atração de recursos humanos.

As diferenças inter ou intrarregionais de salários reais impulsionarão a mão de obra a deslocar-se das áreas de salários mais baixos para as polarizadas, que apresentam, de um modo geral, salários mais compensadores. As oportunidades reais ou imaginárias de melhores salários motivam o deslocamento da mão de obra para esses centros industriais, ainda que acarretem uma crescente taxa de desemprego ou subemprego, em períodos posteriores de esgotamento do crescimento de oportunidades de trabalho. Além do mais, em países não desenvolvidos ou em desenvolvimento, a atividade industrial remunera seu fator trabalho muito acima do seu custo de oportunidade, o que explica uma vez mais a concentração geográfica da mão de obra e, consequentemente, da renda em regiões de maior dinamismo industrial.

As áreas mais dotadas de recursos naturais ou que ocupam geograficamente uma posição privilegiada (litoral, boa acessibilidade ao porto, etc.), ou mesmo as que historicamente foram pioneiras no desenvolvimento de um povoamento, encontram-se com vantagens comparativas em relação às demais regiões para um processo de desenvolvimento industrial. No entanto, o crescimento dessas regiões, como ressalta Boudeville, é um processo de transformações interdependentes, que se produzem em determinado período, e, no caso de este desenvolvimento ser função de certo grau de industrialização, é fundamental observar-se as interdependências e vinculações técnicas das indústrias daquele espaço com os demais setores localizados interna ou externamente à região. Essas relações técnico-funcionais entre as indústrias do polo e os demais setores são responsáveis pelo grau de integração da região com as demais e condicionam a expansão e o crescimento da renda regional, seja mediante a polarização técnica, a polarização das rendas ou ainda mediante a perspectiva das disponibilidades de fatores de produção e consumo naquela área, que pode ser a base para a polarização psicológica e geográfica. Assim, pode-se deduzir que o crescimento regional associado à industrialização é condicionado pela intensidade dos fluxos de rendas e pessoas, gerado pela intensidade das relações técnicas e comerciais entre empresas localizadas na região.

A literatura norte-americana e europeia, desde a década de 1950 (SUAREZ-VILLA, 1987), explica a dinâmica das transformações regionais, relacionando-as diretamente aos estágios de desenvolvimento industrial de um centro polarizador. Suarez-Villa resume as ideias teóricas desenvolvidas na literatura, definindo seis fases evolutivas do desenvolvimento regional, em que a evolução de uma metrópole em uma área e a distribuição interurbana da população ao seu redor estão ligados diretamente ao desenvolvimento do setor manufatureiro. Assim, define as fases I e II de evolução como típicas do aumento rápido da concentração urbana, constituindo as etapas de polo de crescimento do processo de metropolização, em que o setor industrial apresenta lento crescimento, porém a taxas crescentes, acompanhado de crescimento das economias de aglomeração. Nessas fases as áreas do mercado manufatureiro são locais, e as ligações inter-regionais são limitadas.

As fases III e IV são consideradas típicas da maturidade metropolitana, como resultado da expansão de suas bases industriais e dos inter-relacionamentos que se desenvolvem com o setor Terciário. As proporções do emprego manufatureiro são mais acentuadas do que nos demais setores e as economias de aglomeração ainda aumentam rapidamente, atingindo uma fase de maturidade, a partir da qual passam a apresentar taxas decrescentes de aumento. As áreas de mercado ampliam-se para as demais áreas nacionais e internacionais, e as relações inter-regionais são significativas e abrangentes. As fases V e VI são representativas da estabilidade ou do declínio do crescimento metropolitano e associam-se a um decréscimo das proporções do emprego industrial em relação ao de serviços, embora o volume absoluto do emprego manufatureiro ainda possa crescer lentamente. Nessas últimas fases, as economias de aglomeração estão declinando rapidamente, passando a situações de deseconomias, seguidas de descentralização populacional. As áreas de mercado mantêm-se no âmbito nacional e internacional, e as ligações inter-regionais são abrangentes e interdependentes.

As inovações tecnológicas e organizacionais, segundo este autor, são os determinantes mais importantes da mudança industrial de longo prazo. Esse processo de inovação industrial é impulsionado pela demanda de mercado, e do lado da oferta de produtos, pela necessidade de diminuição dos custos de produção em médio e longo prazos. Além desses fatores, mecanismos institucionais, como incentivos e restrições governamentais, sistema de patentes e o fluxo de informações, afetam a reestruturação industrial por meio de inovações de produtos e de processos. Alguns autores (SUAREZ-VILLA, 1989; VERNON, 1979) descrevem o ciclo do produto como componentes do processo de longo prazo da mudança tecnológica, afetando a reestruturação industrial, com consequências sobre a regionalização das atividades. Esse ciclo de produto envolve três fases: a) rápido crescimento inicial na demanda e na produção, depois que a pesquisa e o desenvolvimento do produto são completados; b) fase madura, de nivelamento da demanda e da produção; c) fase declinante, em que o produto desaparece do mercado ao ser substituído por outro mais eficiente ou de custo inferior. A dinâmica de longo prazo do ciclo do produto e do processo de produção pode ser diretamente relacionada às mudanças na distribuição setorial do emprego e na reestruturação industrial metropolitana nas várias fases de evolução descritas anteriormente.

Resumidamente, a evolução metropolitana e a filtragem do desenvolvimento para as cidades em seu entorno são grandemente influenciadas pelas transformações na indústria manufatureira do polo de crescimento. As mudanças no setor manufatureiro determinam a distribuição populacional e a dinâmica do setor de serviços na região, e essas transformações estão vinculadas a economias e deseconomias de aglomeração. Os processos de industrialização, polarização e urbanização são fortemente interdependentes, e as transformações econômicas e sociais de uma região estão vinculadas à situação de seu desenvolvimento industrial.

CAPÍTULO 12

Políticas Públicas Industriais

• • •

12.1 Introdução

A política pública é definida por vários analistas como uma série de ações ligadas à formulação de decisões tomadas pelas autoridades governamentais (WALKER, 1974; WATSON, 1979; EASTON, 1979; AUDRETSCH; BECKMAN, 2007; AUDRETSCH; GRILLO; THURIK, 2007), envolvendo os fins e as aspirações de uma sociedade moderna por meio da utilização de meios disponíveis para alcançá-los. Nesse sentido, inclui a política de relações externas, a política de defesa nacional, a política social e todo um conjunto inter-relacionado de ações públicas dentro do qual situa-se a política econômica. À política econômica cabe a estruturação da ordem econômica por meio da atuação deliberada sobre variáveis e expressões de natureza econômica ou não, com o objetivo de alcançar resultados que podem ou não ser de caráter econômico.

A intervenção governamental na economia via políticas públicas, particularmente as economias capitalistas, tem como objetivo: a) a correção de desajustamentos verificados como resultado dos mecanismos livres do mercado, seja nos níveis de emprego, de preços e de transações externas, seja na repartição de renda, na concentração de poder econômico (monopólios e oligopólios) ou ainda no sentido de correção de externalidades negativas, como degradação ambiental ou aproveitamento inadequado de reservas naturais; b) a suplementação da iniciativa privada, com relação à realização de investimentos de interesse social, de implantação de bases infraestruturais ou na produção direta de bens e serviços; c) a coordenação geral para que se atinjam os fins da política econômica (ROSSETTI, 1989; KON, 1993).

Este capítulo examina aspectos teóricos das políticas públicas voltadas especificamente para a intervenção no setor industrial, com o objetivo de correção de distorções,

194 • Economia Industrial | Teoria e Estratégias

suplementação da iniciativa privada e coordenação econômica. São examinados os instrumentos utilizados, as bases da regulação, da desregulação, da privatização e o papel da empresa pública.

12.2 Instrumentos de política industrial

As políticas públicas, voltadas para o desenvolvimento industrial, utilizam-se dos instrumentos de ação básicos, classificados em quatro categorias: fiscais, monetários, cambiais e de intervenção direta.

Os instrumentos fiscais dizem respeito aos fluxos de receitas e despesas do setor público. Do ponto de vista das receitas, a política tributária, a partir da diferenciação de alíquotas dos tributos, particularmente os indiretos, cria condições de estímulo (ou desestímulo) a setores diferenciados. Tributos reduzidos sobre a produção e venda de mercadorias podem ser dirigidos a ramos industriais específicos, no sentido de baratear os custos e incentivar o aumento da oferta de produtos básicos ou para que sejam alvo da política global macroeconômica. Os tributos sobre as operações financeiras agem também diretamente sobre os custos de obtenção de capital de giro, de investimentos em formação bruta de capital e na formação de estoques ou armazenamento. Do lado das despesas do governo, o aumento ou diminuição do custeio, dos investimentos públicos e dos subsídios às unidades de produção muitas vezes tem como objetivo primordial o controle da demanda agregada em programas de estabilização ou de fomento ao aumento da atividade econômica global.

Os instrumentos monetários, que dizem respeito à oferta de moeda por meio do controle das taxas de reserva bancária, das operações de redesconto junto aos bancos (que pode ser seletivamente dirigido a setores industriais específicos) e de operações de mercado aberto, desde que influenciem totalmente o nível médio da taxa de juros da economia em um momento, podem ser utilizados deliberadamente de modo a estimular o investimento produtivo ou indiretamente influenciam a atividade industrial pelo maior estímulo a inversões financeiras, desestimulando a produção, em conjunturas adversas. Por sua vez, o controle e a seleção do crédito, seja ao consumidor ou dirigido expressamente à produção e investimento empresarial, atuam forte e diretamente sobre o ritmo da atividade produtiva.

Já os instrumentos cambiais, por meio da fixação das relações de valor entre a moeda corrente do país e as moedas conversíveis dos demais países, atuam diretamente no nível de atividade econômica de setores específicos. Por um lado, uma política deliberada de desvalorização da moeda nacional estimula as exportações do país, uma vez que serão compensadores para os produtores os ganhos obtidos após a conversão em moeda nacional. Por outro lado, a valorização da moeda nacional

Políticas Públicas Industriais • 195

barateia o custo das importações, e as empresas que utilizam matérias-primas importadas como parte relevante dos insumos de produção ou que se utilizam de bens de capital importados são levadas a aumentar a produção e o desenvolvimento tecnológico. Outro instrumento cambial consiste na fixação de taxas cambiais múltiplas e especiais para setores diferenciados, com o intuito de estimular importações ou exportações em períodos específicos da conjuntura nacional. Da mesma forma, o controle das operações de câmbio, utilizado seletivamente, direciona o desenvolvimento industrial para os objetivos globais da política governamental.

Os instrumentos de intervenção direta atuam, em primeiro lugar, regulando a atividade de produção, seja pelo estabelecimento de quotas de produção em determinados setores controlados, pela regulação das operações e transações ou pelo controle dos mecanismos e graus de concorrência. Em segundo lugar, a intervenção pode se dar por meio da fixação e do controle dos preços dos produtos por meio de tabelamentos e fixação de tetos máximos. Finalmente a regulação da remuneração dos fatores de produção, seja por meio da política salarial ou do controle de encargos sociais e de outras remunerações, atinge diretamente os custos empresariais de produção e comercialização. A regulação direta é examinada com maiores detalhes na seção seguinte.

12.3 Regulação e desregulação

O objetivo econômico da regulação governamental em mercados com alto grau de monopolização é, por um lado, estabelecer os níveis de preços de um produto, de modo que a firma não aufira lucros excedentes explorando os clientes; por outro lado é também estabelecer uma estrutura de preços entre uma variedade de clientes que seja justa e razoável.

Em alguns mercados, são concedidas franquias a uma ou a várias firmas, supervisionadas por uma comissão reguladora, que tem poderes para examinar a conduta da firma e controlar seus preços. Tal regulação tem sido aplicada, nas economias capitalistas ou de intervenção parcial, a uma série de serviços públicos e a vários oligopólios, como no caso de empresas aéreas, serviços de eletricidade, de telecomunicações, entre outros. Esse tipo de regulação combina muitas vezes a propriedade privada com certo grau de controle público.

De uma forma geral, a regulação é aplicada ao monopólio natural. O poder monopolista de uma firma é acentuado se o bem é uma necessidade com uma demanda altamente inelástica, como eletricidade, água e serviços telefônicos, ou ainda se os consumidores são ligados fisicamente aos fornecedores, por fios ou condutores. Nesses casos, os consumidores são especialmente vulneráveis à exploração e à discrimi-

196 • Economia Industrial | Teoria e Estratégias

nação prejudicial de preços. No entanto, essas condições de poder são uma questão de grau. As indústrias não se dividem ordenadamente em estruturas competitivas naturais ou monopólios naturais, e as economias de escala, nestes casos, são moderadas, e não extremas. Além do mais, as mudanças tecnológicas constantes resultam em crescimento ou retrocesso das economias de escala, de modo que o atual monopólio pode se transformar em uma situação de mercado competitivo. Dessa forma, o escopo da regulação é incerto e, com frequência, se transforma (SHEPHERD, 1990; BATLEY; LARBI, 2004; PINHEIRO, 2008).

A regulação visa lidar com três aspectos econômicos básicos: o nível de preços, a estrutura de preços e o objetivo de competição. O nível de preços é estabelecido de modo a permitir alguma taxa de retorno, cujo nível é controverso. As leis requerem usualmente uma taxa justa de retorno, que não seja demasiadamente elevada e injusta aos clientes nem excessivamente baixa de modo a desestimular os fornecedores e ser injusta para com os acionistas ou detentores do capital proprietário. Esse nível de preços deve ser eficiente, conforme os seguintes critérios possíveis de alocação eficiente do capital: a) deve equalizar o custo do capital para a firma (critério de custo do capital); e/ou b) deve ser o suficientemente alta para atrair o montante ótimo de novos investimentos (critério de atração de capital); e/ou c) deve alinhar-se às condições de risco e retorno de outras indústrias (critério de retornos comparáveis).

A estrutura de preços deve ser justa e razoável no sentido do padrão legal. A discriminação de preços, por essas firmas reguladas, tende a ser acentuada, já que são monopólios e vendem a uma variedade de clientes em residências, lojas, fábricas de todos os tamanhos, que apresentam diferentes elasticidades de demanda. Alguns graus de discriminação podem ser eficientes, no entanto, em geral, o preço ótimo para a firma deveria conter muito menos discriminação do que a empresa preferiria. O critério adequado para o estabelecimento dos preços discriminados é o custo marginal, ou seja, para cada grupo específico de clientes, o preço deve ser estabelecido o mais próximo possível dos custos marginais. A estrutura de custos pode ser consideravelmente complicada, e a tarefa da regulação é estabelecer os preços, ao menos aproximadamente, de forma alinhada à estrutura de custos. Além disso, muitas utilidades sob regulação têm marcantes flutuações de demanda, como períodos de pico durante os horários comerciais, para os serviços de eletricidade ou de telefonia, e períodos de não utilização durante fins de semana ou à noite. Essas flutuações provocam variações amplas nos custos. Adicionalmente, a estrutura de preços eficiente deve considerar também as diferenças marcantes na demanda por estações do ano, por dia ou por hora do dia.

No que se refere à desregulação em uma indústria, a definição mais simples é a da substituição do controle governamental pela competição efetiva. O tipo mais difícil de desregulação é a transformação de uma indústria sob franquia, com regulação de preços, em uma estrutura de mercado de monopólio puro, para uma estrutura de competição. Na maior parte dos casos a regulação é efetuada em oligopólios oficialmente protegidos pela regulação (como no caso de empresas aéreas, bancos, firmas de transportes rodoviários), reduzindo as restrições à entrada de novas firmas. Em muitos países, os monopólios essenciais, como de telefonia local, eletricidade e distribuição de gás, ainda são tradicionalmente regulados, e resta a dúvida se a desregulação conduzirá a resultados efetivos de competição ou acentuará o monopólio.

Os critérios econômicos para a desregulação efetiva estão ligados à análise do grau de dominação de uma ou mais firmas em um oligopólio: a) a parcela de mercado da firma dominante deve estar abaixo de 50% e deve haver ao menos quatro ou cinco competidores comparáveis, antes de a competição tornar-se efetiva. No caso de firmas dominantes que detêm acima de 50% do mercado, persiste a necessidade de permanência da contenção de preços, tanto contra preços altamente monopolizados quanto contra a eliminação de concorrentes por meio de preços; b) a competição não pode sobreviver de forma independente, na presença de controles sobre pontos de estrangulamento, através dos quais uma ou mais firmas controlam as demais. Os gargalos devem ser removidos para permitir o acesso livre a preços justos por competidores; c) os controles reguladores devem ser removidos depois do estabelecimento da competição efetiva, pois uma desregulação efetiva é um erro de política de desregulação, tendo em vista que a tendência do mercado é de se transformar em um oligopólio fraco, que pode se fortalecer requerendo a necessidade de políticas antitrustes para evitar fusões inadequadas; d) as fusões devem ser cuidadosamente selecionadas, e as táticas de preços seletivos devem ser limitadas de modo a evitar a reversão da dominância. As barreiras à entrada devem ser mantidas fracas.

12.4 A empresa pública e a privatização

Uma empresa pública é de propriedade do Estado, voltada para os interesses da sociedade. No entanto, pode ser idêntica às empresas privadas em muitos aspectos, já que se utiliza de insumos para produzir e controlar os custos, rendimentos e lucros. Mas, além desses paralelos, o objetivo da empresa pública nem sempre é a maximização dos lucros, mas sim outras metas sociais, de modo que seu desempenho econômico pode diferir altamente do da empresa privada.

Existem várias razões para a criação de firmas públicas, porém a mais válida é de que deve servir a propósitos sociais que uma firma privada ignoraria ou violaria. Estes propósitos sociais são principalmente: a) preferência social de uma sociedade para a provisão pública em relação à privada em determinados setores proeminentes, que variam entre países; b) oferta insuficiente pela empresa privada, quando uma nova indústria requer um montante de capital muito elevado e de longo prazo de maturação, o que implica em altos riscos para os investimentos privados. Nesses casos, a empresa privada exigiria subsídios, garantias e outras concessões, que tornariam o investimento público preferível; c) a empresa pública muitas vezes é criada no sentido de salvar firmas privadas da iminência de falência, comprando seu capital e apoiando sua reabilitação; d) determinadas empresas públicas podem amortecer impactos externos, em forma de prejuízos ou benefícios, que as empresas privadas ignoram, como no caso de um bem público puro que requereria altos subsídios; e) uma empresa pública pode deter a soberania de determinados setores para o país.

Portanto, além das metas comerciais de produzir serviços de modo eficiente e de vendê-los a preços que cobrem os custos, atendendo às condições da demanda, a empresa pública serve também a algum elemento social, que é amplamente discutido tanto em natureza quanto em extensão. Por exemplo, que elemento social está por trás do fornecimento de serviços de aeroportos e qual deve ser o pagamento por ele?

Uma forma de sustentar a empresa pública é por meio de subsídios, financiados pela receita de tributação, que podem corresponder desde a 100% dos custos até zero. Dessa forma, as escolas públicas são totalmente subsidiadas, enquanto o fornecimento de água é pago pelos consumidores. Em alguns casos, determinado serviço público é financiado em parte pela dotação pública e em parte pelos consumidores. O montante de subsídio é adequado ao grau de elemento social da empresa pública, ou seja, um efeito social pequeno requer um subsídio baixo ou nenhum, enquanto um grande efeito social justifica um subsídio total, já que os consumidores não pagarão diretamente pela sua utilização, que será custeada pelos pagadores de impostos.

Dois grandes inconvenientes podem surgir do subsídio às empresas públicas. Por um lado, se o subsídio for demasiadamente grande, dará aos consumidores um benefício não merecido. Por exemplo, até que ponto determinados estudantes universitários que têm renda devem receber ensino gratuito total? Ou uma piscina pública deve ser totalmente subsidiada? Por outro lado, um segundo risco dos subsídios é de enfraquecer os incentivos da empresa para a consecução de menores custos, uma vez que estes são cobertos sem esforço.

No que diz respeito à conservação do caráter público ou à privatização de empresas, deve-se considerar inicialmente a natureza do caráter público das firmas. Esse caráter depende da propriedade de seu capital, do grau de subsídio e controle externo, bem como do tipo de políticas desenvolvidas pela empresa, seja no sentido de maximização de lucros ou de obtenção de objetivos sociais.

Historicamente, o que se tem observado, particularmente nos países desenvolvidos da Europa Ocidental e nos Estados Unidos, é uma estabilidade no grau de permanência de empresas públicas no período posterior à Segunda Guerra Mundial de

Políticas Públicas Industriais • 199

1950-1980, particularmente em indústrias citadas de utilidades públicas, que apresentam alto grau de monopolização. No entanto, a partir de 1980, iniciou-se na Europa (Inglaterra e França) um movimento ideologicamente voltado para a privatização de empresas públicas. O governo Thatcher, por exemplo, efetuou consideráveis mudanças em 1986, privatizando o sistema de telefonia, de fornecimento de gás, de transportes de ônibus intermunicipais, de aerolíneas, de portos, aeroportos e a British Steel. Esse movimento de privatização foi imitado por outros países, inclusive pelo Japão, e modestamente pelos Estados Unidos, no governo Regan.

Em termos econômicos, as privatizações podem tomar dois caminhos: a) a propriedade pode passar para empresas privadas; e/ou b) pode ser permitida a entrada no mercado de rivais privadas. A propriedade privada em si muda a gerência e a tomada de decisão das empresas em direção a uma orientação maior para o lucro. Nesse sentido, em alguns setores, a menos que haja competição efetiva, a privatização pode ser socialmente prejudicial, pois pode haver o estabelecimento de preços de forma monopolizada e a inovação ser retardada, além da retirada dos objetivos de impactos sociais da produção da firma.

A experiência da privatização britânica desde 1979, por exemplo, mostrou uma redução nas falências de firmas, o que trouxe benefícios públicos pela redução de déficits governamentais ocasionados pela má administração (SHEPHERD, 1990; KAMERMAN; KAHN, 2014; RODRIGUEZ; MARTINS, 2015). Porém a principal mudança foi simplesmente a venda da propriedade, inspirada em um diferente pensamento ideológico e por pressões de grupos investidores na procura de ganhos de capitais. Algumas firmas privatizadas realmente enfrentaram forte competição, como a fábrica de automóveis Jaguar e a rede hoteleira British Rail Hotels.

12.5 A política pública industrial no Brasil

12.5.1 Introdução

Esta seção examina historicamente o processo de desenvolvimento industrial no Brasil no período após a Segunda Guerra Mundial, caracterizado como o período de início das grandes transformações estruturais da economia e do processo de industrialização que levou à formação das bases produtivas modernas da economia do país.

É observada a importância da política econômica governamental como promotora e delineadora dos caminhos do desenvolvimento industrial brasileiro, atuando como complemento das políticas macroeconômicas (monetária, cambial e fiscal) mais amplas.

200 • Economia Industrial | Teoria e Estratégias

É abordado primeiramente um breve retrospecto do período inicial de industrialização neste século para se desenvolver na sequência a época mais dinâmica de expansão e estruturação do parque industrial do país, seguido do período de crise e estagnação no desenvolvimento. O papel do BNDES como órgão de apoio à industrialização é observado em maior detalhe, desde o início de sua criação até a nova estratégia de promoção do desenvolvimento, dentro de uma visão mais atualizada de modernização, visando ao aumento da produtividade industrial e à competitividade internacional.

12.5.2 Os primórdios da industrialização

No Brasil, o impulso efetivo à industrialização neste século ocorreu após a Segunda Guerra Mundial. O período que antecedeu à década de 1950 não foi relevante para o desenvolvimento de um parque industrial complexo, registrando-se um desenvolvimento industrial localizado em setores específicos, levado a efeito pela iniciativa privada, com raras intervenções estatais no sentido de definir uma política de estímulo. Até 1945, não houve no Brasil uma política voltada para incentivar o desenvolvimento industrial, e a defesa dos interesses do café e a implementação de políticas de contenção contribuíram para inibir este desenvolvimento em longo prazo (VILLELA; SUZIGAN, 1973 e TYLER, 1976).

O modelo tradicional primário-exportador, que caracterizava a economia brasileira no início do século e baseava o desenvolvimento econômico no crescimento da demanda das exportações (concentrada em uns poucos produtos), já estava em crise desde a década de 1930. O crescimento da produção industrial dependia do comportamento desse setor exportador, ao qual estava atrelado também o comportamento da demanda interna de produtos manufaturados a partir da renda gerada pelas exportações. Desde a Primeira Guerra Mundial, algumas indústrias específicas tiveram estímulo governamental para o seu desenvolvimento, quando algumas empresas individuais recebiam incentivos e subsídios, que, no entanto, não eram sistemáticos nem se mostraram eficazes (SUZIGAN, 1988).

A partir da década de 1930, a crise do café, que abalou definitivamente o setor agrícola-exportador, acabou por auxiliar o desenvolvimento industrial, já que a demanda de produtos manufaturados passou a crescer em função das atividades ligadas ao mercado interno, e as políticas macroeconômicas expansionistas, que foram implementadas em defesa do setor exportador, mantiveram elevado o nível de renda. Essas políticas, representadas particularmente por desvalorizações cambiais e restrições tarifárias às importações, visavam proteger a indústria nacional. A industrialização nesse período teve um discreto avanço a partir do violento corte nas importações, que propiciou a ampliação da substituição de importações de bens de consumo não duráveis e de alguns bens intermediários, como tecidos, cimento e papel, principalmente. Em 1934, o Conselho Federal de Comércio Exterior foi criado para ser o órgão encarregado da política industrial, em função das inter-relações com o comércio exterior. Como apoio, foi fundada em 1937 a Carteira de Crédito Agrícola e Industrial do Banco do Brasil, com o intuito de financiar a implantação de novas indústrias básicas, como celulose e papel, metalurgia do alumínio, siderurgia à base de carvão mineral, e outras.

Na década seguinte, o Estado passou a investir diretamente em indústrias selecionadas de bens intermediários, como na siderurgia, na mineração e álcalis e na produção de motores pesados. O Banco do Brasil passou a desempenhar funções de um banco de desenvolvimento, concedendo empréstimos à indústria de transformação privada para a compra de máquinas e equipamentos a prazo de cinco e dez anos e a juros reduzidos.

Em suma, o que se verificou, desde o início do século, é que, anteriormente à Segunda Guerra Mundial, não houve um processo de industrialização contínuo e em larga escala no país, mas sim o que Villela e Suzigan denominam de surtos industriais, ligados ao comportamento do Comércio Exterior, interrompidos por crises periódicas causadas pelas oscilações do preço do café, pela Primeira Guerra Mundial, pela Grande Depressão e pelas mudanças na política cambial, sendo os investimentos industriais completamente dependentes de importações não apenas de bens de capital, mas também de matérias-primas.

O período posterior à Segunda Guerra Mundial apresentou uma situação de desgaste e forte recessão econômica dos países mais desenvolvidos, tradicionais produtores de bens de capital e demais produtos industrializados. Essa situação obrigou o Brasil a voltar-se com maior intensidade para a produção nacional de produtos industriais, em atendimento à demanda interna, até então suprida pela importação. Iniciou-se, nesse período, um processo efetivo de substituição de importações, baseado em uma diversificação industrial até então incipiente (TAVARES, 1974). Nessa ocasião, o modelo primário-exportador já levara o país a um processo de urbanização, que se fez acompanhar do desenvolvimento de uma infraestrutura de serviços em atendimento a uma industrialização tradicional de alimentos, bebidas, vestuário, mobiliário, etc.

O principal produto de exportação da fase anterior, o café, tinha sua produção localizada de forma concentrada no estado de São Paulo, o que acarretou, também nesse espaço geográfico, a concentração de capital e os primeiros investimentos em indústrias, realizados pelos fazendeiros de café. A existência de uma infraestrutura de serviços urbanos, ainda que incipiente, determinava a ocorrência de economias

202 • Economia Industrial | Teoria e Estratégias

externas no eixo São Paulo-Rio, tornando esta região polarizadora do processo de acumulação que levou à substituição de importações.

A década de 1950 caracterizou-se por uma queda mais acentuada das exportações do café a partir de 1954, aumentando o esforço para a reorientação da atividade econômica voltada para a indústria. O período 1956-1961 foi assinalado pela introdução de um processo de planejamento efetivo das políticas econômicas a serem empreendidas, traduzidas no Programa de Metas proposto por Juscelino Kubitscheck (LAFER, 1973). A articulação entre o capital privado e nacional, no período, e entre o capital estrangeiro e o Estado desempenhou papel importante no processo de industrialização. Esta fase distinguiu-se pelo aumento da participação do governo nos investimentos; esta participação era de 35,1% do total da Formação de Capital Fixo do Brasil em 1950, atingindo 58,5% em 1960 (LEFF, 1979), possibilitado pela entrada de capital estrangeiro privado e oficial para o financiamento do desenvolvimento de setores selecionados. O plano — identificando setores, metas e objetivos a serem impulsionados — procurava eliminar pontos de estrangulamentos que eram barreiras ao desenvolvimento, dando ênfase aos setores de energia, transportes, alimentação, indústrias de base e educação. Diretamente ligados à infraestrutura de apoio à indústria estavam os investimentos em: a) setor de Transportes, que abrangeria 29,6% do total dos investimentos planejados, com vistas no reaparelhamento de ferrovias, dos serviços portuários e dragagens da marinha mercante e do transporte aeroviário; b) setor de Alimentação, por meio do crescimento da capacidade estática da rede de armazenamento; c) setor de Educação, contemplando com 3,4% dos investimentos, visando à formação de pessoal técnico especializado.

Os demais investimentos, com ênfase na instalação de indústrias dinâmicas, como a de construção naval, automobilística e material elétrico pesado, e de indústrias de base, como a petrolífera, metalúrgica, siderúrgica, química pesada, de celulose e papel, etc., tiveram, por meio de seu efeito multiplicador, repercussões consideráveis. Foram determinadas metas industriais através da ação dos Grupos Executivos criados para a orientação da implantação das indústrias selecionadas.

Saliente-se o fato de que contribuíram para esse desenvolvimento as taxas extremamente rápidas com que cresceu a demanda agregada, em virtude do aumento da renda real, por um lado, e do excesso de demanda refletido na inflação, que naquela década situou-se entre 10% e 20% ao ano. Além disso, a elasticidade das condições de oferta interna permitiu com que parte desse aumento da demanda se transformasse em aumento do produto real.

As políticas econômicas do período visavam à proteção ao mercado interno, por meio de uma tarifa aduaneira altamente protecionista, e da política cambial, que controlava o mercado de câmbio e as taxas de câmbio diferenciadas, segundo um sistema de prioridades. Ao lado disso, o desenvolvimento industrial foi fomentado através da criação do Banco Nacional de Desenvolvimento Econômico (BNDE), em 1952, com o intuito de ser a principal agência financiadora do desenvolvimento industrial. Nesse período, a ação desse órgão se concentrou em indústrias de base (siderurgia) e em infraestrutura (transportes e energia) e, a partir dos anos de 1960, diversificou o financiamento para o investimento privado em quase todos os gêneros da Indústria de Transformação. Por outro lado, foi consideravelmente ampliada nessa época a participação direta do Estado em investimentos em indústrias de base, como siderurgia, mineração e petroquímica, e na infraestrutura de energia e transportes, que foram, em grande parte, financiados pelas políticas monetária e fiscal expansionistas.

Nessa fase do crescimento industrial, no entanto, a criação de empregos teve um papel inicial superior, no contexto global do crescimento do produto econômico, ao da ampliação da infraestrutura de apoio, cuja maturação se verifica em prazo mais longo. Analisando por meio de um modelo a contribuição dos diferentes fatores de produção para o crescimento do produto real brasileiro, Lagoni (1973) identifica a contribuição da acumulação do capital físico como sendo, de 1950–1969, de apenas 30%, enquanto o fator trabalho explicou 42% do crescimento verificado na década de cinquenta, sendo a participação da Educação de 20%. Além do mais, a realocação da mão de obra, dos setores de baixa para os de alta produtividade, contribuiu com 8% da taxa de crescimento do produto.

De um modo geral, a evolução da década de 1950 pode ser explicada grandemente não só pelos investimentos maciços no setor industrial de ponta, como também pela transferência do excedente gerado nesse setor para outras atividades terciárias de apoio, particularmente através de dispêndio do Estado ou do fornecimento de serviços complementares de infraestrutura, embora, como vimos, esses investimentos de longa maturação comecem a se refletir com maior intensidade na década seguinte. Essa estrutura, que formou a base de apoio ao crescimento industrial no final da década de sessenta, no final dos anos 1950 havia incorporado parte da indústria de bens de consumo duráveis, de bens de capital e da indústria pesada, bem como de indústrias em substituição a importações de insumos básicos, máquinas e equipamentos, eletrodomésticos e automóveis.

12.5.3 A difusão e cristalização do desenvolvimento industrial

A década de 1960 foi conturbada, do ponto de vista econômico, com transformações institucionais relevantes. Até o ano de 1961, o processo de substituições de importações no país propiciou taxas médias de crescimento anual do produto em torno de 6,8%. A partir de 1962, anunciava-se um período de estagnação, apresentando um crescimento menor, em torno de 5%, e no período posterior, até 1964, este aumento cai para 3,4% ao ano.

De fato, o processo de substituição das importações vinha esgotando e a economia entrou numa fase de relativa estagnação, devido a distorções no processo de desenvolvimento da etapa anterior que, como salienta Martone (1973), deveram-se: i) ao processo inflacionário crescente que acompanhou o esforço de industrialização; ii) ao sentido da industrialização, voltado para técnicas intensivas de capital e baixo índice de absorção de mão de obra; iii) ao aumento vertiginoso do setor público na economia; e iv) à relativa estagnação do setor agrícola no país, do ponto de vista da produtividade.

Em 1963, foi publicado o Plano Trienal de Desenvolvimento Econômico e Social do Governo, abrangendo objetivos para o período 1963–1965, visando recuperar o ritmo de crescimento econômico observado no período anterior. A estratégia do plano baseava-se na elevação da carga fiscal, redução do dispêndio público, captação de recursos do setor privado no mercado de capitais, mobilização de recursos monetários, com restrição do capital estrangeiro. As medidas postas em prática não impediram o fracasso da implementação do plano, observado pelo recrudescimento da taxa de inflação para 75%, queda da taxa de crescimento do PIB do país para 1,6%, aumento do déficit de caixa do Tesouro acima do programado e queda da taxa de investimentos (MACEDO, 1981).

Em 1964 foi instituído o Plano de Ação Econômica do Governo para 1964–1966, com o objetivo primordial de combate ao processo inflacionário como prioridade, além da correção de outras distorções do sistema, interpretando a inflação como demanda. No sentido de redução dessa demanda, o governo deveria reduzir seu déficit de caixa, aumentando a carga tributária e atuando sobre a correção salarial, de modo a evitar a elevação da massa de renda à disposição dos assalariados acima do limite imposto pela capacidade de produção da economia (MARTONE, 1973). Por outro lado, o crédito ao setor privado (à produção e ao consumo) seria contido e orientado no sentido de manter a liquidez real do sistema produtivo, mas, ao mesmo tempo, evitar a expansão não desejada nos meios de pagamento. Nesse período, foram efetuadas reformas institucionais e tributárias relevantes e ainda relativas ao mercado de capitais, ampliando o sistema de financiamento da economia. A Reforma Geral no Sistema Monetário-Creditício, realizada em 1964, e a Reforma Financeira, em 1965, estabelecidas com o intuito de modernização financeira, instituíram novos instrumentos de mobilização financeira e instituições especializadas no provimento de vários tipos de crédito, ou seja:

a) As Financeiras, para o financiamento do consumo de bens duráveis.

b) Os Bancos Comerciais, para o fornecimento do capital de giro das empresas.

c) Os Bancos de Investimentos, para o fornecimento de recursos em longo prazo.

d) O Mercado de Ações, criando fundos de investimentos com deduções do Imposto de Renda.

e) O Banco Nacional da Habitação — BNH, com o fim de operar como agente financeiro, com recursos dos trabalhadores.

Essas reformas propiciaram, nos anos seguintes, um desenvolvimento muito rápido do sistema financeiro brasileiro, pois, se em 1964, os ativos monetários (papel-moeda e depósitos à vista) em poder público correspondiam a 88% dos haveres financeiros, em 1978 eram de 31% (TAVARES, 1981). Apesar desses resultados, as medidas levadas a efeito não se fizeram sentir de imediato, pois os objetivos e metas propostos pelo plano não foram alcançados. Em 1967, foi publicado o Plano Estratégico de Desenvolvimento para o período 1968–1970, apresentando como objetivo básico o fortalecimento da empresa privada, estabilização gradativa do comportamento dos preços, consolidação da infraestrutura pelo governo, expansão das oportunidades de emprego, fortalecimento e ampliação do mercado interno. Como consequência dessas medidas, observou-se, a partir de 1968, a queda da taxa de inflação e o aumento da taxa de crescimento do produto.

Assim, as políticas econômicas desenvolvidas nesse período acarretaram instabilidade tanto na taxa de crescimento do produto quanto na taxa de inflação. No entanto, a desaceleração verificada não impediu que continuassem a se verificar as mudanças na composição setorial do produto, que constituem as transformações na estrutura produtiva responsáveis pelo desenvolvimento econômico. No início dessa fase, o crescimento da produção industrial apoiou-se na capacidade instalada, no período imediatamente anterior, pelo Plano de Metas. No entanto, permaneceram níveis elevados de capacidade ociosa, no início da década de 1960, particularmente pelo superdimensionamento de algumas indústrias, situação que se acentuou durante a recessão de 1963–1967. Apenas no final da década essa capacidade ociosa tendeu a desaparecer, e a necessidade de novos investimentos foi sentida.

Em 1971, é submetido ao Congresso Nacional o I Plano Nacional de Desenvolvimento Econômico (I PND) para o período 1972–1974. As estratégias e prioridades definidas tinham como objetivo primordial manter o alto nível global do PIB. Seriam implantados instrumentos no sentido de permitir a modernização da empresa nacional, do sistema financeiro e do mercado de capitais. A par disto, seriam criados programas específicos, como a Política de Tecnologia Nacional, visando o avanço tecnológico, o Programa Petroquímico, o Programa de Construção Naval, o Programa Básico de Energia Elétrica, a implantação de Corredores de Transportes, o Programa de Comunicações e o de Mineração (GREMAUD; PIRES, 2010a).

O padrão de desenvolvimento industrial escolhido foi coerente com a visão de integração nacional, ou seja, com a disseminação dos resultados do progresso econômico a partir de centros de crescimento regional e de seus efeitos multiplicadores, baseando-se nas vantagens comparativas do país. Por outro lado, esse padrão, fundamentado na modernização da tecnologia, tornou a economia dependente de recursos externos, apoiada em crescente endividamento público e privado. O Estado subsidiou a formação de capital na indústria, por meio de isenções ou reduções da tarifa aduaneira e dos impostos IPI e ICM, que incidiam sobre a importação de máquinas e equipamentos destinados à indústria, de acordo com projetos aprovados pelo Conselho de Desenvolvimento Industrial (CDI) ou outros órgãos regionais de desenvolvimento. Além disso, foram instituídos subsídios embutidos nos financiamentos de longo prazo para investimentos industriais, pelo BNDE, que consistiam em correção monetária inferior às taxas de inflação observadas. Paralelamente, a instituição de incentivos fiscais administrados por órgãos regionais de desenvolvimento pretendia impulsionar os investimentos industriais em regiões menos desenvolvidas.

Essas políticas permitiram que a retomada do crescimento econômico, verificada a partir de 1968, continuasse a aceleração até 1973, quando se observaram taxas médias anuais do produto, de 1971–1973, de 13%. As reformas tributárias e financeiras anteriormente verificadas permitiram a eliminação do déficit de caixa do Tesouro Nacional e um financiamento dos investimentos sem efeitos inflacionários. Além do mais, foram criadas novas instituições para a formação compulsória de poupança, como o Programa de Integração Social (PIS-PASEP), o Fundo de Garantia por Tempo de Serviço (FGTS) e novos instrumentos de captação de recursos ao público, como as Letras de Câmbio, as Obrigações Reajustáveis do Tesouro Nacional (ORTN), as Cadernetas de Poupança, os Certificados de Depósito Bancário (CDB), etc. Esses novos dispositivos possibilitaram a folga de recursos financeiros em apoio aos investimentos maciços em infraestrutura e em capital fixo (GREMAUD; PIRES, 2010a).

Observou-se uma rápida difusão do mercado para produtos industrializados, que resultou da expansão da demanda interna e também da diversificação das exportações. A política governamental expansionista, em apoio à expansão do mercado interno, manifestou-se pelos investimentos em infraestrutura econômica e social em transportes, comunicações, energia, urbanização e saneamento básico e ainda por meio de investimentos diretos de empresas estatais em indústrias de base, particularmente de mineração, exploração de petróleo, fertilizantes, química, petroquímica e siderúrgica e em indústrias de armamentos e aeronáutica. Por outro lado, em meados dos anos de 1960, foi criado o Sistema Financeiro da Habitação (SFH), constituído do Banco Nacional da Habitação (BNH), que se serviu dos instrumentos de captação e empréstimos anteriormente descritos para impulsionar a indústria de construção civil e as indústrias fornecedoras de insumos a este setor.

A partir desses instrumentos de política econômica, observou-se uma expansão na demanda de consumo, como resultado da elevação do nível de emprego e do aumento da massa salarial, e das facilidades de financiamento pelo crédito direto ao consumidor. O crescimento industrial do período 1968–1973, portanto, manifestou-se como o auge do ciclo de expansão, liderado pelas indústrias de bens de consumo duráveis (eletrodomésticos e automobilística).

Também no período, as exportações de produtos manufaturados foram estimuladas particularmente pela desvalorização cambial (agosto de 1968) e por um sistema de minidesvalorizações cambiais ao ritmo da inflação, ao lado da criação de um sistema de incentivos e subsídios fiscais e financeiros à exportação. Foi incentivada também a criação de *trading companies* e programas especiais de produção para exportação pela BEFIEX, a Comissão para Concessão de Benefícios Fiscais a Programas Especiais de Exportação (criada em 1972). Esses incentivos foram favorecidos pelo dinamismo do comércio internacional que se verificava até meados dos anos setenta.

O aumento dos preços internacionais do petróleo, em fins de 1973, teve como consequências uma crise internacional e reajustes nas economias mundiais, gerando uma série de condicionantes novos à política econômica que vinha sendo implantada no país. O II PND, elaborado nessa conjuntura para o período de 1975–1979, previa um programa de investimentos condizentes com uma taxa média de crescimento de 10%, visando à substituição de importações como estratégia. Em consonância a este objetivo, o Brasil recorreu ao endividamento externo, reagindo à nova situação mundial. Para isso contribuiu a adoção de políticas contracionistas em países desenvolvidos, o que favoreceu o estado de liquidez no mercado financeiro internacional, e possibilitou a continuação do crescimento do produto a taxas elevadas no país. Essa conjuntura foi apoiada ainda por uma política de preços internos do petróleo, que gerou aumentos pouco expressivos deste insumo, o que retardou a queda da atividade econômica no país em relação à dos outros países. Por outro lado, o segundo choque do petróleo em 1979, representado por um aumento de 37,9% nos preços do produto em relação ao ano anterior e de 73,1% no ano de 1980, foi acompanhado ainda por políticas de ajustes, de modo a permitir que os repasses internos dos preços fossem inferiores aos externos, apresentando-se abaixo da inflação americana, com declínio do preço real do barril. Essa política permitiu a persistência das taxas ascendentes da utilização desse insumo na indústria e em grande parte dos transportes (GREMAUD; PIRES, 2010b).

Além do mais, o ano de 1980 caracterizou-se pela expansão da demanda agregada, ocasionada pela promulgação da Lei Salarial de setembro de 1979, que fixou reajustes semestrais de salários baseados no Índice Nacional de Preços ao Consumidor — INPC, e o prêmio de produtividade aos assalariados, situado em 7% em média,

208 • Economia Industrial | Teoria e Estratégias

em 1980. A continuada taxa de crescimento do produto, que no período situou-se em média a 9,4% no país, deveu-se em parte à continuidade das exportações, que não refletiram o desaquecimento da demanda internacional após 1974, chegando mesmo a apresentar crescimento. Isto se verificou em consequência das medidas econômicas que compuseram uma minirreforma cambial, que estimularam as exportações, bem como da intensificação das desvalorizações cambiais e da maxidesvalorização no final de 1979, de maneira a alterar a paridade do poder de compra do cruzeiro. Ainda em 1980, a prefixação cambial resultou em vantagens nos preços das matérias-primas importadas, contribuindo para a taxa de crescimento dessas importações (MACEDO, 1981).

As altas taxas de crescimento do PIB, nesse período, refletiram, por um lado, o atendimento de grandes obras públicas que continuaram a impulsionar a atividade industrial e financeira, tais como a da Usina Hidroelétrica de Itaipu, da Ferrovia do Aço, do Metrô em São Paulo, da Usina Nuclear de Angra dos Reis e outras. Além do mais, a partir de 1974, foram ampliadas as linhas de crédito através de empresas subsidiárias do Banco Nacional de Desenvolvimento Econômico (BNDE), representadas pelos órgãos de Financiamento da Indústria de Base (FIBASE), Investimentos Brasileiros S.A. (EMBRAMEC) e Agência Especial de Financiamentos Industriais (FINAME). Paralelamente, foram adotadas medidas de restrições às importações de máquinas e equipamentos, favorecendo as indústrias nacionais de bens de capital, na sua maior parte instaladas no estado de São Paulo. A implementação acima mencionada dos projetos de obras governamentais foi responsável pela demanda de parte da produção das outras indústrias de base, produtoras de bens intermediários, como principalmente as de minerais não metálicos, metalúrgica, química e madeira.

Quanto ao comportamento dos preços, esses revelaram uma aceleração em seu crescimento a partir de 1974, que acentuou-se em 1979, tendo em vista vários fatores, que podem ser resumidos como: a) encarecimento das matérias-primas devido ao aumento no preço dos derivados do petróleo; b) crescimento das exportações, que afetou os preços internos; c) elevação da taxa de juros médios pagos interna e externamente; d) aumento paralelo da demanda interna em 1980, decorrente da política salarial; e) maxidesvalorização verificada no final de 1979, visando corrigir desníveis cambiais; f) crescimento dos custos de produção em 1980, em virtude da política salarial, que foi repassado aos preços de bens e serviços (MACEDO, 1981; GREMAUD; PIRES, 2010b).

12.5.4 Os anos de crise da década de 1980

No início da década de 1980, o parque industrial brasileiro apresentava uma considerável situação de maturidade, demonstrada pelo elevado grau de integração intersetorial e de complexidade, representado por segmentos produtores de bens de consumo intermediário e final e de bens de capital. A matriz industrial abrangia desde os segmentos mais modernos ligados às indústrias metal-mecânicas e química (cujo peso no valor da produção industrial aumentou de 37% para 51%, entre 1959 e 1980) aos mais tradicionais (WILBERG; PANARIELLO, 1989).

A integração industrial refletiu-se no baixo coeficiente de importação de produtos industriais, dado o processo de substituição de importações introduzido desde os anos de 1950 e que no final dos anos de 1970 já se esgotava. No ano de 1980, este coeficiente era de 6,6% para a Indústria de Transformação, atingindo 4,6% em 1987, dada a maturação de projetos de porte na área de insumos básicos iniciados na década anterior. Acima de 85% da demanda interna de produtos das indústrias mecânica e de material elétrico e de comunicações, bem como mais de 90% do consumo interno de produtos químicos e de material de transporte eram atendidos pela produção nacional, enquanto em outros ramos industriais o coeficiente de importação era desprezível, como na indústria têxtil, de vestuário e calçados (WILBERG; PANARIELLO, 1989).

No entanto, o elevado protecionismo, no decorrer do desenvolvimento do parque industrial, acarretou uma situação, no início dos anos 1980, em que eram marcantes as ineficiências estruturais, o atraso tecnológico e os níveis de produtividade inferiores aos padrões mundiais em alguns segmentos, além de uma heterogeneidade técnica acentuada, visualizada em uma coexistência de tecnologias tradicionais e avançadas em um mesmo ramo industrial. Além disso, o desenvolvimento industrial das décadas anteriores não se fez acompanhar pela distribuição interna de renda, o que limitou a expansão potencial do mercado interno. A elevada proteção e o baixo custo da mão de obra desestimularam investimentos em progresso tecnológico e em modernização nas formas organizacionais. Para isso contribuiu também a ênfase de ampliação de setores industriais no sentido de complementação da matriz de relações intersetoriais, em detrimento do desenvolvimento da especialização e da maximização da eficiência dos processos produtivos.

A estratégia de industrialização das décadas anteriores foi calcada no investimento estatal direto para a implantação da infraestrutura de apoio e em estímulos fiscais e financeiros para o setor privado, associada a uma política de preços e tarifas públicas subsidiadas e com barreiras à importação, via proteção alfandegária.

Por outro lado, a alta acelerada de preços externos e internos já acentuada em 1979, a evolução da taxa externa de juros em 1980 para níveis inusitados, onerando ainda mais o pagamento da dívida externa do país, bem como a manutenção da queda da atividade econômica no âmbito internacional associada à restrição do crédito externo já delineavam (desde o final dos anos setenta) a tendência para a restrição do ritmo de produção industrial. Para isso concorreram a diminuição da demanda interna, em

210 • Economia Industrial | Teoria e Estratégias

consequência de políticas salariais sucessivas que reduziram consideravelmente o poder de compra da população, e outras políticas governamentais de ajustes, que passaram a ser postas em prática a partir de 1980 (KON, 2010a).

O rápido processo de contenção da atividade econômica, que decorreu da elevação drástica da taxa de juros doméstica e da tentativa de controle do deficit do setor público com a desaceleração dos investimentos, visava conter a aceleração da inflação e diminuir o deficit das contas externas do país. Paralelamente a isso, a queda da produção industrial, através de uma redução das importações, contribuiu para a obtenção de um superávit da Balança Comercial do país em 1981. No entanto, já no ano seguinte, a recessão verificada nos países importadores de produtos brasileiros provocou a retração desses mercados e a consequente desaceleração das exportações. Esse fato neutralizou as medidas contracionistas internas, que visavam reduzir as necessidades de empréstimos externos (CARNEIRO, 1982).

As medidas macroeconômicas que visavam reduzir o nível da demanda no mercado interno, com o intuito de gerar excedentes de exportação, incluíam uma política cambial agressiva e a manutenção de incentivos e subsídios no sentido de favorecer a produção para exportação, enquanto as atividades voltadas para o mercado interno tiveram seus preços controlados pelo Conselho Interministerial de Preços (CIP). As importações, por sua vez, tiveram um controle mais rígido, particularmente por meio de barreiras não tarifárias, e a isto associou-se uma política monetária rígida e restrições ao crédito como desestímulo ao investimento privado.

De um modo global, a economia brasileira apresentou uma evolução positiva em alguns ramos dinâmicos da indústria, do setor financeiro e de comunicações em 1982, o que evitou uma queda mais acentuada do produto nacional. Para isso, colaborou, ainda, a política salarial reformulada, que naquele ano contribuiu para sustentar o nível do consumo agregado, alimentado pelo crescimento dos empréstimos financeiros. No entanto, grande parte do aumento da demanda interna, em valores nominais, foi diluída pela inflação explosiva. O ano de 1983 observou sucessivas revisões da política salarial, que redundaram em média na perda do poder de compra do assalariado de cerca de 20%.

A par disso, o aumento da taxa de desemprego levou a uma maior queda da demanda agregada. Por outro lado, o nível de poupança interna reduziu-se, diminuindo os recursos para financiamento do setor privado, mantendo elevadas as taxas de juros. Com relação à Balança Comercial, as exportações ainda superaram as importações, que foram drasticamente reduzidas no ano, diante da contenção da demanda pelas indústrias. Os setores mais afetados da indústria foram os de bens de capital, com a queda drástica das encomendas e o aumento da capacidade ociosa, e o da Construção Civil, com a queda do poder aquisitivo da população, por um lado, e dos investimentos públicos por outro.

No tocante à inflação, sua aceleração deveu-se em parte aos choques de oferta devido às enchentes do Sul, secas no Nordeste, maxidesvalorização e elevação corretiva de preços administrados com a retirada de subsídios diretos. Diante disso, a política monetária permitia a expansão da moeda no sentido de ajustar a liquidez do sistema ao aumento dos preços. No mercado financeiro várias medidas foram tomadas com o intuito de reduzir o volume de recursos do sistema financeiro, provocando retração na oferta de crédito.

Após três anos consecutivos de recessão, de 1981 a 1983, em que se expandiu o atraso tecnológico brasileiro em relação aos países industrializados, esperava-se em 1984 o aprofundamento da queda da atividade, porém a economia brasileira retomou um novo ciclo de crescimento, a partir da ocupação dos fatores de produção que estavam ociosos, verificando-se naquele ano um crescimento da ordem de 4,5% do PIB. Essa retomada das atividades continuou em 1985 com maior intensidade, permitindo o pagamento integral dos juros da dívida externa e a maior taxa de crescimento histórico do país. Para isso contribuíram a queda dos preços do petróleo, a diminuição das taxas de juros internacionais, que, concomitante à melhoria do nível de emprego interno, do aumento do déficit público e da remonetização acelerada da moeda, permitiram a intensificação do nível de utilização da capacidade industrial e a elevação dos salários reais (graças também à intensa ação sindical) (CARNEIRO, 1982; KON, 2010a; KON, 2010b).

A reversão da conjuntura recessiva observou-se principalmente como consequência da recuperação das economias americana (principal mercado das exportações brasileiras), japonesa e dos países da OECD, com reflexos no aumento das exportações brasileiras — facilitado pela maxidesvalorização do cruzeiro em fevereiro de 1983 — que redundou em um superávit comercial acentuado. Porém, neste período, observou-se a ausência de uma política industrial vinculada a uma estratégia de desenvolvimento científico e tecnológico em médio e curto prazos, tratando-se os problemas de competitividade internacional da indústria com medidas de curto prazo, que desfavoreceram o mercado interno. Apenas o setor da indústria de informática recebeu apoio a partir da política de reserva de mercado, o que contribuiu para a implantação de empresas privadas nacionais voltadas para o segmento de mini e microcomputadores. No entanto, a ausência de medidas complementares, para o desenvolvimento de tecnologia e dos recursos humanos neste setor, resultou em uma indústria pouco competitiva em nível internacional e sem capacitação tecnológica.

Entre 1985 e 1987, a política governamental procurou formular estratégias para o desenvolvimento industrial que, no entanto, não foram devidamente implementadas. Além do mais, as metas de apoio à modernização tecnológica e científica industrial foram afetadas pela política fiscal baseada no aumento da folha real de salários do governo federal em cerca de 40% no ano e com o congelamento de preços públi-

212 • Economia Industrial | Teoria e Estratégias

cos, o que resultou na expansão da dívida interna real do setor público. Além disso, em novembro de 1985 o governo alterou a sistemática do Imposto de Renda para bases correntes, conduzindo a uma queda na sua arrecadação que seria sentida no início do ano seguinte. Como consequência, no princípio de 1986, havia a percepção de que a inflação, que se estabilizara no patamar de 220% no ano anterior, tendia a um crescimento que ameaçava tornar-se incontrolável (CARNEIRO, 1982; KON, 2010a; KON, 2010b).

A partir do diagnóstico de que a inflação era mormente causada por componentes inerciais, foi decretado o Plano Cruzado em fevereiro de 1986, instituindo uma nova moeda e o congelamento de preços. Num primeiro momento, as novas medidas provocaram uma forte pressão da demanda devido à redistribuição de renda ocorrida, com um *boom* de consumo e aceleração do crescimento do emprego, porém não de investimentos, o que agravou as deficiências de infraestrutura existentes. Porém o prolongado congelamento dos preços e o aquecimento da demanda resultaram em desequilíbrios entre oferta e demanda e na estrutura dos preços relativos, reduzindo o nível de poupança interna e as reservas cambiais, a par da excessiva monetização da economia. Ocorreu uma série de gargalos na produção, com desabastecimento de produtos, resultando em ágios e filas e incentivando a importação de produtos, o que eliminou o ajuste externo. Verificava-se, paralelamente, a acumulação de um atraso da taxa de câmbio e observou-se no final do ano um movimento abrupto de perda de reservas com semiparalisação das exportações (KON, 2010b).

O Plano Cruzado 2 foi decretado em novembro de 1986 com o objetivo de conter a demanda com medidas de desaceleração do crescimento e significativa elevação da carga tributária indireta, visando evitar maior fuga de divisas, concomitantemente ao reajuste de alguns preços, em taxas muito acentuadas, e a liberação da taxa de juros. No entanto, o plano não logrou resolver esses problemas, resultando em uma explosão de preços, que apontou para a perspectiva de um novo patamar inflacionário, superior ao do início dos anos de 1980, e para um aumento acentuado do deficit público.

Em 1987, foram definidos novos programas de política industrial, que visavam uma retomada de investimentos na área de insumos básicos (petroquímica, papel e celulose, fertilizantes e metalurgia), e da indústria automobilística que, no entanto, não tiveram resultados consideráveis, apenas registrando investimentos razoáveis nos setores de papel e celulose e petroquímica, em função do mercado externo favorável. Em meados de 1987, a Comissão de Política Aduaneira (CPA) elaborou a reforma da tarifa aduaneira, propondo a eliminação dos regimes especiais de importação, a incorporação das diversas taxas na alíquota de importação (Imposto sobre Operações Financeiras (IOF), Adicional de Frete para Renovação da Marinha Mercante (AFRMM) e Taxa de Melhoramento de Portos (TMP) e a redução generalizada das tarifas, com a redução da média e das disparidades em torno dessa média. No entanto, antes de sua implementação, a reforma tarifária foi suspensa. A criação de Zonas de Processamento das Exportações (ZPEs), em 1988, também foi sugerida e discutida, no sentido de fomentar o desenvolvimento de regiões desfavorecidas. No entanto, as medidas previstas foram sujeitas a críticas, por parte de especialistas, que demonstraram a impropriedade de aplicação nas condições do país no período e sua ineficiência como instrumento de desenvolvimento tecnológico. A principal crítica referia-se à baixa efetividade de atração de capital estrangeiro, face às atuais tendências de movimento dos capitais internacionais; além disso, a experiência mundial revelou baixo grau de encadeamento de atividades, o que não favorece o desenvolvimento regional (KON, 2010b).

As sucessivas reformulações na política governamental, desde então, voltaram-se principalmente para a estabilização em curto prazo do crescimento dos preços, porém os Planos Bresser (junho de 1987), Mailson (janeiro de 1988) e Verão (janeiro de 1989) não lograram resolver definitivamente a questão, e a situação apontava para expectativas da possibilidade de uma hiperinflação, no final de 1989. A década de 1980 encerra-se, portanto, com um quadro acentuado de instabilidade e recessão econômica e com uma indefinição com relação à política industrial.

No período de 1981–1990, a produção industrial permaneceu estagnada e o produto real cresceu apenas 3,6%, particularmente graças ao desempenho da indústria extrativa mineral e de bens de informática, que estavam em situação de implantação, impulsionada pelo novo paradigma das tecnologias de informação e comunicação. Com respeito à indústria de Transformação como um todo, verificou-se um decréscimo de 6,4%, como resultado da retração de 26% em bens de capital, mas também em bens de consumo e duráveis. Apenas as indústrias de bens intermediários (dinamizada por exportações) e de bens não duráveis mostraram crescimento (SUZIGAN, 1991).

Com os Planos Collor I (março de 1990) e II (janeiro de 1991), a política industrial, delineada no início do novo governo, não tomou o fôlego necessário. O anunciado pacote de medidas, sob o nome de Programa de Apoio à Capacitação Tecnológica da Indústria, previa um crescimento nos investimentos em pesquisa tecnológica, que passaria de 0,5% do PIB em 1990 para 1,3% até 1994, embora ainda estando aquém dos parâmetros dos países desenvolvidos (em torno de 2,5%). A nova e tímida política industrial recorreu ao fim dos subsídios governamentais e a uma política de liberalização das importações para estimular a capacidade real de modernização industrial brasileira e atender aos objetivos de elevação da competitividade e da produtividade. No entanto, a restrição da atividade econômica, subproduto das medidas de ajuste fiscal e monetário, e a carência de recursos bloquearam o avanço de investimentos consideráveis por parte de empresas privadas e estatais (MORAES, 2010).

214 • Economia Industrial | Teoria e Estratégias

Uma pesquisa levada a efeito pela Secretaria de Ciência e Tecnologia e Desenvolvimento Econômico do Estado de São Paulo, sob a coordenação de Luciano Coutinho, divulgada no início de 1991, confirmava o atraso tecnológico industrial brasileiro particularmente a partir do ano de 1980, diagnosticando como razões para essa situação o tamanho reduzido e a pouca diversificação dos grupos econômicos brasileiros, a ausência de um sistema de financiamento público e privado para apoio a empreendimentos de alto risco, o baixo nível educacional do país e a atrofia dos instrumentos de coordenação e promoção industrial pelo governo (COUTINHO, 1991).

Assim, segundo a pesquisa, o setor de informática ou microeletrônica, apesar da reserva de mercado na década de 1980, no início dos anos 1990 mostrava falta de escala de produção e de integração entre esta reserva de mercado e as demais políticas para telecomunicações e bens de consumo. Este último setor, por sua vez, particularmente representado por indústrias têxteis, de calçados, etc., apresentava deficiências de qualidade, tendo em vista a operacionalização com equipamentos antigos e insumos e matérias-primas de qualidade inferior e caras. O setor de bens de capital apresentava estagnação, verticalização excessiva e escalas reduzidas em muitos segmentos, como resultado da recessão e da falta de financiamentos de longo prazo, que impedia investimentos na renovação de equipamentos.

No que se refere à produção de insumos básicos, a indústria se mostrava competitiva em alguns setores, como de papel e celulose e alumínio, em posição intermediária na petroquímica e sem competitividade na siderúrgica, levando vantagens os setores que nos anos 1980 conseguiram exportar e investir. A indústria farmacêutica apresentava boa capacitação apenas nos produtos mais simples, pois as empresas estrangeiras controlavam as patentes mais sofisticadas. No entanto, de um modo geral, a pesquisa industrial sobre novos materiais encontrava-se incipiente, apesar dos recursos naturais favoráveis, não apenas por falta de política específica para o setor, mas também por falta de demanda por parte dos usuários potenciais.

Outras pesquisas revelam que o *mark-up* da indústria brasileira nos anos de 1980 foi dos maiores em uma comparação internacional, situando-se, em média, em 52% do produto industrial, e que o Brasil tinha a menor participação do salário no produto industrial, em torno de 17% do produto industrial (RODRIGUES; FAÇANHA, 1992).

12.5.5 O financiamento público ao processo de industrialização até os anos de 1980

O Banco Nacional de Desenvolvimento Econômico (BNDE) foi criado em 1952, fundamentando-se nas posições nacionalistas e desenvolvimentistas então prevalecentes (NARDINI, 1990), no sentido da criação de um órgão financeiro de apoio a projetos privados de investimento industrial e a projetos governamentais para a formação de infraestrutura, com o objetivo de gerir o reaparelhamento e o desenvolvimento do país.

No primeiro momento de sua criação contava com recursos externos do BIRD e do EXIMBANK e com recursos internos advindos de um adicional do Imposto de Renda. Mais recentemente, no segundo quinquênio da década de 1980, passou a contar com recursos do FINSOCIAL, do Fundo de Amparo ao Trabalhador (FAT), que origina cerca de 70% dos recursos ordinários do banco, quando passou a ser designado de Banco Nacional de Desenvolvimento Econômico e Social (BNDES). O sistema BNDES é compreendido pelo próprio banco e pelas subsidiárias BNDES Participações (BNDESPAR) e Agência Especial de Financiamento Industrial (FINAME). Ao longo de sua história, o banco estabeleceu prioridades determinadas pelos objetivos específicos de política industrial de cada momento, que definiu fases nítidas em sua forma de operar.

Desde sua criação até 1955, caracterizou-se prioritariamente o apoio à infraestrutura econômica, que concentrou-se no reaparelhamento ferroviário e na produção de energia elétrica. Entre aquele ano e 1963, manteve os investimentos em energia elétrica e ainda orientou a implantação da siderurgia, primeiro segmento da indústria pesada do Brasil, em apoio ao desenvolvimento de indústrias leves que demandavam o aço como insumo intermediário.

Como vimos anteriormente, o período posterior caracterizou-se por uma redução do dinamismo econômico e diminuição das taxas de investimentos e pela retomada do desenvolvimento acelerado em 1968. As prioridades do banco foram alteradas, e de 1963 a 1973 o apoio se ampliou para diversos segmentos da indústria de base e de bens de consumo, para o desenvolvimento tecnológico e para a comercialização de produtos industrializados. De 1974 até o início dos anos de 1980, o banco continuou apoiando o processo de substituição de importações que permeava o processo de industrialização brasileiro, priorizando os segmentos de insumos básicos e de bens de capital, em apoio ao II PND. Nesse período, teve impulso o desenvolvimento de indústrias de produtos siderúrgicos e metalúrgicos não ferrosos, química, petroquímica, papel e celulose, cimento e fertilizantes e ainda a indústria de bens de capital. Esses setores foram implantados de forma encadeada, no sentido de integração das relações intersetoriais e com a introdução de tecnologias mais avançadas. Dessa forma visava-se à complementação da base técnica produtiva brasileira.

No período de crise evidenciado já no final da década de 1970 até o ano de 1985, o apoio do BNDES foi controvertido, gerando polêmicas, quando parte da destinação de seus recursos, através do BNDESPAR, dirigiu-se, em parte, a sustentar empresas do parque industrial brasileiro que estavam em dificuldade, adquirindo o controle acio-

216 • Economia Industrial | Teoria e Estratégias

nário de empresas à beira da falência ou apoiando sua sobrevivência. A aplicação de recursos sem retornos e colhendo prejuízos resultou na queda de novos investimentos, até 1985, quando iniciou-se a devolução dessas empresas à iniciativa privada.

No final da década de 1980 e com maior ênfase no início dos anos de 1990, o BNDES definiu um novo modelo de desenvolvimento para o país, desligado de políticas setoriais e centrado na busca de competitividade e produtividade. Trata-se do modelo de integração competitiva em que as novas linhas de financiamentos destinam-se para indústrias que apresentam fatores de competitividade, como qualidade total, tecnologia e aprimoramento da mão de obra. Foi instituída uma carteira de investimentos de risco, o Contec, para pequenas empresas de base tecnológica e carentes de capital. Por outro lado, o FINAMEX financia o comércio exterior e as importações de máquinas, e o FINAME Agrícola apoia a agroindústria, priorizando projetos que estejam na última fronteira tecnológica, impulsionando a modernização no campo. No primeiro semestre de 1992 foi lançado o Programa de Reestruturação e Racionalização Empresarial, com o intuito de fomentar fusões e incorporações ou outras adaptações em ramos muito concentrados ou muito pulverizados, que desejam concentrar-se em seus nichos de competitividade. Como gestor do Programa Nacional de Desestatização, o banco vem desenvolvendo o processo de privatização como parte do processo de redefinição do papel do Estado.

Dessa forma, no início da década de 1990, o Plano Estratégico do Sistema BNDES visava particularmente três vertentes de investimentos a serem priorizados no futuro (BNDES, 1991; NARDINI,1990):

a) Modernização da estrutura produtiva existente: incluindo melhorias tecnológicas em unidades instaladas, substituição de processos e mesmo de unidades produtivas obsoletas, aplicação de sistemas de automação industrial e de controle de processo, introdução de novos produtos até a reestruturação de modelos de comercialização, de administração técnica e financeira e de associação entre empresas. Abrange amplo espectro de setores, desde segmentos da indústria de bens de consumo, de insumos básicos e de bens de capital até setores de serviços, refletindo-se no nível de produtividade global da economia. Os investimentos visaram à integração internacional com ampliação do padrão de competição industrial brasileiro.

b) Ampliação da capacidade produtiva por meio de expansões e novas instalações em setores de bens de consumo e de insumos básicos. Os investimentos visaram atender à demanda interna e externa paralelamente à modernização dos processos produtivos.

c) Investimentos nos setores de infraestrutura: particularmente nos setores de energia elétrica, transportes e portos. Previam a ampliação da participação de capitais privados em atividades anteriormente sob responsabilidade estatal.

Em suma, a nova estratégia de desenvolvimento do BNDES, desde então, incluiu o direcionamento de financiamentos com taxas de juros que podem variar de 2% a 10,5% ao ano, diferenciadas de acordo com as condições e porte da empresa e com a região. As prioridades para a aplicação de recursos visam à competitividade crescente, com a melhoria da produtividade industrial, a ampliação e modernização dos serviços de infraestrutura, a redefinição do papel do Estado e de cooperação com a iniciativa privada e a superação de desequilíbrios sociais e regionais.

12.5.6 Novos caminhos para a política industrial brasileira

No início dos anos de 1990, face à conjuntura macroeconômica desfavorável — caracterizada por persistência de taxas elevadas de inflação, desequilíbrio fiscal-financeiro no setor público e redução da poupança interna e externa — o panorama econômico brasileiro apresentava um quadro de baixa capacidade de consumo interno e de gastos governamentais, atraso tecnológico no setor produtivo, aprofundamento da tendência recessiva, com consequente aumento da capacidade ociosa e de falta de perspectivas para a retomada dos investimentos em médio e longo prazos.

O país, na década de 1990, enfrentava a necessidade de definição de uma política industrial efetiva, que o situasse no contexto mundial, recuperando o atraso tecnológico em relação às nações mais avançadas. O cenário industrial mundial vinha modificando-se rapidamente. O padrão de industrialização que até os anos de 1970 era liderado pelos complexos metal-mecânico e químico, na década de 1980 viu-se condicionado pelas novas tecnologias da microeletrônica, informática, telecomunicações, pela automação, pela busca de novos materiais e de energias renováveis e pela biotecnologia. Essas mudanças, denominadas por alguns estudiosos de 3ª Revolução Industrial, determinam uma nova divisão internacional do trabalho entre as economias desenvolvidas e subdesenvolvidas. Nos países mais adiantados situar-se-ia a geração de tecnologia e nos menos avançados a produção de matérias-primas e dos produtos industrializados tradicionais.

Nos países avançados essas novas tecnologias são inseridas por meio da renovação de setores modernos ou antigos e da criação de novos setores de ponta. Os países de política industrial ativa nesse sentido têm buscado uma ofensiva internacional para a expansão de sua produção, com a exportação de produtos acabados ou com investimentos diretos nos mercados internacionais. Em face dessa ofensiva, observou-se um revigoramento do protecionismo e da criação de mercados comuns. A nova economia internacional valoriza o comércio e conduz à globalização da economia, e o desenvolvimento tecnológico exige grandes recursos financeiros e a priorização do desenvolvimento educacional de seus recursos humanos.

218 • Economia Industrial | Teoria e Estratégias

Neste período, na busca de fortalecimento dos recursos de capital e das possibilidades de comercialização, intensificaram-se internacionalmente a formação de blocos que integram países que têm interesses comuns, principalmente tendo em vista sua situação regional. Assim, a Comunidade Econômica Europeia, a integração dos Estados Unidos com o Canadá e o México (NAFTA) e do Japão com a Coreia, Taiwan, Singapura e Hong Kong visam o fortalecimento das condições de desenvolvimento da produção e comercialização. As pesquisas tecnológicas passaram a ser efetuadas conjuntamente por meio de cooperação internacional entre vários países. Podem ser citados como exemplos os projetos de atividades de pesquisa da Coreia, em cooperação com países europeus, como de informática com o Reino Unido, oceanografia e aviação com a França, de automação e robótica com a Alemanha e de mecânica de precisão com a Suécia. A Europa desenvolveu um programa denominado Eureka, de projetos conjuntos de pesquisa, entre empresas e centros de pesquisas de vários países europeus. Da mesma forma são feitas associações entre empresas dos Estados Unidos e do Japão para projetos conjuntos.

Desde o final da década de 1990, a economia brasileira teve avanços importantes e retrocessos consideráveis. Grandes transformações ocorreram na condução da política econômica brasileira, como consequência de pressões resultantes dos desequilíbrios macroeconômicos que foram se acumulando, em especial devido à defasagem cambial em relação ao dólar e à política de juros altos do período. Os avanços se referem particularmente ao controle da inflação, à expansão das exportações e à atração de capitais externos. Ocorreram, no período, várias crises internacionais que repercutiram nos mercados de bens e serviços e financeiros, como no México (1994/95), em países do Sudeste asiático (1997), na Rússia (1998), nos Estados Unidos (2001) e a crise financeira de 2007, que chegou ao Brasil em setembro de 2008 provocando a saída de capitais de curto prazo do país.

Por outro lado, ocorreu a sobrevalorização do real, que onerava as exportações industriais e favorecia as importações, não apenas de insumos e bens de capital industriais, mas também de bens de consumo familiar industrializados concorrentes da produção nacional, o que teve impactos significativos na Balança Comercial do país, com perda de divisas. Os altos juros que visavam atrair a entrada de capitais estrangeiros para investimentos financeiros acabaram por exercer pressão considerável sobre o deficit fiscal do governo (KON, 2010a).

Após a instituição do Plano Real em 1994, que logrou a estabilização da inflação, a política monetária nestas últimas décadas tem sido centrada na manutenção das baixas taxas de inflação com o monitoramento das taxas de juros e do câmbio. A partir de 1999, implantou-se no Brasil a política de metas de inflação, em que o Conselho Monetário Nacional fixa, com antecipação, um nível de inflação considerado factível, admitindo uma dada margem de variação em que é mantida esta

Políticas Públicas Industriais • 219

meta. Uma das principais medidas para esse propósito é a fixação da taxa básica de juros (SELIC), pelo Conselho de Política Monetária (COPOM), que estabelece um piso para os juros cobrados nas diversas áreas do mercado financeiro a cada 45 dias. Desde 2006, a meta de inflação determinada pelo CMN é 4,5% por ano, com um intervalo de tolerância de 2%, para cima ou para baixo (KON, 2016b).

Essa maneira de monitoramento da taxa de juros para conter a inflação visava evitar uma expansão excessiva de demanda, que pressionaria os preços para cima e desestimularia as compras a crédito. Esse mecanismo acaba por gerar reflexos indesejáveis ao dificultar o financiamento de investimentos, ao mesmo tempo em que torna mais atraentes as aplicações financeiras, o que resulta na diminuição da produção não só de mercadorias, mas, particularmente, de produtos intangíveis, que são aqui observados.

Ao longo do período 1995–1998, formou-se praticamente um consenso entre empresários e economistas quanto à falta de uma política industrial, não pela inexistência de um plano definido, mas pela falta de uma implementação eficiente, desde que as propostas não tiveram condições de serem seguidas integralmente pelo governo, desde que o foco prioritário foi a estabilização da inflação. As medidas oficiais de política industrial voltaram-se para a definição de uma Política Industrial, Tecnológica e de Comércio Exterior a ser desenvolvida pelo Ministério da Indústria, Comércio e Turismo (MICT) a partir de 1955. Paralelamente foi delineado o Plano Plurianual (1996–1999) pelo Ministério do Planejamento e Orçamento/IPEA, 1995, a partir do qual surgiu o "Programa Brasil em Ação", divulgado em 25/08/1996, que contemplava investimentos diversos na área de infraestrutura, com o objetivo de reduzir o "custo-Brasil". Em 1997, foram delineadas pelo MICT as Ações Setoriais para o Aumento da Competitividade da Indústria Brasileira (RESENDE, 2000).

Observaram-se mudanças relevantes na relação econômica do Brasil com o exterior, tanto no que se refere às Transações Correntes como à Conta Financeira do Balanço de Pagamentos, desde a primeira metade dos anos de 1990, quando o acordo internacional, o "Plano Brady", promoveu a reestruturação da dívida externa de vários países, entre eles o Brasil, com redução parcial dos débitos e dos juros e alongamento de prazos de pagamento. No período, houve um aumento na disponibilidade de divisas, com a intensificação do influxo de capitais estrangeiros privados, principalmente sob a forma de investimentos em carteira, o que favoreceu o recurso à "âncora cambial", no Plano Real (VERSIANI, 2011).

Com relação ao câmbio, até os anos de 1990 a taxa era fixa com minidesvalorizações periódicas que acompanhavam a evolução da inflação. Nos anos que seguiram ao Plano Real, a manutenção desta taxa em nível envolvia um grau de sobrevalorização e as crises financeiras internacionais que provocaram a saída de capitais do país

220 • Economia Industrial | Teoria e Estratégias

começaram a pressionar a taxa de câmbio, aumento da taxa de juros (para atrair capitais externos), com efeitos negativos sobre o investimento e a atividade econômica. Para resolver a situação, em janeiro de 1999, o Banco Central anunciou que a taxa de câmbio passava a ser determinada pelo mercado, o que resultou, nos meses seguintes, em uma desvalorização substancial do dólar comercial, de mais de 50%. O efeito de todo esse processo causou uma alteração sensível no "mix" entre produtos importados e produtos domésticos. A demanda reprimida por produtos importados (décadas de fechamento) fez surgir uma onda de importações sem precedentes. A pauta de importações tornou-se mais rígida.

Nesse sentido, a abertura comercial teve efeitos positivos e efeitos negativos, já que do lado positivo permitiu o acesso a novas tecnologias particularmente por meio de bens de capital modernos e componentes em geral, bem como do estímulo à formação de parcerias internacionais e da pressão competitiva externa, forçando inovações. Por sua vez, o efeito negativo ligou-se aos impactos sobre o ritmo de industrialização/desindustrialização do país, tendo em vista que, para a indústria local, a abertura provoca uma desindustrialização generalizada seguida pela queda do valor agregado. A estrutura industrial do país sofreu consideráveis transformações, desde que alguns setores se atrofiaram, empresas desapareceram, o nível de emprego caiu e a participação relativa desses setores no mercado interno e externo se reduziu, embora outros setores pudessem ganhar competitividade, avançar e ampliar sua participação no mercado (RESENDE, 2000).

Portanto, os resultados da política industrial do período mostram que ocorreram impactos significativos na estrutura industrial brasileira, representados por privatizações, melhoria de qualidade e produtividade. Verificaram-se alterações no perfil dos oligopólios locais, principalmente de indústrias automobilística, autopeças, alimentícia e bens de consumo durável, além da desnacionalização, entre outros reflexos. No entanto, não ocorreu necessariamente uma redução da defasagem tecnológica, em uma comparação ao avanço que se verifica nos países mais desenvolvidos, já que não ocorreu no país uma visão sistêmica e estratégica que a inserisse. Dessa forma, ela não aponta na direção certa, de forma eficiente, a indústria brasileira no novo paradigma tecnológico mundial.

No período posterior, de 2000–2004, a cotação média do dólar subiu influenciada por uma alta especulativa com a mudança de governo em 2002. A partir de 2005, porém prevaleceu uma tendência à valorização do real, em decorrência do grande influxo de dólares. A valorização do real, portanto, favoreceu as importações, porém, prejudicando as exportações.

Em 2004, foi lançada a Política Industrial, Tecnológica e de Comércio Exterior (PITCE), que tinha como objetivo o aumento da eficiência da estrutura produtiva, da capacidade de inovação das empresas brasileiras e a expansão das exportações.

Segundo Almeida (2009, p. 17) esta programação se baseava em três eixos: a) linhas de ação horizontais correspondentes à inovação e ao desenvolvimento tecnológico, inserção externa/exportações, modernização industrial, ambiente institucional; b) promoção de setores estratégicos voltados para *software*, semicondutores, bens de capital, fármacos e medicamentos; e c) atividades portadoras de futuro como biotecnologia, nanotecnologia e energias renováveis.

Para maior coordenação, acompanhamento e avaliação dos resultados das diversas ações propostas pela PITCE, foi criada a Agência Brasileira de Desenvolvimento Industrial (ABDI), ligada ao Ministério do Desenvolvimento, Indústria e Comércio Exterior (MDIC). Essa agência desde sua criação apresentou dificuldades em seu papel de coordenar a execução da política industrial, devido a seu formato de funcionamento, pois não deteve poderes nem instrumentos de política para coordenar a complexa rede de relações com outros ministérios e instituições com relativa autonomia, como conseguiam o Banco de Desenvolvimento Econômico e Social (BNDES) e a Financiadora de Estudos e Projetos (FINEP) (ALMEIDA, 2009, p. 18). Por outro lado, por falta de objetivos bem definidos e pela conjuntura econômica desfavorável, esta política não apresentou os resultados esperados.

Após uma fase de crescimento entre 2005 e 2008, a indústria brasileira regrediu e sua produção em 2008 era 5% inferior à do período imediatamente anterior à crise mundial. Sua representatividade no PIB retrocedeu 13% para um patamar de níveis muito baixos. No que se refere à inserção mundial, a participação brasileira recuou, sendo ultrapassada pelo avanço de outras economias emergentes, com relação à exportação de manufaturados e ainda à geração de valor agregado (IEDI, 2014).

Em 2008 foi lançada uma proposta para uma Política de Desenvolvimento Produtivo (PDP), em um cenário conjuntural positivo da economia brasileira, em que o Brasil vinha obtendo superávits comerciais consistentes, acumulando divisas, reduzindo os indicadores de endividamento público e melhorando a distribuição de renda e, além do mais, era prevista sua elevação à categoria de grau de investimento por uma das agências internacionais de avaliação de risco. Desde 2002, como reflexo da estabilização da inflação, o país vinha apresentando expansão da produção industrial e, com a continuidade da política de estabilização macroeconômica, o consumo e o crescimento do investimento acelerou desde 2004 (ALMEIDA, 2009).

No entanto, as metas da PDP eram todas metas de curto prazo, coincidentes com o ciclo eleitoral, enquanto grande parte das mudanças esperadas de uma política industrial somente podem ser avaliadas no longo prazo, para que se consigam mudanças estruturais definitivas. Essa é a grande inconsistência temporal das políticas industriais adotadas por governos democráticos: a mudança estrutural que se deseja com a política industrial é, necessariamente, de longo prazo, mas os governos preci-

222 • Economia Industrial | Teoria e Estratégias

sam mostrar resultados no curto prazo para que sejam premiados pelo sucesso dessas políticas e possam continuar com a sua implementação. O Plano não conseguiu finalizar boa parte de suas metas como consequência da falta de critérios adequados de prioridades, pela escolha de objetivos dos setores que seriam estratégicos, influenciada por interesses eleitoreiros e, dessa forma, uma falta de direcionamento no sentido de maior inserção do setor industrial brasileiro nas cadeias internacionais de valor.

No ano anterior à criação do PNP, configurou-se a crise financeira internacional que ocasionou um impacto quase imediato na economia nacional, sobretudo no setor industrial, e reflexos foram sentidos já na segunda metade de 2008, quando a previsão de que o país avançaria no mercado internacional não se confirmou, devido à instabilidade econômica mundial e também pelo fato de que o Brasil apresentava uma condição de país ainda em desenvolvimento, com um histórico de dívida externa e pressão inflacionária, embora estivesse em uma situação economicamente estável. Observou-se um aumento da pressão inflacionária, paralelamente à interrupção da tendência de melhora nas finanças públicas ocorrida nos últimos anos e ainda uma situação menos favorável das contas externas. A demanda externa por produtos industriais reduziu, e a percepção de risco do país aumentou em relação aos países do painel (GONÇALVES, 2013).

No cenário brasileiro, um dos efeitos mais contundentes foi a desaceleração do comércio internacional, que impactou negativamente o volume de exportações do país e aumentou a dependência da economia brasileira em relação ao capital internacional com o consequente aumento das taxas de juros, o que prejudicou as indústrias nacionais (GONÇALVES, 2013). Assim, a crise financeira internacional de 2007–2008 no Brasil teve reflexos mais contundentes em 2009, quando a economia decresceu 0,2%, porém, já em 2010, houve recuperação considerável a partir dos impactos positivos de desonerações fiscais do governo, lançadas na crise para estimular alguns ramos da economia, como o automotivo, a construção e o de eletrodomésticos da linha branca. No entanto, o câmbio continuou a causar impactos negativos com o real valorizado, que diminuiu a competitividade externa e segurou a produção de produtos exportados. Por outro lado, uma política monetária mais restritiva foi instituída, diminuindo a confiança do empresariado. A desaceleração econômica persistiu nos anos seguintes e, associado à dificuldade de exportar e à concorrência com importados mais baratos, o crescimento do Brasil tem sido aquém das expectativas, em um cenário de baixa produtividade total dos fatores e do trabalho, infraestrutura econômica precária, alto endividamento e inadimplência das famílias que haviam sido estimuladas ao alto consumo por crédito fácil (KON, 2010b). Assim, a política econômica de juros altos e câmbio de mercado do período anulou benefícios que as linhas de crédito do BNDES ou as desonerações de IPI gerariam por meio da desvalorização do dólar ou pelo aumento constante da Selic, que se mantiveram no período seguinte.

A política industrial lançada através do Plano Brasil Maior em 2011 ocorreu numa conjuntura diferenciada do *boom* exportador que se iniciara em 2004, durante a PITCE e o PDP. Entre suas principais medidas para o desenvolvimento industrial constava redução do custo tributário da indústria em um momento de dificuldades do setor. Promoveu a redução da alíquota de 20% de INSS para setores que faziam uso intensivo de mão de obra (calçados, móveis, confecções), em troca de uma alíquota de 1,5% sobre o faturamento. Estabeleceu também a desoneração da folha e um ressarcimento de até 3% das exportações por tributos não recuperados pelos exportadores, além da remoção de tributos federais sobre o investimento (IEDI, 2011).

Apesar dessas medidas o Plano visava um horizonte em curto prazo e limitado, enquanto as dificuldades estruturais da indústria requeriam objetivos em longo prazo para recompor as deficiências resultantes da instabilidade, devido a duas décadas de apreciação cambial, infraestrutura física e humana precárias e lento progresso tecnológico da indústria de transformação. Por outro lado, não foram suficientes os subsídios e mecanismos propostos para o devido aumento do grau da atividade inovadora para competir no mercado interno e internacional, através do aumento da produtividade e da consecução de uma competitividade sistêmica que inserisse o país no contexto internacional. Associado a isso a governança dessa política industrial permaneceu não aparelhada e deficiente para a implementação das medidas e para a articulação dos mecanismos, instrumentos, incentivos e recursos propostos e também para a definição de setores, cadeias ou atividades que dinamizassem as mudanças estruturais necessárias (IEDI, 2011). Dessa forma, permaneceram desincentivos sobre exportação e investimentos, tendo em vista o aumento do "custo Brasil" incorrido (IEDI, 2014).

A expansão produtiva era no aumento do crédito para o consumo privado, porém que convergiu para uma retração do crédito privado e dependência do crédito público e pelo elevado comprometimento de renda com serviço de dívidas. Nesse cenário observou-se aumento do custo do trabalho sem contrapartida no aumento da produtividade e esgotamento dos estímulos fiscais de curto prazo e de seus efeitos.

Em 2014, o ambiente econômico delineado atingiu desequilíbrios macroeconômicos, com a inflação crescente, déficit fiscal em conta-corrente em alta e baixo crescimento do PIB, reversão dos termos de troca com o exterior, desaceleração do comércio internacional e instabilidade externa. No setor público, verificou-se uma piora das contas públicas, com o aumento dos gastos, apesar da continuidade do aumento da arrecadação e da elevada carga tributária. Persistem carências limitantes na infraestrutura do país voltadas para a inserção nas cadeias globais de produção,

224 • Economia Industrial | Teoria e Estratégias

representadas pelo lento desenvolvimento da educação e da inovação, associadas ao fraco nível de crescimento da produtividade e aos baixos níveis de poupança e investimento (CAVALCANTI, 2003). Essa situação resultou de elevados custos sistêmicos originados de tributação alta e complexa, infraestrutura inadequada e elevado custo de capital de terceiros, paralelamente aos crescentes custos de produção, incluindo o custo do trabalho e a permanência da moeda excessivamente valorizada.

12.6 Considerações finais

Diante do novo quadro mundial, o Brasil só poder participar e beneficiar-se se as estratégias industriais procurarem adaptar-se às novas regras internacionais, estabelecendo projetos de longo prazo que observem a oportunidade de participação conjunta entre países e entre empresas e que aumentem os investimentos em pesquisa e em formação de recursos humanos. No entanto, neste aspecto específico do desenvolvimento dos recursos humanos, as especificidades da natureza da força de trabalho brasileira impõem a necessidade de uma escolha tecnológica adequada também para a incorporação efetiva da mão de obra ao mercado de trabalho. Se a modernização industrial implica desenvolvimento tecnológico na procura de maior produtividade e competitividade internacional, implica ainda atender às necessidades de geração de empregos que permitam o ajustamento da oferta à demanda no mercado de trabalho (KON, 2016a).

A busca de novos mercados, seja voltada para o mercado interno ou externo, deve contemplar a escolha de investimentos em setores selecionados que se traduzam em alguma vantagem comparativa, o que na atualidade se molda não apenas por meio do novo padrão tecnológico, mas também da complementariedade de interesses entre diferentes países e empresas, que se manifestam pelas novas tendências de globalização da economia internacional e expansão de mercados comuns, com a percepção da necessidade de inserção e integração na produção e no mercado mundial, em contraposição à visão ultrapassada de isolacionismo.

Na atualidade, a política industrial até 2015 foi caracterizada por uma orientação excessivamente defensiva e protecionista, priorizando ações de compensação tributária e/ou de proteção para os setores selecionados, o que acabou por prejudicar a busca da produtividade e da competitividade, ou seja, a livre concorrência que incluiria o país no mercado internacional. Os efeitos foram sentidos através da diminuição relativa na geração de valor adicionado do país desde 2010, após a queda significativa como impacto da crise financeira internacional, falta de integração na cadeia internacional de valor, diminuição da competitividade internacional. A participação do país na exportação mundial de manufaturados recuou e foi ultrapassada por outras economias emergentes. Paralelamente observou-se a diminuição dos investimentos produtivos internos e dos Investimentos Diretos Externos (IED) → Investimento Direto no País (IDP) (KON, 2016c).

A maior relevância entre as causas de competitividade mundial é devido ao custo Brasil, relacionado aos custos externos às empresas que são mais altos que os existentes nos países concorrentes, tornando-as não competitivas. Os determinantes macroeconômicos conjunturais destes custos no país estão ligados à gestão governamental, que resultou em déficit fiscal considerável pela incapacidade de gerar superávits primários; câmbio excessivamente valorizado; juros elevados que oneram a produção e o consumo; perda do Grau de Investimento concedido pelas agências internacionais; alta burocracia persistente; regulação excessiva em alguns casos ou inexistente em outros, acompanhada de ineficiência, má formulação e instabilidade causada por mudanças frequentes, além da falta de controle, acompanhamento e cobrança das responsabilidades; elevados custos trabalhistas (KON, 2016c).

No que refere-se especificamente à inovação no país, uma série de defasagens na infraestrutura logística pública resultam em: fluxo ineficiente de bens e serviços (insumos e produto final); deficiências na cadeia de suprimentos e de valor agregado; deficiência no atendimento a serviços públicos; ineficiência para cumprimento de metas públicas; altos custos de produção pública e privada; desestímulos a investimentos privados e queda da produtividade e competitividade dos setores produtivos (KON, 2016c).

Nesse ambiente, permanece um descompasso entre as instituições existentes e seu controle e efetivação, com relação às necessidades da modernização da economia. Especificamente na área do trabalho, permanecem os problemas de desigualdades e alta informalidade, em um mercado essencialmente regulado por legislação trabalhista feita em outro contexto econômico, dos anos de 1940, e, portanto, desatualizada para a resolução dessas questões. Impõe-se urgentemente uma reorientação na política industrial brasileira para a definição de novos focos que substituam o direcionamento defensivo e de proteção do mercado interno pela inovação e produtividade e maior aproximação com os grandes centros do comércio mundial (IEDI, 2014).

Uma agenda para esta reorientação das políticas industriais públicas envolveria a priorização de parcerias com capital público e privado (PPP), para enfrentamento da carência de investimentos produtivos efetivos em infraestrutura logística contemplando investimentos em transportes nas quatro modalidades, estimulando particularmente o potencial de desenvolvimento do transporte ferroviário e hidroviário, já que a matriz de transportes é desbalanceada. Paralelamente, investimentos em estradas, infraestrutura para portos, aeroportos, cabotagem e outros equipamentos fixos de apoio, em redes de informações, sistemas de comunicações e aprendizado, infraestrutura de armazenagem associada à conservação dos armazéns e terminais.

226 • Economia Industrial | Teoria e Estratégias

Adicionalmente, a introdução da priorização do "transporte verde" composto por modais menos poluentes, como cabotagem, ferrovias e dutos.

No que se refere à capacidade de inovação, observa-se uma taxa de importações de tecnologia elevada de bens e serviços que, para sua diminuição, exige: ampliação da infraestrutura pública de pesquisas (instituições e Educação) por meio de parcerias com instituições externas e internacionais; criação de ecossistemas de inovação; programas de incentivo à inovação privada; regulação adequada do Sistema Nacional e Regional de inovação; estímulo à inovação em Serviços e à criação de Tecnologia Social.

A implementação pública dessas transformações estruturais requer modificações macroeconômicas e microeconômicas significativas no contexto da gestão governamental, partindo do enxugamento da despesa federal, estadual e municipal, concomitante à reforma administrativa baseada em critérios de meritocracia; melhora da qualidade técnica do funcionalismo visando extrair maior produtividade e eficiência; maior interação entre as esferas governamentais pela eliminação da duplicação ou triplicação do atendimento público a um mesmo fim; reforma Tributária com simplificação do sistema de tributos. Por outro lado, apesar do ajuste fiscal ser prioritário e mais contundente, o planejamento das reformas requer a não postergação dos estudos para sua implementação, com integração e interação de políticas públicas através de objetivos e metas conjuntos nas três esferas, o que significa contemplar não apenas metas em curto, médio e longo prazos, mas também nos âmbitos macro, meso e microeconômico (KON, 2016c).

Em suma, como salientam estudos do IEDI (2014), a política industrial é um complexo de instrumentos creditícios, fiscais, técnicos, comerciais, regulatórios combinados, que requerem processos de coordenação e articulação governamental intensos, sistemáticos e metódicos junto ao setor privado. Essa coordenação governamental depende ainda de planejamento, liderança e visão estratégica e prospectiva consolidada. Na atualidade, o ritmo da gestão pública brasileira é lento e truncado, com burocracias bloqueadoras e permanentes. As transformações precisam ganhar em ritmo, velocidade e escala.

REFERÊNCIAS

• • •

ADAMS, Henry C. Trusts. *Papers and procedings: american economic association*, dez. 1903, vol. 5.

ADELMAN, M.A. The Measurement of Industrial Concentration. *Review of Economics and Statistics*, nov. 1951.

AKTOUF, Omar. *Halte au gachis*: en finir avec l'économie-management à l'américaine. Arak: Alger, 2013.

ALBUQUERQUE, M.C.C. *Microeconomia*: teoria do mercado, teoria do consumidor, economia de empresas. São Paulo: McGraw-Hill, 1986.

ALMEIDA, Monsueto. *Desafios da real política industrial brasileira do século XXI*. Texto para Discussão No. 1452. Brasília: IPEA, 2009.

ALONSO, William. Location theory. In: EDEL, Matthew; ROTHENBERG, Jerome. *Readings in urban economics*. Nova Iorque: Macmillan, 1972.

ALTENBURG, T. *Donor approaches to supporting pro-poor value chains*. Bonn: German Development Institute, 2007.

ANDREWS, P.W.S. e WILSON, T. Industrial Analysis in Economics. In: *Oxford studies in price Mechanism*. Oxford: Clarendon Press, 1951.

ANSOFF, H. Igor. *Corporate strategy*. Nova Iorque: McGraw-Hill, 1968.

ARIDA. P. (org.). *Dívida externa, recessão e ajuste estrutural*. Rio de Janeiro: Paz e Terra, 1982.

ARROW, Kenneth Joseph. *The Limits of organization*. New York: Norton, 1974.

AUDRETSCH, David B.; GRILO, Isabel; THURIK, A. Roy. Explaining entrepreneurship and the role of policy: a framework. In: AUDRETSCH, David B.; GRILO, Isabel; THURIK, A. Roy. (eds.). *Handbook of research on entrepreneurship policy*. Massachussets: Edward Elgar Publishing, 2007.

AUDRETSCH, David B.; BECKMANN, Iris A.M. From small business to entrepreneurship policy. In: AUDRETSCH, David B.; GRILO, Isabel; THURIK, A. Roy. (eds.). *Handbook of research on entrepreneurship policy*. Massachussets: Edward Elgar Publishing, 2007.

BAIN, J. S. *Industrial organization*. New York: J. Wiley, 1968.

BAIN, J. S. *Barriers to new competition*. Massachussets: Harvard University Press, 1956.

BATLEY, Richard; LARBI, George A. *The changing role of government*: the reform of public services in developing countries. Nova York: Palgrave MacMillan, 2004.

BAUMOL,W,J. Business behaviour, value and growth. London: Macmillan, 1959.

BAUMOL, W. J.; PANZAR, J. C.; WILLIG, R. D. *Contestable market and the theory of industrial structure*. San Diego: Harcourt Brace Janovich, 1982.

BAUMOL, W. J.; WILLIG, R. D. Contestability: developments since the book. In: *Oxford economic papers*, nov. 1986.

228 • Economia Industrial | Teoria e Estratégias

BECKER, Gary S. *The intellectual portrait series*: a conversation with Gary S. Becker. Indianapolis: Liberty Fund, 2003.

BELGAID, Lynda. Essai d'analyse de l'impact de la globalisation économique et financière sur la souveraineté de l'Etat-nation. Alger: Faculte de Sciences Economiques, Commerciales e de Gestion, 2014.

BERLE, Adolf A.; MEANS, Gardiner C. *A moderna sociedade anônima e a propriedade privada*. São Paulo: Abril Cultural, 1984.

BLANCHARD, Francis. Tecnologia, trabajo y sociedad: algunos indicadores extraídos de las investigaciones de la OIT. *Revista Internacional del Trabajo*, vol. 103, n.3, jun./sep. 1984.

BNDES. Plano Estratégico 1991–1994. Rio de Janeiro, 1991.

BOISIER, Sergio, "Industrializável, urbanización polarización: hacia um enfoque unificado". Revista de Estudios Urbano Regionales, 2(5), 1972.

BOISIER, Sergio. Desarrollo (local): ¿de qué estamos hablando? In: MADOERY, Oscar; VAZQUEZ-BARQUERO, Antonio (eds.). *Transformaciones globales, instituciones y políticas de desarrollo local*. Rosario: Editorial Homo Sapiens, 2001.

BRASIL. Lei da Inovação. *Lei nº 10.973, de 2 de dezembro de 2004*. Brasília: MCTI, 2004.

BRAVERMAN, Harry. *Trabalho e capital monopolista*: a degradação do trabalho no século XX. Rio de Janeiro: Zahar Editores, 1977.

BRITO, Fausto. O deslocamento da população brasileira para as metrópoles. *Estudos Avançados*, vol. 20, n. 57. 2006.

BRITO, F.A. Migrações Inter-regionais no Brasil. Migrações internas e as estatísticas regionais. *Revista Brasileira de GEOGRAFIA*, n. 2, ano 35, 1973

BUKHARIN, Nicolai I. *A economia mundial e o imperialismo*. São Paulo: Abril Cultural, 1984.

BULLOCK, Charles J. Trust literature: a survey and Criticism. *Quarterly Journal of Economics*, vol. 15, 1901.

CARLTON, Dennis W.; PERLOFF, Jeffrey M. *Modern industrial organization*. 2. ed. Califórnia: Harper Collins CollegePublishers, 1994.

CARNEIRO, D. D. O terceiro choque. É possível evitar-se a depressão? In: ARIDA, Persio. (Ed).

Dívida externa, recessão e ajuste estrutural: o brasil diante da crise. Rio de Janeiro: Paz e Terra, 1982.

CARVALHO, P. G. M. *As causas do aumento da produtividade da indústria brasileira nos anos 90*. Rio de Janeiro: Instituto de Economia, Universidade Federal do Rio de Janeiro, 2000.

CASTELLS, Manuel. *A sociedade em rede*. São Paulo: Paz e Terra, 1999.

CASTELLS, Manuel. Communication, power and counter-power in the network society. *International Journal of Communication*, vol. 1, 2007.

CAVALCANTI, Clóvis. (org.). *Desenvolvimento e natureza*: estudos para uma sociedade sustentável. São Paulo: Cortez, 2003.

CHAMBERLIN, Edward. *The theory of monopolistic competition*. Cambridge: Harvard University Press, 1933.

CLARK, John Bates. The limits of competition. *Political Science Quarterly*, vol. 2, 45–61, 1887.

COASE, R. H. The nature of the firm. *Economica*. New Series, vol. 4, n. 16, nov. 1937.

REFERÊNCIAS • 229

COASE, R. H. The problem of social cost. *Journal of Law and Economics*, vol. 3, out. 1960.

COASE, R. H. Accounting and the theory of the firm. *Journal of Accounting and Economics*, vol. 12, 1990.

COASE, R. H. La naturaleza de la empresa. In: WILLIAMSON, Oliver; WINTER, Sidney (coords.), *La naturaleza de la empresa*: orígenes, evolución y desarrollo. México: FCE, 1996.

CORAGGIO, José Luis. "Las bases teóricas de la planificación regional en América Latina (un enfoque crítico)", Demografía y Economía, Vol. XIV, Nº 2 (42), México, 1980.

CORAGGIO, José Luis. Desarrollo regional, espacio local y economía social. Disponível em: <http://www.coraggioeconomia.org/jlc/archivos%20para%20descargar/El%20desarrollo%20regional%20espacio%20local%20y%20ES.pdf>. Acesso em: 06 jul. 2017.

CORAZZA, R. I.; FRACALANZA, P. S. Caminhos do pensamento neo-schumpeteriano: para além das analogias biológicas. *Nova Economia*. Belo Horizonte: v. 14, n. 2, maio/ago. 2004.

CORIAT, B., WEINSTEIN, O. *Les Nouvelles théories de l'entreprise*. Paris: Les Livres de Poche, 1995.

COURNOT, A. *Researches into mathematical principles of the theory of wealth*. New York: Macmillan, 1897.

COUTINHO, L.; SUZIGAN, W. *Desenvolvimento tecnológico da indústria e a constituição de um sistema nacional de inovação no Brasil*. Campinas: IPT/FECAMP, 1991.

CYERT, R.; MARCH, J. Organizational Factors in the Theory of Oligopoly. *Quarter Journal of Economics*, fev. 1956.

DANIELS, P. W. *Service Industries in the World Economy*. Oxford: Backwell Pub, 1993.

DAVILA, T; EPSTEIN, M; SHELTON, R. D. *As regras da inovação*. Porto Alegre: Bookman, 2007.

DEJON, Bruno. *Evolving geographical structures*. Toscana: San Miniato NATO Institute, 1983.

DENDRINOS, D.S. and MULLALY, H. Urban evolution, studies in matical ecology of cities. Oxford: Oxford University Press, 1985.

DOSI, Giovanni. Technological paradigms and technological trajectories: a suggested interpretation of the determinants and directions of technical change. *Research Policy*, vol. 11, n. 3, 1982,

DOSI, Giovanni. Institutions and Markets in a Dynamic World. *The Manchester Scholl*, vol. LVI, n. 2, jun. 1988.

DOSI, Giovanni; NELSON, Richard R.; WINTER, Sidney. *The nature and dynamics of organizational capabilities*. Oxford: University Press, 2001.

DOSI, Giovanni; PAVITT, Keith; SOETE, Luc. *The Economics of Technical Change and International Trade*. New York: New York University Press, 1990.

DREJER, Ina. Identifying innovation in surveys of services: a Schumpeterian perspective. *Research Policy*, vol. 33, No. 3, 2002.

ELLSWORTH, P. T. *Economia Internacional*. São Paulo: Atlas, 1978.

ELY, Richard T. *Monopolies and trusts*. New York: Macmillan, 1900.

FAGERBERG, J; MOWERY, D. C; NELSON, R. R. *The oxford handbook of innovation*. Oxford: Oxford University Press, 2005.

230 • Economia Industrial | Teoria e Estratégias

FAISSOL, Speridião. Um modelo de análise regional para fins de planejamento econômico: integração de sistemas de regiões formais e funcionais. *Revista Brasileira de Geografia*. Rio de Janeiro: n. 35, 1973.

FERGUSON, C. E. *Microeconomia*. Rio de Janeiro: Forense Universitária, 1980.

FLORENCE, P. S. *Economics and sociology of industry*: a realistic analysis of development. London: C. A. Watts, 1964.

FREEMAN, C. *The economics of industrial innovation*. London: Pinter, 1974.

FUJITA Masahisa; KRUGMAN, Paul; VENABLES, Anthony J. *The spatial economy*. Cambrigde: The MIT Press, 2001.

GALBRAITH, J. K. *O novo estado industrial*. São Paulo: Abril Cultural, 1985.

GALLOUJ, Faïz; DJELLAL, Faridah. *The handbook of innovation in services*: a multi-disciplinary perspective. Cheltenham: Edward Elgar, 2010.

GEORGE K. D.; JOLL, C. *Organização industrial*: concorrência, crescimento e mudança estrutural. Rio de Janeiro: Zahar Editores, 1975.

GONÇALVES, Alfredo José. Migrações internas: evoluções e desafios. *Estudos avançado*, vol. 15, n. 43, São Paulo, 2001.

GONÇALVES, R. *A crise internacional e a América Latina. Com referência especial ao caso do Brasil*. Rio de Janeiro: EPPG — IUPERJ, 2013.

GRAHAM, D. H.; HOLANDA FILHO, S.B. de. Migrações internas no Brasil: 1872–1970. Série Relatórios de Pesquisas, n. 16. São Paulo: IPE/USP, 1984.

GREMAUD, A. P.; PIRES, J. M. II Plano Nacional de Desenvolvimento — II PND (1975–1979). In: KON, A. (org.). *Planejamento no Brasil II*. São Paulo: Perspectiva, 2010.

GREMAUD, A. P. e PIRES, J. M. Metas e bases e I Plano Nacional de Desenvolvimento Econômico — I PND (1970–1974). In: KON, A. (org.). *Planejamento no Brasil II*. São Paulo: Perspectiva, 2010.

GUIMARÃES, E. A. *Acumulação e crescimento da firma*. Rio de Janeiro: Zahar Editores, 1982.

HAAG, G.; WEIDLICH, W. *An evaluable theory for a class of Migration Problems*. Laxenburg: IIASA Collaborative Paper. IIASA, 1983.

HADDAD, P. R. *et al. Economia regional: teorias e métodos de análise*. Fortaleza, BNB/ETENE, 1989.

HALL, R. L.; HITCH, C. J. Price theory and business behaviour. *Oxford Economic Papers*, maio 1939.

HEIMANN, E. *História das doutrinas econômicas*. Rio de Janeiro: Zahar Editores, 1971.

HEIJKE, J. A. M.; KLAASSEN, L. H. Human reactions to spatial diversity: mobility in regional labour markets. In: FOLMER, Hendrik; OOSTERHAVEN, Jan (eds.). *Spatial inequalities and regional development*. Massachusetts: Nijhoff Boston, 1979. (p. 117–130).

HILFERDING, R. *O capital financeiro*. São Paulo: Nova Cultural, 1985.

HILL, C. T.; UTTERBACK, J. M. *Technological Innovation for a dynamic economy*. New York: Pergamon Press, 1983.

HOLANDA FILHO, S. B. Migrações internas e a distribuição regional de renda no Brasil 1970–1980. *Anais do XVII Encontro Nacional de Economia*, vol. 2. Fortaleza: ANPEC, 1989.

HYMER, S.; ROWTHORN, R. Multinational corporation and international oligopoly: the north-american challenger. In: KINDLEBERGER, C. P. (ed.). *The international corporation*: a symposium. Cambrigde: MIT Press, 1970.

IBGE. *Pesquisa Nacional por Amostra de Domicílios*. Rio de Janeiro: Microdados, 2002. CD--ROM.

IBGE. *Pesquisa Nacional por Amostra de Domicílios*. Rio de Janeiro: Microdados, 2008. CD--ROM.

IBGE. *Pesquisa Nacional por Amostra de Domicílios*. Rio de Janeiro: Microdados, 2012. CD--ROM.

IBGE. *Pesquisa Industrial de Inovação Tecnológica — Pintec 2005*. Rio de Janeiro: IBGE, 2007.

IEDI. *Uma Análise do Plano Brasil Maior*. São Paulo: IEDI, 2011.

IEDI. *A reorientação do desenvolvimento industrial*. São Paulo: IEDI, 2014.

JACOBY, Nadia. The ambiguous role of routines in evolutionary approaches of the firm. In: NELSON; WINTER. Conference, Aalborg, Den., 2001.

JACQUEMIN, A. *The new industrial organization*. Massachusetts: MIT Press, 1987.

JAGUARIBE, Helio. *Sociedade, mudança e política*. São Paulo: Perpectiva, 1975.

KALDOR, N. *Essays on value and distribution*. Illinois: The Free Press of Glencoe, 1960.

KAMERMAN, Sheila B.; Kahn, Alfred J. *Privatization and the Welfare State*. Princeton: Princeton University Press, 2014.

KON, Anita. *O problema ocupacional*: implicações regionais e urbanas. São Paulo: Perspectiva, 1979.

KON, Anita. O resgate do planejamento público e o ajuste dos recursos humanos. *Anais do 16º Encontro Anual ANPAD*, vol. 7. Canela: ANPAD, 1992.

KON, Anita. Política e programação econômicas. *Revista Administração de Empresas*/FGV, vol. 33, n. 2. São Paulo: FGV, mar./abr. 1993.

KON, Anita. *A estrutura ocupacional brasileira: uma abordagem regional*. Brasília: SESI, 1995.

KON, Anita. A experiência brasileira de planejamento público federal. In: KON, Anita. (org.). *Planejamento no Brasil II*. São Paulo: Perspectiva, 2010.

KON, Anita. O plano cruzado. In: KON, A. (org.). *Planejamento no Brasil II*. São Paulo: Perspectiva, 2010b.

KON, Anita. *A economia do trabalho*: qualificação e segmentação no Brasil. Rio de Janeiro, Alta Books, 2016a.

KON, Anita. *Nova economia política dos serviços*. São Paulo: Perspectiva, 2016b.

KON, Anita. *Uma agenda para a reindustrialização brasileira*. São Paulo: Seminário SINDECON, 2016c.

KRUGMAN, Paul R. What do undergrads need to know about trade? *The American Economic Review*, vol. 83, n. 2, Maio 1993.

KRUGMAN, Paul R. What should trade negotiators negotiate about?" *Journal of Economic Literature*, vol. XXXV, mar. 1997.

KRUGMAN, Paul R. "Jobs and Skills and Zombies", in NewYork Times. March 30, 2014.

232 • Economia Industrial | Teoria e Estratégias

KUPFER, David. Uma abordagem neo-schumpeteriana da competitividade industrial. *Ensaios FEE*, Ano 17, n.1. Rio de Janeiro: UFRJ, 1996.

LABINI, P. S. *Oligopólio e progresso técnico*. São Paulo: Abril Cultural, 1984.

LAFER, B. M. (org.). *Planejamento no Brasil*. São Paulo: Perspectiva, 1973.

LANGONI, Carlos G. *Distribuição de renda e desenvolvimento econômico do Brasil*. Rio de Janeiro: Expressão e cultura, 1973.

LEE, N. Scope and method of industrial economics. In: DEVINE P. J. *et al. An introduction to industrial economics*. London: Allen & Unwin Ltd., 1974.

LEFF, N. H. *Política e desenvolvimento no Brasil*. São Paulo: Perspectiva, 1979.

LEFTWICH, R. H. *O sistema de preços e a alocação de recursos*. São Paulo:Livraria Pioneira Editora, 1974.

LÊNIN, V. I. *Imperialismo*: etapa superior do capitalismo. Coimbra: Centelha, 1974.

LERDA, Juan Carlos. Globalización y pérdida de autonomía de las autoridades fiscales, bancarias y monetarias. *Revista de la CEPAL*, n. 58, abr. 1996.

LIPIETZ, Alain. Uma alternativa para o Século XX. *Revista de Economia Política*, vol.13, n. 4 (52), 1993.

LUCE, R. D.; RAIFFA, H. *Games and decisions*: introduction and critical survey. New York: Wiley, 1957.

LUXEMBURG, Rosa. *A acumulação capitalista*. São Paulo: Abril Cultural, 1984.

MACEDO, R. B. M. *Política salarial e inflação*: a experiência brasileira. São Paulo: IPE/USP, 1981.

MACHLUP, Fritz. Characteristics and types of price discrimination. In: STIGLER, G. J. (ed.). *Business concentration and price policy*. Princeton: Princeton University Press, 1955.

MARRIS, Robin. *The economic theory of managerial capitalism*. London: Macmillan, 1967.

MARSHALL, A. *Princípios de economia*. São Paulo: Abril Cultural, 1982.

MARTONE, Celso L. Análise do plano de ação econômica do governo, PAEG (1964–1966). In: LAFER, Betty Mindlin. *Planejamento no Brasil*. São Paulo: Perspectriva, 1973.

MARX, Karl. *Para a crítica da economia política*. São Paulo: Abril Cultural, 1982a.

MARX, Karl. *Salário, preço e lucro*. São Paulo: Abril Cultural, 1982b.

MARX, Karl. *O capital*. São Paulo: Abril Cultural, 1983.

MARX, Karl., O Capital: Crítica da Economia Política, Vol. II, Tomo 1. São, Paulo: Abril Cultural, 1984.

MARX, Karl., O Capital: Crítica da Economia Política, Vol. III, Tomo 1. São, Paulo: Abril Cultural, 1983.

MAURER, A.; DEGAIN, C. *Globalization and trade flows*: what you see is not what you get!. Geneva: WTO/ Staff Working Paper ERSD-2010-12, 2010.

MICHALET, Charles-Albert. *O capitalismo mundial*. São Paulo: Paz e Terra, 1984.

MICHALET, Charles-Albert. *Qu'est ce que La mondialisation?* Paris: La Découverte, 2002.

MICHALET, Charles-Albert. *Mondialisation, la grande rupture*. Paris: La Découverte/Poche, Essais, 2007.

REFERÊNCIAS • 233

MILLS, E. *Studies in the Structure of Urban Economy.* Baltimore: Johns Hopkins University Press, 1972.

MIRANDA NETO, Luís Lócio de. *Localização industrial e custos logísticos : uma abordagem da multimodalidade de transportes do Polo Gesseiro da Região do Araripe Pernambucano.* Recife: UFPE, 2012.

MORAES, Antônio Carlos de. O plano Brasil novo. In: KON, A. (org.). *Planejamento no Brasil II.* São Paulo: Perspectiva, 2010.

MOURA, R., Just-in-time alavanca a produção e diminui a alienação do trabalho. *Jornal do Economista,* n. 48, jul. 1992.

MUSGRAVE, R. A.; MUSGRAVE, P. G. *Finanças Públicas.* São Paulo: Campus, 1990.

NAPOLEONI, C. *O pensamento econômico do século XX.* São Paulo: Paz e Terra, 1985.

NARDINI, B. O BNDES e o desenvolvimento industrial brasileiro: o passado e as perspectivas futuras. *Política Industrial e Desenvolvimento Econômico.* São Paulo: PLANEF/OCDE, 1990.

NELSON; PECK; KALACKED. *Tecnologia e desenvolvimento.* Rio de Janeiro: Forense, 1980.

NELSON, Richard R.; WINTER. Sidney. *An evolutionary theory of economic change.* Cambrigde: Belknap Press, 1982.

NELSON, Richard R.; WINTER. Sidney. Evolutionary Theorizing in Economics. *Journal of Economic Perspectives,* vol. 16, n. 2. Spring, 2002.

NELSON, Richard. On the uneven evolution of human know-how. *Research Policy,* vol. 32, 2003.

NELSON, Richard; MOWERY, D. C.; FAGERBERG, J. *The oxford handbook of innovation.* Oxford: Oxford University Press, 2006.

NEUMANN, J. Von; MORGENSTERN, O. *Theory of games and economic behavior.* Princenton: Princeton University Press, 1947.

NEVES, Leonardo Paz (org.). *A inserção do Brasil nas cadeias globais de valor.* Rio de Janeiro: CEBRI, 2014.

NORTH, Douglass C. *Institutions, institutional change and economic performance.* New York: Cambridge University Press 1990.

OCDE. *Concentration and Competition Policy.* Paris, 1979.

OCDE, Insights - International trade: free, fair and open? Paris: OCDE, 2009

OCHEL, W.; WEGNER, M. *Services economy in europe:* opportunities to growth. London: Pinter, 1987.

OLIVEIRA, Susan Elizabeth Martins Cesar de. *Cadeias globais de valor e os novos padrões de comércio internacional: estratégias de inserção de Brasil e Canadá.* Brasília: UnB, 2014.

PARENT, J. *La Concentration Industrielle.* Paris: Presses Universitaires de France, 1965.

PASSOS, Carlos de Faro. *Política Industrial e Desenvolvimento Econômico.* São Paulo: Planef, 1990.

PAULA, J. A. de; CERQUEIRA, H. E. da G.; ALBUQUERQUE, E. da M. e. Ciência e tecnologia na dinâmica capitalista: a elaboração neo-schumepeteriana e a teoria do capital. *Ensaios FEE,* n. 2 vol. 23, 2002.

PENROSE, E. T. *The growth of the firm.* New York: John Wiley & Sons Inc., 1959.

PEREZ, Carlota. *Technological revolutions and financial capital:* the dynamics of bubbles and golden ages. Cheltenham: Edward Elgar, 2002.

234 • Economia Industrial | Teoria e Estratégias

PEREZ, Carlota. Revoluciones tecnológicas y paradigmas tecno-económicos. *Tecnología y Construcción*, vol. 21, n. 1. Caracas, abr. 2005.

PERROUX, François. Note sur la notion du pôle de croissance. *Economie Appliquée*. Paris, 1955.

PIGOU, A. C. *The Economics of Welfare*. London: Macmillan, 1920.

PINHEIRO, Ivan Antônio. Políticas públicas: entre falhas, legados e outras limitações às avaliações conclusivas. *Anais do Encontro de administração pública e governança*. Salvador: ANPAD, 2008.

POSSAS, M. L. *Estruturas de mercado em oligopólio*. São Paulo: Hucitec, 1985.

RATTNER, H. *O novo paradigma industrial e tecnológico*. Texto de Discussão n. 5. São Paulo: FEA/USP, 1989.

RESENDE, Antônio Vieira. *A política industrial do plano real*. Belo Horizonte: CEDEPLAR/FACE/UFMG, 2000.

ROBINSON, Joan. *The economics of imperfect competition*. London: Macmillan, 1933.

RODRIGUES, Denise A.; FAÇANHA, Luis Otávio. Indústria brasileira na década de 70: interpretação de resultados de estatística multivariadada e de aspectos da dinâmica concorrencial. *Revista Brasileira de Economia*, vol. 46, issue 4. Rio de Janeiro, 1992.

RODRÍGUEZ M. V.; MARTINS, L. G. de A. As políticas de privatização e interiorização do ensino superior: massificação ou democratização da educação brasileira? *Revista de Educação*, 2015.

ROSSETTI, J. P. *Política e programação econômicas*. São Paulo: Atlas, 1987.

ROSSI, J. W. *Índices de desigualdade de renda e medidas de concentração industrial*. Rio de Janeiro: Zahar, 1982.

SAMUELSON, P. A. *Economics*. New York: MacGraw-Hill, 1961.

SANTOS, M. Território globalização e fragmentação. São Paulo: Hucitec, 1994.

SARMENTO, Daniel. *Direitos fundamentais e relações privadas*. Rio de Janeiro: Lumen Juris, 2006.

SAY, J. B. *Tratado de economia política*. São Paulo: Abril Cultural, 1984.

SCHELLING, T. C. *The strategy of conflict*. Cambridge: Harvard University Press, 1960.

SCHERER, F. M. *Preços industriais*: teoria e evidência. Rio de Janeiro: Campus, 1982.

SCHUMPETER, J.A. The theory of economic development: an inquiry into profits, Capital, credit, interest and the business cycle. New Brunswick (U.S.A) and London (U.K.): Transaction Publishers, 1934.

SCHUMPETER, J. A. *Business cycles*: a theoretical, historical, and statistical analysis of the capitalist process. New York: McGraw-Hill, 1939.

SCHUMPETER, J. A. *Capitalism, socialism and democracy*. London: George Allen & Unwin, 1942.

SCHUMPETER, J. A. *Imperialismo e classes sociais*. Rio de Janeiro: Zahar, 1961.

SCHUMPETER, J. A. *The theory of economic development*. Oxford: Oxford University Press, 1978.

SCHUMPETER, J. A. *A teoria do desenvolvimento econômico*. São Paulo: Abril Cultural, 1997.

SCITOVSKY, Tibor. Dois conceitos de economias externas. In: AGARWALA, A. N.; SINGH, S. P. *A economia do subdesenvolvimento*. Rio de Janeiro: Forense, 1969.

REFERÊNCIAS • 235

SCOTT, A.; STORPER, M. Indústria de alta tecnologia e desenvolvimento regional: uma crítica e reconstrução teórica. *Espaço e Debate*, ano 8, n. 25. São Paulo: Cortez, 1988.

SHEPHERD, William G. *The economics of industrial organization*. New Jersey: Prentice Hall Inc., 1990.

SILBERSTON, A. Surveys of applied economics: price behaviour of firms. *The Economic Journal*, n. 319, vol. 80, set. 1970.

SIMON, H. A. Theories of decision-making in economics and behavioral science. *American Economic Review*, vol. 49, jun. 1959.

SRAFFA, P. The laws of returns under competitive conditions. *Economic Journal*, dez. 1926.

STEINDL, J. *Maturidade e estagnação no capitalismo americano*. São Paulo: Abril Cultural, 1983.

STEINDL, J., *Small and Big Business*. Oxford: Blackwell, 1946.

STEWART, F. Macropoliticas para una tecnologia apropriada: intento de classificación. *Revista Internacional del Trabajo*, vol. 102, n.3, jul./set. 1983.

STIGLER, G. J. *Business concentration and price policy*. New Jersey: Princenton University Press, 1955.

STIGLITZ, J. E. *La grande désilusion*. Paris: Édition Fayard, 2002.

STOCKING, G. W.; WATKINS, M. W. *Monopoly and free enterprise*. New York: Twentieth Century Fund, 1951.

SUAREZ-VILLA, L. Reestruturação industrial, mudança tecnológica e planejamento do desenvolvimento metropolitano. *Pesquisa e Planejamento Econômico*, vol. 19, n. 1, abr. 1989.

SUZIGAN, Wilson. Estado e industrialização no Brasil. *Revista de Economia Política*, vol. 8 n. 4. Rio de Janeiro, out./dez. 1988.

SUZIGAN, Wilson. O plano de estabilização e a política industrial. *Revista Brasileira de Economia*, vol. 45. Rio de Janeiro, 1991.

SVETLICIC, M. *Development and international cooperation*. Ljubljana: Faculty of Social Sciences, 1993.

SWEEZY, P.M. "Demand under conditions of oligopoly", in The Journal of Political Economy, Volume 47, Issue 4, 1939.

SWEEZY, P. M. *Teoria do desenvolvimento capitalista*. São Paulo: Abril Cultural, 1983.

TAUILLE, J. R.; OLIVEIRA, C. E. M. *Difusão da automação no Brasil e os efeitos sobre o emprego*: uma resenha da literatura nacional. Rio de Janeiro: Instituto de Economia Industrial, UFRJ, 1987.

TAVARES, Maria da Conceição. *Da substituição de importações ao capitalismo financeiro*. Rio de Janeiro: Zahar Editores, 1974.

TELSER, L. G. *Theories of competition*. Amsterdam: North Holland, 1988.

TIGRE, Paulo Bastos. *A gestão da informação. A Economia da tecnologia no Brasil*. Rio de Janeiro: Elsevier, 2006.

TIROLE, J. *The theory of industrial organization*. Cambrigde: MIT Press, 1988.

TYLER, W. G. A industrialização e a política industrial no Brasil: uma visão global. *Estudos Econômicos*, vol. 6, n. 2. São Paulo: IPE/USP, 1976.

UNCTAD. *World investment report 2013*: global value chains: trade and investment for development. Geneva: UNCTAD, 2013.

UNCTAD. *Global supply chains*: trade and economic policies for developing countries. Study Series, n. 55. Geneva: UNCTAD, 2013.

UNITED NATIONS. Report of the Security Council, Geneva, June 1973.

UNITED NATIONS. Manual on Statistics of International Trade in Services. *Statistical Papers Series*, n. 86. Geneva: Department of Economic and Social Affairs, 2002.

UTTON, M. A. *Industrial Concentration*. England: Penguin Book Ltda, 1970.

VANGRASSTEK, Craig. *The challenges of trade policymaking analysis, communication and representation*. Policy issues in international trade and commodities. Study Series, n. 36. Geneva: UN, 2008.

VEIGA, Pedro da Motta; RIOS, Sandra Polónia. *Cadeias globais de valor e implicações para a formulação de políticas*. Brasília: IPEA, 2014.

VERNON, R. La inversión internacional y el comercio internacional en el ciclo de productos. In: ROSENBERG, N. (org.). *Economia del cambio tecnológico*. México: Fondo de Cultura Econômica, 1966.

VERNON, R. The product-cycle hypothesis in a new international environment. *Oxford Bulletin of Economics and Statistics*, v. 41, 1979.

VILLELA, A. V.; SUZIGAN, W. *Política do governo e crescimento da economia brasileira, 1889–1945*. Rio de Janeiro: IPEA/INPES, 1973.

WILLIAMSON, O. E. Managerial discretion, organization forms and the multi-division hypothesis. In: MARRIS, R.; WOOD, A. (ed.). *The corporate economy-growth, competition and innovative potential*. Cambridge: Harward U.P., 1998.

WTO. *World Trade Developments*. Genebra, 2008.

ZHANG, Liping; SCHIMANSK, Silvana. As cadeias globais de valor e os países em desenvolvimento. *Boletim de Economia e Política Internacional* , n. 18, set./dez. 2014.

ZHIZNIN, Stanislav. Geo-economic aspects of gas transmission from Russia. *Nezavisimaya Gazeta*, mar. 2008.

ÍNDICE

• • •

A

Abordagem neoclássica 154
Acionistas 37, 54, 55, 59, 61, 112, 128, 196, 207, 210,
Adam Smith 3, 120, 142,
Agentes 4, 7, 50, 97, 101, 106-108, 119, 123, 125, 142, 182
Análise marginalista 9
Arrow 102, 120, 123, 124
Automação 139, 145, 148-150, 179

B

Backward effects 75, 188
Bain 10, 24-26
Barreiras à entrada 10, 14, 24, 25, 27, 41, 45, 99, 137, 197,
Baumol 11, 53,
Berle 36, 52,
Bertrand 14, 16, 17
Brasil 143, 144, 153, 162-168, 170, 173, 199-203, 207, 214, 222
Bukharin 85, 86

C

Cadeias de valor 98, 100
Caixa preta 102, 116, 119, 122, 124,
Capacidades 76, 102, 120, 122, 123, 125-132
Capacitação 115, 125, 139, 145, 174, 211, 213-214
Capital 1, 4, 5, 14, 21, 26, 31, 35, 42, 52, 56, 144, 181, 201
Capitalismo 5, 31, 63, 82, 97, 108, 118, 134, 142
Capitalista 3, 6, 14, 26, 31, 63, 79, 108, 118, 121, 134, 142, 157, 167, 193
Cartéis 19, 31, 38, 82, 86
Castells 94

Chamberlin 8, 22, 67
Clark 6, 110
Coase 101
Coeficiente de Gini 44, 47, 48
Comércio Exterior 82, 83, 201, 216, 219, 221
Commodities 96
Competências 98, 125, 128, 132
Competição 5, 14, 21, 28, 31, 40, 54, 68, 102, 109, 116, 133, 178, 182, 196, 216
Competitividade 93, 115, 132, 139, 162, 174, 200, 211, 214, 220
Concentração de capital 26, 31, 201
Concorrência Imperfeita 9
Concorrência Perfeita 9, 63, 66, 101
Conduta 11, 41, 97, 109, 122, 137, 195
Conhecimento 4, 10, 21, 40, 56, 67, 69, 73, 87, 107, 112, 120, 125, 138, 173, 186
Conhecimento tácito 127, 130, 132
Consumidor 8, 70, 76, 98, 137, 153, 178, 194, 207
Contestabilidade 11
Cournot 14
Crédito 8, 31, 33, 91, 104, 108, 181, 194, 201, 204, 207, 219, 223,
Crescimento 7, 10, 32, 39, 49, 56, 63, 79, 86, 91, 101, 117, 132, 142, 187
Crescimento da firma 50, 60, 71, 132,
Curva 14, 22, 48
Curva de Demanda Quebrada 22, 26,
Curva de Lorenz 48
Custos de transação 109

D

Decisões 4, 13, 19, 30, 40, 45, 53, 60, 83, 87, 97, 101, 107, 122, 143, 152, 187, 193
Demanda 9, 14, 34, 54, 81, 87, 94, 103, 114, 128, 144, 157, 174, 181, 194
Deseconomias 6, 52, 141, 151, 160, 182, 192

238 • Economia Industrial | Teoria e Estratégias

Desempenho 10, 59, 90, 129, 131, 134, 137, 148, 197, 202, 213,
Desenvolvimento 10, 14, 31, 35, 49, 55, 65, 74, 79, 101, 117, 139, 185,
Desregulação 195
Diferenciação do produto 9, 26, 64, 67
Discriminação de preços 6, 23, 69, 196,
Distribuição 19, 33, 38, 66, 89, 98, 108, 113, 121, 143, 155, 160, 192, 209, 212, 221
Diversificação da produção 71, 144
Divisão do trabalho 85, 89, 139, 142, 147, 162,
Dosi 136, 138
Duopólio 14, 189

E

Edgeworth 14, 17
Eficiência 9, 11, 20, 27, 41, 54, 72, 77, 86, 93, 105, 111, 124, 142, 174, 181, 209
Elasticidade 18, 69, 87, 196, 202
Entropia 44, 47
Escala 26, 32, 40, 65, 81, 97, 105, 114, 121, 134, 141, 151, 180, 190, 201, 214, 226
Escolhas 21, 29, 102, 110, 126, 130, 138, 175, 177
Estatais 2, 92, 177, 200, 206, 214

F

Famílias 24, 184, 223
Fatores de produção 1, 26, 81, 98, 139, 142, 155, 160, 174, 188, 191, 195, 203, 211
Filiais 80, 87, 90, 92
Firma dominante 20, 197
Fisiocratas 2, 103
Flutuações cíclicas 66, 72, 104, 155
Fluxos 81, 90, 100, 151, 155, 187, 194
Força de Trabalho 32, 86, 139, 143, 150, 163, 171, 224
Forward effects 75, 188
Freeman 117, 120
Fusões 7, 31, 38, 41, 48, 95, 197, 216

G

Galbraith 56
Governo 3, 26, 50, 93, 142, 166, 194, 199, 202, 204, 212

H

Herfindahl-Hirschman 44, 46
Hilferding 34, 89
Hill 143

I

Imitação 4, 17, 39
Industrialização 14, 83, 100, 143, 155, 161, 172, 181, 187, 191, 199, 209, 215, 220
Indústria motriz 188
Informação 48, 92, 108, 112, 117, 121, 138, 165, 213
Inovação 41, 63, 69, 81, 99, 103, 105, 115, 124, 131, 139, 150, 162, 174, 192, 221
Institucional 7, 26, 102, 118, 124, 148, 221
Instituição 34, 38, 50, 206, 219
Insumos 26, 41, 50, 56, 73, 90, 98, 108, 111, 125, 141, 151, 176, 184, 188, 195, 203
Integração vertical 23, 40, 71, 94, 132,
Internacionalização 79, 99, 163
Invenção 30, 107, 140

J

Just-in-time 145, 146

K

Krugman 93, 151, 177

L

Laissez-faire 3
Legislação 143, 177, 180, 225
Lenin 83
Liberalismo 3
Liderança barométrica 20
Liderança colusiva 20
Lucros 15, 24, 29, 36, 51, 60, 65, 71, 84, 90, 103, 121, 134, 140, 175, 187, 195, 197
Luxemburg 83

M

Machlup 10, 70
Macrolocalização 176, 183
Malthus 3, 32, 120
Manuais 109, 125, 130, 158
Manufaturas 2, 106, 145, 165
Mão de obra 56, 75, 81, 88, 114, 138, 142,
150, 153, 173, 182, 190, 203, 216, 223
Marginalistas 4, 51, 103
Marris 53
Marshall 2, 9, 51, 97, 110, 118, 120, 133
Marx 5, 31, 80, 103, 121, 134, 142
Marxistas 80, 121
Matéria-prima 2, 76, 177, 180
Matriz 89, 173, 209, 226
Maximização 1, 8, 15, 18, 25, 29, 51, 102,
113, 121, 135, 159, 175, 197, 209
Means 36, 52
Meio ambiente 180
Mercadoria 5, 21, 32, 65, 71, 81, 96, 105, 133,
158, 177, 194, 219,
Mercantilismo 2
Microeconomia 1, 6, 14, 23, 80, 88, 102, 117
Microempresa 2
Microlocalização 176, 183, 185
Migração 86, 151, 153, 155, 160
Modernização 41, 56, 61, 104, 138, 148, 154,
162, 167, 173, 200, 212, 221, 225
Monopólio 11, 47, 84, 124, 189, 193, 195, 197
Multinacionais 8, 86, 90
Mundialização 92, 96

N

Neoclássicos 5, 52, 103, 123, 186
Neoschumpeterianos 136, 138
North 124

O

Oferta 15, 20, 34, 43, 50, 65, 69, 81, 95, 103,
110, 151, 163, 173, 192, 202, 224
Oligopólio 13, 17, 51, 80, 88, 133, 187, 189,
193, 197, 220
Organização 3, 13, 18, 28, 35, 49, 60, 86, 102,
125, 163, 174

Organização multidivisional 60
Otimização 115, 123

P

Países 19, 38, 44, 77, 81, 119, 143, 153, 176,
187, 191, 197, 217, 225
Path dependence 129
Perez 136, 140
Perroux 187
Piero Sraffa 8
Pigou 69, 111, 121
Plano de Metas 166, 205
Polarização 147, 151, 175, 187, 190
Política industrial 139, 194, 201, 211, 215,
219
Políticas públicas 93, 124, 189, 193, 226
Privatização 194, 197-199, 216
Processos 41, 61, 71, 87, 93, 101, 120, 135,
140, 151, 163, 174, 182, 192, 209, 226
Produtores 14, 29, 34, 41, 69, 76, 86, 97, 103,
114, 139, 142, 151, 162, 190, 201
Progresso técnico 26, 42, 86, 93, 102, 118,
132, 141, 144, 156
Propriedade 1, 14, 21, 26, 32, 35, 41, 52, 74,
91, 111, 147, 157, 179, 185, 190, 213
Propriedade intelectual 96
Proprietário 4, 34, 58, 111, 170, 173, 196214

Q

Qualidade 8, 28, 42, 49, 61, 67, 70, 104, 134,
145, 153, 175, 180, 184, 220, 226
Qualificação 89, 113, 129, 143, 147, 156, 161,
170, 182
Quase-firmas 55, 60

R

Racionalidade 59, 86, 123, 136, 156
Recursos 7, 28, 33, 41, 49, 56, 71, 75, 81, 89,
92, 99, 104, 124, 139, 141, 144, 179,
181, 190, 204
Recursos Humanos 139, 144, 152, 153, 160,
172, 190, 211, 218, 224
Região 70, 88, 92, 151, 156, 172, 181, 202,
217

240 • Economia Industrial | Teoria e Estratégias

Regionalização 142, 175, 181, 189
Regulação 39, 97, 116, 124, 194, 225
Resultados29, 43, 64, 75, 98, 115, 121, 130,
     141, 150, 173, 193, 197, 205, 212, 220
Ricardo 3
Robinson 8, 9, 109
Rotinas 60, 119, 125, 131

S

Salários 4, 5, 32, 54, 66, 81, 88, 121, 146, 155,
     160, 165, 178, 190, 208
Say 4
Scherer 10, 20, 69
Segmentação 166, 169, 187
Seleção 60, 113, 120, 131, 149, 194
Serviços 24, 37, 50, 60, 79, 89, 90, 94, 100,
     116, 127, 138, 144, 163, 152, 171, 195
Setor Primário 89, 161
Setor Secundário 161, 163-164
Setor Terciário 164, 191
Setores 34, 79, 87, 92, 100, 108, 113, 120,
     134, 142, 151, 159, 173, 191, 200, 209
Shubik 30
Simon 10, 53, 58, 118, 120, 123, 129
Sistema econômico 50, 77, 87, 95, 101, 107,
     110, 118, 121, 136, 143, 147, 153
Socialistas científicos 5
Sociedade Anônima 35, 52
Steindl 42, 67-69
Superacumulação 86, 91
Superprodução 83, 86
Sylos-Labini 26

T

Tecnoestrutura 56-58
Tecnologia 26, 71, 88, 91, 98, 103, 117, 124,
     140, 151, 173, 182, 205, 209, 211
Teoria contemporânea 6
Teoria dos Jogos 14, 28-30
Teorias comportamentais 58, 123
Terceirização 75, 77, 99, 114
Território 71, 86, 89, 93, 97
Transnacionais 94-98
Trustes 31, 38, 86

U

Urbanização 152, 159, 161, 192, 201, 206
Utilidade 5, 24, 29, 54, 59, 73, 169, 196, 198

V

Valor 2, 5, 29, 32, 35, 43, 61, 80, 92, 98, 107,
     113, 122, 146, 165, 178, 194, 209
Vernon 87, 88, 187, 192
Verticalização 23, 76, 214

W

Williamson 10, 53, 60, 102, 113, 122